江西财经大学信毅学术文库

对外开放与我国沿海发达地区产业转型升级研究

黎绍凯　谭周令　著

中国财经出版传媒集团
中国财政经济出版社

图书在版编目（CIP）数据

对外开放与我国沿海发达地区产业转型升级研究／黎绍凯，谭周令著．—北京：中国财政经济出版社，2022.12

（江西财经大学信毅学术文库）

ISBN 978－7－5223－1511－9

Ⅰ．①对… Ⅱ．①黎… ②谭… Ⅲ．①对外开放－关系－沿海－产业结构升级－研究－中国 Ⅳ．①F125 ②F269.27

中国版本图书馆 CIP 数据核字（2022）第 257383 号

责任编辑：高文欣　　　　责任印制：史大鹏

封面设计：卜建辰　　　　责任校对：胡永立

中国财政经济出版社 出版

URL：http：//www.cfeph.cn

E－mail：cfeph@cfeph.cn

社址：北京市海淀区阜成路甲 28 号　邮政编码：100142

营销中心电话：010－88191522

天猫网店：中国财政经济出版社旗舰店

网址：https：//zgczjjcbs.tmall.com

北京财经印刷厂印刷　各地新华书店经销

成品尺寸：170mm×230mm　16 开　13.25 印张　200 000 字

2022 年 12 月第 1 版　2022 年 12 月北京第 1 次印刷

定价：68.00 元

ISBN 978－7－5223－1511－9

（图书出现印装问题，本社负责调换，电话：010－88190548）

本社质量投诉电话：010－88190744

打击盗版举报热线：010－88191661　QQ：2242791300

总　序

书籍是人类进步的阶梯。通过书籍出版，由语言文字所承载的人类智慧得到较为完好的保存，作者思想得到快速传播，这大大地方便了知识传承与人类学习交流活动。当前，国家和社会对知识创新的高度重视和巨大需求促成了中国学术出版事业的新一轮繁荣。学术能力已成为高校综合服务水平的重要体现，是高校价值追求和价值创造的关键衡量指标。

科学合理的学科专业、引领学术前沿的师资队伍、作为知识载体和传播媒介的优秀作品，是高校作为学术创新主体必备的三大要素。江西财经大学较为合理的学科结构和相对优秀的师资队伍，为学校学术发展与繁荣奠定了坚实的基础。近年来，学校教师教材、学术专著编撰和出版活动相当活跃。

为加强我校学术专著出版管理，锤炼教师学术科研能力，提高学术科研质量和教师整体科研水平，将师资、学科、学术等优势转化为人才培养优势，我校决定分批次出版高质量专著系列；并选取学校“信敏廉毅”校训精神的前尾两字，将该专著系列命名为“信毅学术文库”。在此之前，我校已分批出版“江西财经大学学术文库”和“江西财经大学博士论文文库”。为打造学术品牌，突出江财特色，学校在上述两个文库出版经验的基础上，推出“信毅学术文库”。在复旦大学出版社的大力支持下，“信毅学术文库”已成功出版两期，获得了业界的广泛好评。

“信毅学术文库”每年选取10部学术专著予以资助出版。这些学术专著囊括经济、管理、法律、社会等方面内容，均为关注社会热点论题或有重要研究参考价值的选题。这些专著不仅对专业研究人员开展研究工作具有参考价值，也贴近人们的实际生活，有一定的学术价值和现实指导意义。专著的作者既有学术领域的资深学者，也有初出茅庐的优秀博士。资深学者因其学术涵养深厚，他们的学术观点代表着专业研究领域的理论前沿，对他们专著的出版能够带来较好的学术影响和社会效益。优秀博士作为青年学者，他们学术思维活跃，容易提出新的甚至是有突破性的学术观点，从而成为学术研究或学术争论的焦点，出版他们学术成果的社会效益也不言自明。一般而言，国家级科研基金资助项目具有较强的创新性，该类研究成果常常在国内甚至国际专业研究领域处于领先水平，基于以上考虑，我们在本次出版的专著中也吸纳了国家级科研课题项目研究成果。

“信毅学术文库”将分期分批出版问世，我们将严格质量管理，努力提升学术专著水平，力争将“信毅学术文库”打造成为业内有影响力的高端品牌。

王　乔

2016年11月

前　言

改革开放四十多年来，在深化改革和对外开放的双轮驱动下，中国经济规模极速扩大，经济发展取得了举世瞩目的成就。尤其是在加入世界贸易组织（WTO）以后，对外贸易量高速增长，经济总量赶超日本，中国一跃成为世界第二大经济体，同时也成为全球经济循环及经济参与的重要组成部分。中国经济发展的成功经验便是不断深化改革、扩大对外开放。十一届三中全会以来，我国完成了由计划经济向社会主义市场经济的转变，生产要素配置效率得到了大大提升，并深刻领略了改革开放所带来的经济成果。在扩大开放的过程中，国内市场开放领域不断扩大，国际经贸交流合作不断增加，并通过积极融入全球化来实现自身的发展和跨越式突破。“开放带来进步，封闭导致落后”，这是我国近代发展最真切的历史教训，随着全球经济一体化趋势不断加深，当今世界上任何国家都难以孤立地实现发展，更不能够游离于世界经济体系之外。一个国家要实现经济增长和产业转型升级，已经不能够再仅仅着眼于本国经济状况，而必须将自身经济现实纳入世界范围内进行考虑。尤其是随着互联网技术的快速发展，全球资源流动速度加快，资源配置和再配置效率增加，国家或者地区已不再仅仅追求单一部门经济的发展，而更关心产业部门比例的协调和结构效益的优化。同时，在经济一体化趋势下，各个国家也正面临着全球分工新一轮调整的机遇和挑战，而如何通过产业转型升级实现经济可持续发展和更高水平的增长直接决定着中国是否能顺利跨越“中等收入陷阱”，实现中华民族的伟大复兴。

积极推进产业转型升级是中国应对国际经济环境变化和提升自身产业经济发展质量的必然选择，是外部环境适应和内部发展要求的统一。首先，从外部国际经济环境来看，中国早期通过积极主动的方式融入全球分工体系，以开放、包容的态度承接发达国家产业转移，以此实现了自身快速发展并为后续进一步发展打下了坚实基础。但随着经济实力不断提升，新兴经济体在经济全球化参与过程中得到了快速发展，此时世界经济格局也发生了微妙的变化。大量西方发达国家认为众多欠发达国家的崛起无疑会挑战发达国家的经济地位。故此，形成了以美国为首的发达经济体纷纷转向贸易保护主义，而以中国为代表的发展中国家却积极主张对外开放的特殊现象。例如，2018 年以来，美国根据“232 措施”威胁对中国发起 301 调查，并针对 500 亿美元的中国输入美国商品征收 25% 的关税，由此打响了中美贸易摩擦的第一枪，也掀起了“守成大国”对崛起大国打压的序幕，世界经济陷入中美对抗的紧张气氛。随后，美国又对 2000 亿美元的中国输美产品加征 10% 的关税，中美贸易摩擦逐步升级。随着中美贸易摩擦愈演愈烈，国家对外贸易、投资安全均受到威胁，短期内，这无疑会在很大程度上对中国经济发展造成负面冲击。其次，从自身发展的内在要求来看，改革开放以来，中国通过积极承接国际产业转移，实现了经济规模的“做大做强”，使中国成为名副其实的“世界工厂”。但随着中国经济的发展，传统的价值链低端平铺推进式发展已经难以满足中国经济更高质量发展水平的内在需求以及阶段化发展目标的实现，尤其是在低要素禀赋优势丧失，制造业传统低成本竞争优势逐步消失的情况下，如何借力对外开放以实现产业转型升级，以此提升价值链地位成为当下经济发展的内在需要。

当全球一体化成为不可逆的趋势，中国在新一轮对外开放实践背景下，如何卓有成效地以经济制度改革促经济发展、以开放倒逼产业转型升级直接关乎我国经济的高质量发展要求和健康可持续化。本书在对产业升级内涵进行系统梳理的基础上，以理论和实证、定量和定性分析相结合的方式，着重探讨了对外开放与产业转型升级各个维度之间的关系。并在当下愈演愈烈的“逆全球化”背景下，进一步讨论了“逆全球化”对产业转型升级所产生的影响；同时，本书还对上海自由贸易试验区（简称自贸区）建设这一开拓性的改革试点进行了案例研究和分析。具体来说，本书内容包括三部分：（1）产业转型升级理论分析。运用文献梳理的方式，对已有关于产业转型升级的研究进行了梳理，同时在已有研究理论的基础上，对既有理论进行了新的归纳。本书认为产业转型升级是一个综合性的概念，难以从单一维度进行诠释。实际上，产业转型升级并不同于一般意义上的产业结构升级，产业转型升级包含产业结构升级，但其内涵却不止于此。产业转型升级的内在动力是要素禀赋动态变化下产业对于未来发展方向的适应性调整，指的是在生产技术及生产要素比较优势的动态转化下各产业发展的“自我进化”过程。据此，本书将产业转型升级划分为三个维度，即产业结构高度化、产业加工程度高度化以及价值链高度化，并分别探讨对外开放与其之间的关系。（2）对外开放与产业转型升级实证分析。在产业升级理论分析的基础上，本书继续从实证角度对二者之间的关系进行了探讨。首先，从制度变迁的角度分析了不同发展阶段对外开放以及产业转型升级的特征以及演进规律。其次，以中国工业企业数据、中国海关数据以及各省份和城市级数据为基础，通过计量回归、社会网络分析等手段，实证检验了对外开放与产业转型升级不同维度之间的关系，并明确了二者之间的作用机制。整体上，对外开放对于沿海经济发达地区的产业结构高度化、产业价值链高度化均具有正向促进的作用，但对于加工程度高度化的作用则呈倒“U”形。（3）现实问题的讨论。主要是对“逆全球化”和上海自贸区的建设问题进行了分析。首先，“逆全球化”愈演愈烈，短期内无疑会对沿海经济发达地区产业转型升级产生阻碍；但从长期来看，也会发挥一定程度的“倒逼”效应，在某种程度上反而促进产业转型升级。其次，从上海自贸区建设来看，自贸区的成立对于地区产业转型升级具有积极的促进作用，并且自贸区的建立对周边地区产业转型升级能够发挥出一定程度的辐射带动效应。本书的研究成果对于丰富产业转型升级理论，推动和深化中国下一阶段对外开放及指导对外开放下中国产业转型实践具有一定的积极意义。

目　　录

第1章　绪　论

1.1　研究背景和意义

1.1.1　研究背景

2015年5月，我国提出了由制造业大国向制造业强国迈进的发展战略。一方面要求坚持“新型工业化道路”，依托制造业创新驱动，推动高新技术产业等重点领域突破，实现传统产业由低端价值锁定向中高端迈进的产业转型升级之路。另一方面要大力培育一批具有专业技能的创新型人才队伍，加快发展具有工匠精神、产学研一体化协同培育机制的高端制造业。该战略突出了以制造业为核心的工业部门带动产业转型升级的重要性及产业部门对各类工程技术人才的庞大需求。随后，国务院发布的《“十三五”国家战略性新兴产业发展规划》进一步提出“产业结构进一步优化，形成产业新体系”的发展战略。在产业转型升级方面，以战略新兴产业为新动力，不断壮大新兴支柱产业，实现我国中高端制造业、知识密集型服务业等比重大幅提升，以此支撑我国制造业向中高端迈进。该规划强调了发展战略性新兴产业对产业升级的重要作用。从一系列颇具分量的发展战略和产业政策的不断出台，可看出我国对于当下产业转型升级的迫切要求，并且显化了国家经济与对外开放的联系。产业政策要求我国产业转型升级应在三次产业层面和工业内部层面同时实施，三次产业结构升级以战略新兴产业为动力、工业结构升级则以制造业为动力，而两者均以对外开放作为支撑和保障。

近年来，在技术和资本等生产要素的牵引下，我国服务业得到了飞速发展，产业结构也随之改变。2013 年中国服务业增加值占 GDP 比重首超工业，成为国民经济的第一大产业，“经济服务化”趋势在三大产业演进过程中逐渐凸显。根据国家统计局数据，2016 年我国农业、工业、服务业产值的占比依次为 8.65%、39.80%、51.60%，就业人数比例依次为 70%、28.80% 和 43.50%。从产值结构上来看，产业结构从工业主导向服务业主导的趋势日趋明显，但就业结构的转化存在明显滞后性，大量的劳动力仍然滞留在农业，工业吸纳劳动力不足，服务业仍留有巨大的劳动力吸纳空间，尤其对高技术人才的依赖性明显增强。可见当下我国三次产业结构次序演进的过程仍未结束，我国产业结构升级的高度化与合理化依然存在巨大的优化空间。

就工业结构层面而言，根据国家统计局初步核算数据显示，2018 年上半年，我国高新技术产业增加值同比增长 11.6%，工业增加值占规模以上企业的比重为 13.0%。高新技术产业虽然增长速度较快，但还没有成为国民经济的先导产业或支柱产业，工业内部也没有实现主导产业的序列更替。相对而言，工业内部劳动密集型、资本密集型行业仍然占较大比重，工业结构仍然处于以低附加值、低加工度、低水平行业为主体的低端形态。新型工业化则是我国工业结构升级的方向，从升级维度来看，至少可以从三个维度进行升级。一是理顺内部结构，优化调整我国产业内部高级化和合理化。目前，采掘行业、钢铁行业、有色金属行业等产能过剩行业仍处于去产能阶段，产业资源无法得到合理利用，而且部分制造业要素投入组合仍正处于从劳动力密集、资本密集向技术密集、知识密集转变的阶段。在国际分工体系中，部分制造业的国际价值链低端锁定仍然比较严重，国际市场地位较低，导致产品附加值较低、加工程度简单及技术含量较低等问题凸显，制造业中拥有高端产品、核心技术、自主知识产权的行业比重较少。正如在 2018 年的中美贸易摩擦中，美国开始限制对我国芯片的出口，这一事件反映出我国工业部门某些生产环节仍缺乏核心技术，我国关键性产品对国际市场的依赖性还很突出。二是推动高附加值、高加工度的主导产业序列演进。尽管我国提出了以技术为核心的产业振兴口号，但战略新兴产业与高新技术产业要真正成为国民经济主导产业仍需时日。

部分产业尚处于幼稚产业发展阶段，在国内市场及国际价值链中立足未稳。比如新能源汽车、电子芯片等相关行业严重依赖税费减免、财政补贴的政策扶持，由于人力资本缺乏、研发创新能力薄弱及核心竞争力后劲不足，这些产业现状对国民经济内生性增长以及“内循环”发展依然存在巨大挑战。三是需要加快新产业、新业态、新技术的跨界融合发展。“共享经济”“互联网+”等商业模式新业态的迅速发展，区块链、3D打印和人工智能等高新技术迅速推广应用，对优化工业生产和调整组织方式都将产生深远的影响。高新技术产业通过引入高端生产设备、高级工程人才和先进生产组织管理模式而得到迅速发展，其增长速度也领先于传统行业。随着商业业态创新、产业链延伸、价值链攀升，部分工业企业生产经营范围逐渐涵盖产品的技术研发、加工生产、销售服务等多个环节，部分工业和服务业行业深度融合，产业间的界限日益模糊（夏杰长和倪红福，2016）。而这些都将进一步促使产业间的分工合作方式不断向高级化和复杂化演进，工业生产从“中国制造”向“中国智造”转变，工业结构向高技术、高附加值和高加工度的高级层次演化。

从我国服务业结构来看，虽然服务业正在逐渐成为我国吸纳就业人数和带动经济发展的重要力量，但仍面临着质量水平低、竞争力弱以及行业错配等问题。具体从要素构成结构看，现代服务业中人力资本含量、科技含量和附加值均相对较为薄弱，并且依托新技术、新业态、新模式等数字化赋能服务业增值的空间依然巨大。以信息传输、软件和信息技术服务业、租赁和商务服务业为例，根据国家统计局数据，2018年上半年两者增加值占服务业比重增加值为12.4%，以房地产为代表的传统服务业在服务业中仍然占有较大比重。同时，在国际竞争中，我国具有国际竞争力和品牌影响力的服务行业或企业偏少，总体上高技术、高附加值的服务供给不足，部分服务需求仍主要依赖于服务贸易进口。在对外贸易中，我国服务贸易常年处于逆差状态，“制造业服务化”进程明显后劲不足。根据商务部统计数据，仅2018年上半年我国服务贸易逆差高达8481.8亿元，货物贸易顺差则为9013.2亿元，商品贸易和服务贸易存在巨大的不对称性，这对于协调贸易结构以及贸易增值都会带来负面作用。而在各地经济发展实践中，各地区开始强调产业发展“服务化”或以服务业为主导产业的重要性。但若缺乏工业的强力支撑作用，当经济发展进入后工业化阶段，经济增长极易出现“虚拟经济泡沫”，由此可能演化出产业“空心化陷阱”。例如，日本工业资本“脱离本土化”，美国产业资本“脱离制造化”所造成的产业结构空心化现象比比皆是（胡立君等，2013；于海瑞，2020）。当前我国部分地区房地产市场发展过热、货币资金在金融体系内流转、制造业企业融资困难等现象，都是经济“脱实向虚”、产业结构空心化的具体表现形式。尽管服务业已然成为国民经济产值比例最高的部门，这也符合三次产业结构的演化规律，但工业基础对宏观经济的作用仍不可替代。因此，简单地将产业转型升级视为国民经济发展的规模中服务业占比超越工业，而忽视工业内部结构优化升级，依然难以满足当前中国经济新常态阶段对产业转型升级的客观要求和经济可持续发展的内在需要。

总之，以往我国产业结构的优化调整以农业、工业、服务业的三次产业层面的产值结构和就业结构的优化为主要内容，且侧重于以服务业为产业结构的演进方向，通过产值重心、就业重心向服务业逐步转移，最终实现经济服务化。但我国经济发展阶段和社会经济环境的深刻变革在此基础上进一步提出了对产业转型升级的更深层次要求。首先，在经济新常态的环境下，内涵式发展要求我国经济增长方式必须由粗放生产向效率生产、由要素驱动向创新驱动转型。我国工业和服务业必须向技术创新、知识经济、人力资本积累的内生增长型路径转变（邓忠奇等，2020）。由于产业结构升级是保持经济增长规模，优化经济增长绩效，促进经济发展水平向更高层次演进的关键变量（Audretsch，2018），因此，经济新常态下我国产业转型升级面临着更加迫切的现实要求。其次，基于工业化阶段理论，我国经济发展状态已呈现“后工业化阶段”特征（刘伟和蔡志洲，2015）。自 2013 年起，我国服务业增加值占比超越工业，对经济增长的带动作用逐渐增强，工业占比则持续下降。但这并不意味着产业结构演化过程中工业化的停止或去工业化，新型工业化仍然是我国经济向形态更高级、分工更优化、结构更合理演进的必由之路（胡鞍钢，2017）。最后，随着我国外部经济环境恶化，中美贸易摩擦、制造业向东南亚国家转移、产业资本回流发达国家、发达国家“再工业化”等问题的出现，都无疑将会制约我国传统加工制造业的增长，进一步对后续经济增长及“中等收入陷阱”的跨越造成挑战。反过来，这种外部环境冲击也可激发我国特有的“逆境优势”，进而倒逼我国工业向高附加值、高加工度化阶段演进，提升我国在国际价值链分工中的地位。综上，产业转型升级是我国为实现经济转型发展、完成后工业化任务、应对外部经济环境恶化的重要途径，其目标不仅体现在三次产业层面，即实现工业、服务业协同升级，还体现在工业层面本身，即实现工业内部的各行业结构优化升级。产业转型升级内涵也从强调产值、就业比例调整，向注重技术创新、人力资本积累、高附加值化、高加工度化等方面的质量提升转变。

但在开放环境下，一国或地区的产业转型升级离不开国际外向因素的影响，尤其随着我国对外开放程度不断深化，外部因素的影响效应将越发明显。这是由于对外开放已经成为促进我国经济发展的一个重要力量，也是促进我国产业结构升级、产业转移和产业更新替代的主要依存源和源动力。改革开放后，中国参与国际分工的深度和广度日益提高，内在产业升级的优化调整很大程度上得益于对外开放政策下的贸易自由化环境的改善。而自 2008 年美国“次贷危机”所导致的全球性金融危机爆发以来，西方发达经济体主导的贸易保护主义思潮有愈演愈烈之势，显然，这种思潮在一定程度上弱化了对外开放的经济贡献，并阻碍经济全球化及贸易自由化进程。发达国家重振本国工业、贸易保护主义加剧，一方面造成国际产业资本回流母国，对我国 FDI 有所减弱，并且加剧国际市场同行业竞争；另一方面将削减我国部分工业产品的出口规模，削弱工业经济增长动力。另外，发达国家与发展中国家垂直型国际分工格局目前并没有发生实质性改变，国际分工仍以主要经济发达体主导，发展中国家仍然处于全球价值链的最底端。尤其是在国际分工逐步细化的情况下，我国被长期固定于“微笑曲线”底部的低水平加工生产阶段，这间接导致国内工业部门自主研发水平欠缺、产品加工程度及附加值含量较低，进而大大加剧全球价值链低端锁定的危险。在新的国际形势下，如何通过进一步深化对外开放以实现产业转型升级，已经成为我国经济迫切需要解决的重大问题。

1.1.2 研究意义

对外开放和产业转型升级作为社会经济发展的两大热点问题，两者的互动关系是以往研究的重点。而进出口贸易、双向 FDI、设立自贸区是我国对外开放的重要内容和具体表现，与产业转型升级的互动关系则是上述关系的一个重要维度。虽然已有诸多研究文献对对外开放是否影响或适应产业转型升级进行了研究，但是针对对外开放各个维度与产业转型升级互动关系的系统性研究相对较少。尤其是在当前社会经济与政策背景下，基于对外开放新阶段和产业转型升级新目标，对于不同维度的对外开放下我国产业转型升级的理论研究和实证研究仍显不足。而本书探讨了对外开放是否影响以及如何影响产业转型升级等一系列问题，对于新时期深化对外开放和产业转型升级具有重要的理论意义。

在经济发展阶段与经济环境转变、产业转型升级政策引导等背景下，产业转型升级的要求日渐强烈，对外开放则要求通过调整开放方式、扩大开放范围、深化开放层次，以及参与产业价值链分工等举措主动适应并满足产业发展需求。一直以来，我国都是开展对外开放和贸易自由化的积极倡导者，检验不同维度的对外开放是否存在产业转型升级效应，进而分析其作用机制，提出相应对外开放政策和产业政策建议，对于如何加强两者的联系并充分发挥互动作用，以及促进对外开放自身的深化和加速产业转型升级均具有极大实践意义。

1.2 对外开放与产业转型升级

自1978年的十一届三中全会以来，中国实施了沿海区域率先开放，并逐步带动其他区域开放，最后在各个领域和各方面都达到了开放的模式。随着改革开放的不断深化，沿海发达地区依赖较强的产业辐射能力，已成为带动全国经济发展的中坚力量。如何在开放环境下抓住国际产业转移的历史机遇，实现国内产业转型升级，已成为众多学者热切关注的议题。本书在考察沿海发达地区对外开放和产业升级的具体问题之前，首先梳理了国内外关于对外开放和产业升级的诸多研究。具体论述五个方面：对外开放的测度、产业升级的内涵及动因、对外开放的经济效应、对外开放与产业升级的内在关系。在此基础上，对国内外相关研究进行简要评述。

1.2.1 对外开放度的测度研究

对外开放，顾名思义，是政府积极寻求国际合作、参与国际分工而推行的对外交往政策。从经济学观点看，对外开放的目的在于实现生产要素和产品在国际自由流通与交易，从而提高各国总体社会福利（曲如晓，1997）。因此，在经济全球化趋势的大背景下，对外开放已然成为一个国家走向繁荣发展的必由之路。与此同时，如何准确测度一个国家对外开放程度，已引起学术界诸多学者的探讨和关注，但遗憾的是，对外开放所涵盖的领域相对比较复杂，国内外关于对外开放测度方法各有不同，至今仍未有一个清晰统一的标准。

早期学者采用对外贸易依存度，即进出口额与该国 GDP 的比值，来衡量一国的对外开放水平（小岛清，1950）。由于该方法在度量维度上存在一定局限性，而后 Dollars（1992）又提出了对外开放单一指数法，即利用产品的实际定价与开放条件下的价格偏差来衡量对外贸易开放度，该方法依据封闭和开放条件下的价格偏差在一定程度上能够反映对外开放水平，但忽略了贸易过程所产生的运输成本、汇率变动等因素的影响。因此，Sachs 和 Warner（1995）在单一指标法的基础上，提出了一种综合的指标法，即从一国的贸易政策、汇率及国家的经济运作方式等因素对各国贸易的开放性进行“二进制”划分，综合测算出一国的对外开放水平。Edwards（1998）进一步将已有的多种对外贸易测度方法整合成一种新的测度方法，在经验方面大大提升了测量的准确性。另外，也有学者通过估计一国对外贸易开放度的理论值水平，再将其与实际值进行对比，由此刻画一国的对外开放程度（Leamer，1988；Lee，1993；Harrison，1996；Patrick，1998）。Stewart（1999）还通过建立以双边国家贸易流量来衡量一国对外贸易开放程度的引力模型来测度对外开放水平。这些由计量模型估计得出的对外开放程度尽管在开放维度上考虑得比较全面，但依然可能存在系统估计误差。

也有学者认为，一国对外开放程度不能仅仅涉及贸易开放这一个维度，而应包含商品贸易开放和资本开放两个维度。例如，长期的民间资本流动和 GNP 之比、民间资本流动总量和 GNP 之比等均可作为资本市场开放程度的指标。资本开放度在一定意义上也可以反映一国对外开放程度。Feldstein 和 Horioka（1980）就指出一国开放程度与资本开放度息息相关，并且首次将储蓄率－投资率测量法应用于一国资本开放度。另外，也有学者从其他维度对一国对外开放的变量进行了测量，譬如一国资本流入额和资本流出额占 GDP 的比例、进出口额和关税税率和外汇扭曲指数等。

随着我国逐步融入贸易全球化，国内学者也对我国对外开放测度展开了一系列研究。解念慈和魏宁（1988）最早提出通过对外贸易总额、国际资本流动总额、劳务贸易总额等来衡量我国对外开放程度。随后黄繁荣（2001）也指出，单纯从进出口商品贸易来衡量对外开放水平还远远不够，需要结合国际贸易和国际投资两个方面来综合考虑，才能更准确反映我国真实对外开放程度。李翀（1998）也从国际贸易、国际金融、国际投资三个角度来衡量了一个国家的对外开放水平，即对外贸易额占 GDP 的比例、对外资产和负债总额的比例、对外投资占 GDP 的比例。胡智和刘志雄（2005）在李翀的理论基础上又进行新的改进，从贸易开放度、金融开放度、实际关税率、生产开放度、投资开放度等五个维度来刻画我国的贸易开放度和金融开放度，并通过因子分析法测算了对外开放程度综合指数，该方法涵盖了对外开放的不同维度，由降维构建一个综合指标，来反映一国对外开放程度，与单个指标法相比，该方法具有更合理、更科学的特点。胡立法（2004）利用修正后的道拉斯规则与对外贸易比率法，采用计量回归法估计了我国对外开放水平。沈利生（2005）认为，传统的“只出不进”外贸依存度测量法仅考虑半开放经济下一国对国际市场的依赖程度，而随着经济全球化的深入推进，传统的“只出不进”的测量方式已经难以满足现实需求，为此，便提出了“有进有出”的外贸依存度测算公式。谢非等（2021）同样也基于“有进有出”的外贸依存度和外资依存度构建了中国区域对外开放指标。另外，也有大量学者从开放条件下对内输入的视角出发，将进口关税变动作为对外开放的代理指标，并开展了一系列研究（毛其淋和盛斌，2014；田巍和余淼杰，2014；毛其淋和许家云，2016）。钟覃琳和陆正飞（2018）则以资本市场开放作为我国对外开放的代理指标，并发现资本市场开放有利于改善资本市场的资源配置。总体而言，国内外学者对贸易开放度指标进行系统全面的研究，并经历了从单一指标或单一开放维度向复合指标或综合维度的转变，其测度标准也日趋具有合理性和科学性。

1.2.2 对外开放的经济效应

对外开放的经济增长效应研究由来已久，最早可追溯到新古典增长理论时期。Krugman 和 Helpman（1985）认为，对外开放通过贸易规模效应有效增加本国居民福利，由此带来经济增长。Rodrik（1988）则指出，对外开放能够加快一国的资本形成，短期内形成财富集聚效应，增强本国产业投资规模和投资强度，通过投资拉动本国经济增长。Kruger（1985）则发现对外开放有效提升要素资源的跨国流动，从而有助于减少本国市场的价格扭曲，提高资源的市场配置效率，由此快速提升本国的经济增长速度。随后由于新古典经济增长理论向经济发展理论的快速融合，以 Romer（1994）、Lucas（1988）等为代表形成的新增长理论，将知识、人力资本等内生技术变化因素引入经济增长模式中，从理论上更进一步梳理了对外开放对经济增长的影响。其主要观点在于，对外开放主要是通过加速本国的技术进步和全要素生产率来推动经济增长。具体而言，一国长期对外持续开放主要从以下几个途径实现经济增长：（1）外开放加速国家间的技术流动，这种技术水平的空间流动引起发达国家的技术溢出，在开放环境下提升发展中国家对先进技术的吸收能力，通过技术溢出效应促进本国经济增长；（2）对外开放刺激发展中国家的创新研发能力，增加社会研发投入，提升整个国家从 R&D 中获得的边际收益；（3）对外开放促进跨国企业管理经验的国际化交流，降低生产成本，通过批量生产或技术改进形成生产规模经济和范围经济；（4）促进产品的国际化竞争，形成全球化的市场竞争机制，有效降低因国内价格扭曲所带来的资源配置低效率；（5）通过激烈的国际竞争和市场规则，引导国内中间投入品生产向专业化和高效率化转变（丁一兵和宋畅，2021）。随着微观贸易数据的开放，部分学者也从实证角度考察了对外开放与经济增长的关系，总体认为，开放条件下进口商品和服务中所包含的先进技术，会被国内生产厂商在扩大对外贸易活动过程中吸收利用。与此同时，跨国公司进入所带来的大量资金、技术和管理经验，能够有效促进东道国生产效率和经济增长（Okafor 等，2017）。

随着我国对外开放的持续推进，国内学者也对开放条件下的经济效应展开了系统研究，并取得了丰硕成果。譬如黄蔚和方齐云（2006）利用我国对外贸易数据的实证研究发现，对外开放程度是国内实际产出增长的主要动因之一，且两者呈正向变化关系。换言之，对外开放程度在一定时期内有效促进了我国经济增长，开放造就了中国经济增长奇迹。沈坤荣和李剑（2003）又进一步深入探讨了对外开放促进经济产出的机制途径，发现对外开放主要通过两种途径对国内人均产出产生正向促进作用：一是国家要素禀赋结构的提升，二是制度变革进程的加快。显然，对外开放存在着不同的维度，而且各个维度影响经济增长的途径可能也存在差异性。正如邓创和李雨林（2016）利用时变参数矢量自回归模型，考察进出口贸易对经济增长的动态效应，发现不同技术产业的进出口贸易对经济增长的影响存在着明显的时变规律，高技术产业的进出口贸易对我国经济增长的促进作用要明显高于其他产业。张汉东和胡朝麟（2012）则从供需两个角度出发，实证考察了浙江省进口额、出口额与其经济发展的内在关系，结果发现，对外贸易持续扩张对浙江经济高速发展具有显著的促进作用。另外，也有学者指出，中国在改革开放后实现跨越式发展，主要依赖于以要素投入的持续增长，而贸易开放对经济增长的作用尚不明显（陈太明，2020；简新华和余江，2020）。

一般来讲，对外开放所产生的经济效应是复杂的，目前学界也系统全面地探讨了开放环境下所产生经济效应的机制途径。譬如包群（2008）就给出了两种效应机制：一是贸易开放的产出效应，即贸易开放能够提高国内中间品和最终产品供给数量和种类，并且一国贸易开放程度越高，利用中间品、最终品多样化所带来的产出效应就越高；二是贸易开放的技术外溢效应，即开放环境下生产要素的国际流动及全球化竞争刺激企业自主研发创新能力，并且通过对国外先进生产技术的模仿与学习，使其提升自主研发能力，进而提升国内市场的产出效率和产出质量。而张帆（2002）的研究也指出，东盟自由贸易区的成立是我国积极响应并融入全球化的具体举措，自贸区成立有效推动外部资本进入以及内部投资资本的再整合，通过调整投资效率和投资结构来带动国内经济增长。由于对外开放的另一维度便是跨国直接投资，国内学者李元媛和张捷（2012）基于要素禀赋互补的外商直接投资理论，发现中国对越南直接投资能够有效整合两国资源，发挥各自比较优势，实现两国贸易额显著提升。无独有偶，周毓萍和桑杰尔·拉尔（2005）利用中国与东南亚各国的投资贸易数据，发现中国与东南亚国家的双边投资是一种互补的投资，而非竞争关系，并由此带来一定的投资乘数效应。谢涓（2012）从进出口、FDI 等维度更加全面地考查了我国对外开放对产业升级的影响，结果发现，总体上对外开放有效提升我国产业升级，并且进口贸易结构的调整对产业结构并没有明显促进作用，但出口贸易结构对产业结构的构成效应产生显著促进作用，尤其对我国东中部地区的促进作用更加明显。余振等（2014）从贸易效应、关税效应和福利效应三个层面考察了中国－俄罗斯自贸区成立的经济效应，结果发现，自贸区成立有效提升了双边贸易部门联动所产生的贸易创造效应，同时也改善了两国的整体福利效应。赵亮（2021）基于定性推演和逻辑演绎方法，发现自贸试验区能通过对内改革和对外开放双维驱动区域产业结构升级。谢非等（2021）进一步发现，对外开放单因素对市场一体化的直接影响存在先抑制后促进的"U"形关系，而产业结构升级、金融发展单因素对市场一体化均表现出显著的抑制作用。

1.2.3 产业升级内涵研究

根据配第·克拉克定律，随着一国经济发展水平和人均国民收入的增加，产业演进也会呈现出一定的规律，即劳动力随经济水平和人均国民收入的增加而逐渐从第一产业向第二、第三产业转移。换言之，产业升级过程也是劳动力转移演进的过程。随后，要素禀赋理论和价值链攀升理论的相继提出，进一步丰富和完善了产业升级的内涵。而 Porter（1990）则认为，企业在竞争中取得的优势主要来自其产品价值链中某些在生产环节所特有的不同属性，而这些具有特定生产环节优势的产品汇集造就了价值链攀升，最终实现产业由低端要素配置向高端要素配置的转变。因此，从要素配置视角来看，产业升级是由劳动密集型工业向资本、技术密集型行业转移过程中，生产要素资源的跨行业动态演进和优化配置过程。而从价值链升级角度来看，产业升级则是指经济行为人（国家、企业和工人）通过优化特有生产渠道、提升产品技术复杂度及中间品价值含量，最终增加产品附加值，实现在产业价值链由低端向高端转变的过程，这种价值链升级过程可以在时间、空间等不同维度进行展开。有学者（Schmitz，2000）更进一步从价值链视角划分了三种产业升级类型：一是工艺升级，即通过改进生产设计环节或引进先进生产技术，进而提高产品生产效率；二是功能升级，即通过改善产品内在属性功能或外在视觉设计等，以实现产品技术复杂度和附加值的提升；三是产品升级换代，即通过由单元化产品增加向更高端的批量生产线转变，以此实现产品生产过程的规模效应。此外，还有学者对五种不同的产业升级形态进行了归纳，具体包括要素之间的升级，产业之间的升级，功能之间的升级，需求的升级，链接的升级（Ernst，2001）。

关于产业升级的内涵，国内学者的观点仍莫衷一是。刘志彪（2000）认为，产业结构由低技术层次、低附加值状态向高科技、高附加值状态演进，是产业升级的本质内涵。具体包括两种资源配置转变形态：一是在等量资本获取等量利润情形下，各产业间的要素资源流动状态或分配比例；二是在竞争市场机制下，要素资源从低效企业向同一行业高效率企业转移的演进过程。靖学青（2005）指出产业升级是一个动态变化的过程，每个时期都会形成与经济发展水平相匹配的产业结构，当经济发展水平达到一定高度时，产业结构也会发生主次调整的高级演变趋势。朱卫平和陈林（2011）则认为，产业升级是产业要素、技术进步和产业结构升级综合作用的一种动态过程，其主要体现在：在产业需求刺激下，社会生产的低端投入要素价格日趋上涨，资源比较优势将从土地、劳动力等低端要素向资本、技术等高端要素发展，这种要素禀赋的动态转化将促使新兴主导产业不断涌现，进而造成原有主导产业只能通过技术、组织形式、产品升级等途径来减缓产业持续衰退的速度。另外，吕铁和周叔莲（1999）认为，产业升级就是为了适应外部环境，要素资源在各产业部门之间的再配置以及要素资源在变动过程中对生产率所带来的高度化和合理化效应。其中，高级化效应是指要素资源由生产效率较低的部门流向生产效率较高的部门，使得不同生产率部门所占比重发生调整而提升整体企业的生产效率；而合理化效应则是指为促使企业整体生产率达到最佳水平，要素资源在不同部门分配比例的非均衡化状态。另外，唐东波（2013）从全球价值链和垂直专业化分工视角重新界定了产业升级的内涵，并指出产业升级过程就是专业化分工和价值链攀升的结果，企业产品在整个价值链上的附加值逐渐提升，这既表现为出口产品技术结构（复杂度）的提高，也包括国内出口附加值的提升。刘建江等（2021）进一步指出，新时代的产业升级内涵可概括为产业结构高级化、资源配置方式市场化、产业发展方式集约化、产业空间结构的集聚以及微观层面上产业内企业与产品结构的升级。

1.2.4 产业升级的动因研究

当一个国家进入不同发展阶段，为适应外部环境更迭和内部结构调整，国内产业结构也必然经历相应的转型升级。作为一国经济发展的重要驱动力，产业升级的动因也引发了大量学者的思考和研究。金纳里等（1986）深入研究产业转型的内在动因后发现，国家实施不同的贸易政策和发展战略，其产业演进方向也有所不同，并具体指出影响产业演进的因素主要可归为三方面：一是以恩格尔定律为基础的需求结构变动；二是以要素禀赋及比较优势理论为基础的贸易结构变动；三是以中间产品替代原材料的要素比例结构和以生产率提升为基础的技术水平变动。随后，Helpman 和 Krugman（1985）从贸易自由化的全球分工视角出发，探讨了制造业转型升级的外在因素，并指出，一国制造业转型升级与其在贸易自由化背景下所引起的国际分工关系密切。Cantwell 和 Tolentino（1990）进一步就发展中国家的产业升级问题，提出了“技术创新产业升级”理论，指出开放环境下发展中国家主要通过吸收国外先进技术和管理经验，反哺国内产业发展，进而推动本国产业转型升级。

不同国家在产业特征和发展阶段方面均存在差异，产业升级动因在不同国家之间也可能有所不同，为此，国内学者对中国情境下的产业升级问题进行了大量探讨。比如苏杭等（2017）基于投入－产出视角，从中观和微观两个维度考察了要素投入对制造业转型升级的作用，结果发现，要素投入结构升级是制造业转型升级的关键因素。相比于资本和技术要素投入，劳动力投入优化仍然是当前影响我国制造业转型升级的主要因素（白雪洁和于庆瑞，2019；曹芳芳等，2020）。付宏等（2013）的研究指出，创新能力作为经济增长的内生变量，能够有效地提高企业经营效率和生产效率，对于提升整个地区技术进步能产生明显的外溢效应，从而提升整个地区的产业结构高度化进程。周叔莲和王伟光（2001）的研究也得出了类似的结果，认为科技创新可以通过加速劳动分工和优化就业结构而提升劳动生产率，由此带动产业升级。潘素昆和袁然（2014）利用国家间贸易数据的研究发现，不同投资动机的对外直接投资（OFDI）促进产业升级的机理存在明显差异，技术寻求型 OFDI 对产业升级的促进作用要明显高于资源寻求型和市场寻求型 OFDI，但总体上均存在一定的滞后性。戴翔和张雨（2013）基于苏州昆山制造业企业的调查研究发现，在开放状态下，出口因素对本地企业升级存在明显的促进作用，尤其当外资企业在本地享受外向配套时，这既能激发本土企业的技术创新能力，又能有效吸收跨国公司的“技术溢出”，最终对本地产业升级创造良好的外部条件。孙薇和李建琴（2021）从微观视角考察电子商务对产业升级的影响及传导机制，研究发现电子商务对产业升级具有正向促进作用，而且主要是通过创新效应、重置效应和协同效应来推动产业的升级换代。

1.2.5 对外开放与产业升级

1. 贸易开放的产业效应

有关贸易开放对产业升级影响的研究由来已久，最早可追溯到15世纪兴起的重商主义阶段，英国经济学家托马斯·孟就曾指出，贸易开放有利于国家财富的积累，并提出了国家间商品流通所形成的贸易差额说。而后，以亚当·斯密和大卫·李嘉图为代表的经典贸易理论指出，基于国家比较优势而开展的商品贸易，促进生产要素从低效率产业向高效率产业转移，通过生产要素的跨国流动来增加各国福利水平。以赫克歇尔和俄林为代表的新古典贸易理论则认为，国家间要素禀赋差异将使各国在不同的商品生产上具有相对优势，各个国家利用自身要素禀赋优势生产更具价格优势的产品，国家间的贸易往来则能够加速产品的国际专业化分工，进而优化国内产业结构。而美国经济学家弗农（1966）在《国际投资和产品周期中的国际贸易》中指出，国际贸易对工业结构从劳动力密集型转向资本和技术密集型的促进作用。并且，一国的出口可以有效地推动要素资源的分配利用和技术转移，从而使得一国全要素生产率的提高和产业的更新换代。一般情况下，贸易结构对产业结构拉动作用明显，当一国资本货物进口和消费品出口时，都会对经济增长起到有效的促进作用。另外，弗农（1966）在其著作《产品周期中的国际投资和国际贸易》中也强调，国际贸易能够加速本国产业结构从劳动密集型向资本、技术密集型转移，从而实现国内产业结构的优化升级。

关于贸易开放对中国产业升级的影响，国内学者展开了大量研究，总体呈现出两种截然不同的观点。第一类研究主要从进出口贸易数量及种类、贸易结构等视角出发，总体认为，贸易开放有效奠定了中国“世界工厂”的地位，并对国内产业结构演进和升级带来一定的促进作用（刘秉镰和刘勇，2006；杨丹萍和杨丽华，2016；孙晓华和王昀，2013；李佳等，2021）。譬如肖云（1994）就认为，推动中国产业结构演进的外在因素主要可归因于需求结构、国际贸易及相对成本状况，而国际贸易加快了我国与全球市场的商品和要素流通，使之成为我国改革开放后产业结构升级的主导因素。范爱军和李菲菲（2011）进一步从产品内贸易和一般贸易两种贸易模式视角出发，考察了不同贸易模式下的进出口对我国产业结构升级的影响，结果发现，一般贸易模式下的进出口能够显著促进我国产业升级，而以加工贸易模式为主的进出口反而会抑制国内产业结构优化升级。王锋正等（2020）的研究还指出，贸易开放加快我国融入全球价值链，并对国内资源型产业升级倒“U”形关系，只有持续推进开放式创新，才是驱动资源型产业升级的有效途径。

第二类研究则对贸易开放的产业效应持谨慎态度，大体认为，对外贸易对产业结构升级的促进作用不明显甚至呈现抑制作用（谭清文，1997；袁欣，2010；郭晴，2020）。譬如谭清文（1997）和林毅夫（1999）均强调了比较优势理论在跨国贸易中的重要性，若一国对外贸易违背了比较优势原则，反而造成国家在国际合作和分工中处于极其被动的局面，最终可能引起国内产业结构畸形发展。袁欣（2010）也指出，对外贸易结构仅仅是我国产业结构在空间范围上的扩展，是一种“原像”与“镜像”的耦合关系。一般来讲，对外贸易活动所引致的规模效应有利于累积技术进步，对国内产业升级能够带来一定的促进作用，但长期以来，大量“两头在外”的加工贸易使中国对外贸易结构呈现出超前发展的虚幻性，这与国内产业结构并不能形成较好的内部衔接，因此，对外贸易能够促进国内产业结构升级取决于对外贸易结构调整与优化。无独有偶，黄庆波和范厚明（2010）也指出，对外贸易与产业结构之间既有促进作用又会产生相互制约作用，对外贸易结构如果存在畸形发展或扭曲现象，则会国内产业结构产生巨大的反作用力，反而抑制产业升级。郭晴（2020）指出，过度依赖国际大循环导致国内经济发展风险较大，消费、投资和出口发展不均衡导致经济发展动力不足，区域经济发展不平衡导致内循环效率较低，最终对国内产业升级也将产生不利影响。

2. 资本开放的产业效应

关于资本开放与产业升级的理论研究，国内学者早已进行了深入探讨，并取得了丰硕的研究成果。早在20世纪60年代，美国经济学家钱纳里就提出了基于结构主义原理的“双缺口模型”，将投资、储蓄、进出口同引进外资联系起来，并认为国内资源不足可能成为制约一国整体经济发展的重要因素，此时，引进外资与技术等要素资源恰好可以弥补国内市场中储蓄和外汇缺口的短缺，为促进东道国经济增长和产业升级提供巨大的后劲支撑（Kose等，2006；Obstfeld，2009）。随后，大量学者也开始关注资本开放对国内产业升级的作用机理。譬如Obstfeld（2009）认为，资本市场开放有利于激发本国金融结构性改革，由此提高制度质量和促进宏观经济发展。Assanie和Singleton（2002）基于102个国家的实证研究，发现外资引进的质量水平与本土高技术产业发展密切相关，即高质量的外资引进为本土引进更多的高新技术，从而反哺国内产业升级。Mathews（2006）则基于亚太地区跨国公司的案例研究，发现在资本市场开放环境下，发展中国家的跨国公司可以通过“资源联系”“杠杆效应”和“干中学”促进对外直接投资，由此获得更多的学习效应和竞争优势，进而促进国内产业结构升级。

国内大多学者都认为，资本开放有利于实现要素资源的跨国转移、技术溢出效应以及竞争效应，进而促进我国产业升级（汪琦，2004；黄先海和郑亚莉，2010；王军，2006；贾妮莎等，2014；傅元海和林剑威，2021；才国和伟杨豪，2019）。汪琦（2004）具体将FDI对产业升级的效应归纳为资源补缺效应、传统产业转移效应、新兴产业促进效应、产业关联效应和投资收益效应五个层面，并认为FDI通过调整投资国的投入要素、需求结构及资源转换方式产生产业促进效应，进而影响投资国产业结构调整方向和优化升级速度。黄先海和郑亚莉（2010）进一步考察了外资流入影响产业结构升级的渠道机制，并指出，外资引入主要通过技术转让和扩散、产业的前后向关联作用以及示范与竞争效应三个渠道来调整原有生产结构和产品结构，进而促进东道国产业结构优化升级。王军（2006）又从产品结构技术创新调整和培育新兴产业等角度，考察了FDI影响国内产业结构升级的微观途径。郭克莎（2002）认为外商直接投资一方面增加了国内投资资本渠道，另一方面，能够通过引进外来先进技术和好管理经验等生产要素，有效提升原有产业资源配置效率和合理化程度，进而提升产业整体产出效率。傅元海和林剑威（2021）的研究还发现，外资引进能够促使本国以OFDI为载体的边际产业转移，提高要素配置效率，改善国内产业优化与调整效果。才国伟和杨豪（2019）考察了外商直接投资对资本和劳动力要素扭曲的影响，指出外商直接投资总体上改善了我国要素市场扭曲的局面，并且对资本市场扭曲的矫正能力要远高于劳动力市场。

尽管目前大部分国内学者普遍认为资本开放有利于本国产业结构升级，但仍有部分学者持不同意见（徐鑫和蒋毅一，2012；戴宴清，2012；黄永明等，2018）。例如徐鑫和蒋毅一（2012）就认为，外商直接投资在我国存在明显的区域分布和产业分布不合理的现象，这种不平衡投资可能会给中国产业结构升级带来一定的羁绊作用。黄永明等（2018）考察了不同FDI类型对中国产业升级的作用效果，发现制造业FDI对产业结构升级始终具有正向促进作用，但生产性服务业FDI对产业结构升级的效应并不明显，尤其在2008年金融危机后，制造业FDI对产业升级的促进效应逐渐增强，而生产性服务业FDI对产业升级的效应逐渐减弱。戴宴清（2012）基于中国中部6省份的实证研究发现，外商直接投资存在明显的产业选择偏向，主要限定于第二产业，并且产业投资总体技术层次较低，长期内不利于地区面向更高技术层级的产业结构演进。

综上所述，国内外学者已经从不同维度或视角探讨了对外开放与产业升级的内在关系，并取得大量丰富的理论和实践成果。但通过梳理文献也不难发现，大多数学者都是基于单一视角来考察对外开放与产业升级的关系，较少文献从不同维度综合考察对外开放的产业升级效应。从研究对象来看，以往研究大多基于国家、省级等宏观层面，从全国范围内考察对外开放对产业升级的影响，而沿海发达地区作为我国对外开放和经济增长的领跑者，研究该地区对外开放的产业升级效应更具有典型性和示范性，遗憾的是，以往较少文献涉及此问题的探讨。据此，本书将在以下方面对相关研究进一步拓展：一是研究对象更加精细化，以中国沿海发达地区作为研究区域，从宏观和微观视角考察对外开放对产业升级的影响效应和作用机理；二是更加精确的产业升级维度，本书从产业升级内涵出发，将产业结构升级划分为产业结构高度化、加工程度高度化以及全球价值链高度化三种表现形式，并系统考察对外开放对不同产业升级维度的影响及作用机理。

1.3 方法和研究思路

1.3.1 主要方法

1. 定性分析与定量分析。本书采用了定性分析和定量分析相结合的方法分析了对外开放与产业升级之间的关系。首先，定性地研究了对外开放与产业升级二者之间相互影响、相互制约、相互作用的辩证关系，通过相关理论明确了对外开放对于不同维度产业升级的作用机制。同时，还对当下“逆全球化”现象对地区产业升级之所造成的影响进行了分析，并明确了在新的挑战下应该如何进行应对。其次，在定性分析的基础上，以地区宏观经济数据和微观企业数据，定量地分析了对外开放与产业升级之间的关系。

2. 理论分析与实证分析。本书采用了理论分析与实证分析相结合的手段，在对对外开放与产业升级之间的理论关系进行分维度探讨的基础上，再次利用区域数据和企业数据对相关问题进行了实证检验。具体来说，首先，本书梳理了所依靠的理论基础，并在对每章撰写的过程中对对外开放和不同维度下的产业升级之间的关系进行了理论机制探讨。其次，在对每个章节的理论机制探讨上，分别使用区域宏观数据、微观企业数据进行了实证分析，检验了对外开放与各维度产业升级之间的现实关系。以此做到从理论中来、实证检验理论、实践结合理论的目的。

1.3.2 研究思路

本书整体上遵循了从理论到实证，理论引导实证、实证检验理论的研究思路。首先，本书梳理了相关问题研究涉及的理论基础，并在后续章节中，分析对外开放与产业升级各维度之间的关系时以既有理论为基础，探讨了二者之间的理论作用机制。随后，针对对外开放与不同产业升级维度之间的关系进行了实证检验，检验内容包括对外开放与产业结构高度化、对外开放与加工程度高度化以及对外开放与价值链地位提升。在明确了对外开放对产业升级各维度之间的作用关系后，结合国内外实际情况，探讨了“逆全球化”对我国沿海地区产业升级的影响以及对基于上海自贸区建设的对外开放试验进行了案例分析，以此做到理论回归实践的目的。本书的整体研究思路如图1－1所示：

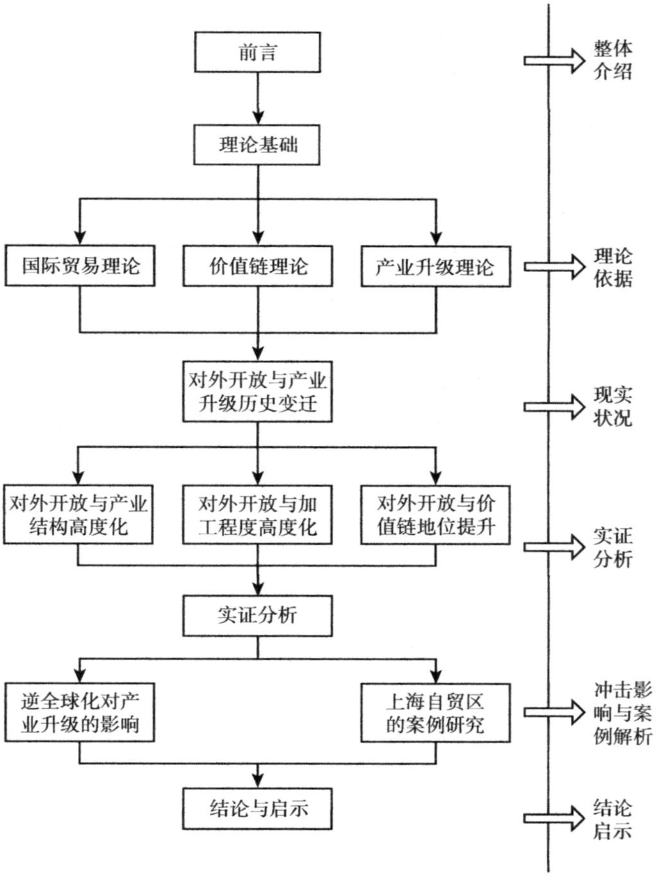

图1－1 研究思路

1.4 边际贡献

在全球贸易局势日益趋紧，经济全球化面临严重挑战，传统依靠进出口贸易拉动经济增长的发展模式已经难以为继，亟需调整对外开放策略，以更好地赋能于本土产业升级。本书的边际贡献在于：

第一，完备理论结构与经验事实相结合。本书基于新新贸易理论、全球价值链理论以及产业升级演化理论等前沿理论，系统地梳理了我国对外开放与产业转型升级之间的内在关系，再结合中国对外开放与本土产业升级的特征事实，从实证角度对相关理论加以检验，进而证实了国际贸易前沿理论同样适用于中国沿海发达地区发展情境中的实践应用，做到前沿理论与经验实证的完美结合。

第二，多维度系统全面地考察对外开放与产业升级内涵的关系。以往大多数学者都是站在对外开放的单一角度来研究对外开放对产业升级的影响，同时对本土产业升级内涵界定也不够全面，本书从产业结构高度化、加工程度高度化以及全球价值链高度化三个维度详细刻画了产业升级内涵。鉴于沿海发达地区作为我国对外开放的先行者以及经济增长的领导者，本书从以上三个角度对对外开放与产业升级之间的关系进行理论分析和实证检验。

第三，多种指标测度方法和实证方法相结合。由于我国对外开放是全方位多层次的开放，因此，本书在相关理论的基础上，采用不同的方法刻画了我国沿海发达地区对外开放水平。另外，针对产业升级三个维度的内涵界定，本书采用固定效应回归、社会网络分析和合成控制法等多种前沿计量手段加以实证检验，从而确保最终结论和可靠性。

第2章　理论基础

2.1　国际贸易理论

2.1.1　传统国际贸易理论

作为传统国际贸易理论体系的重要构成基础，以赫克歇尔俄林理论与以亚当·斯密为代表的绝对优势理论、以李嘉图为代表的比较优势理论对国际贸易和国际分工产生的根源与决定性要素进行了重要说明。亚当·斯密于1776年在《国民财富的性质与原因的研究》（国富论）中研究指出：生产成本差异是促进各国参与国际贸易的重要原因。在国际贸易中，各国应根据本国的特殊国情与比较优势，选择性地进口缺乏绝对生成成本优势的产品并出口具有绝对生产成本优势的产品。而各个国家都应该按照这种绝对优势和劣势的差异形成国际分工结构，各自提供优势产品之间的交换，继而产生了各国贸易利得。

随着国际贸易的日益繁荣，各种贸易现象层出不穷，有学者发现有的国家在各种生产领域均具有生产成本上的绝对优势但仍与不具有绝对优势的国家保持着贸易往来（海闻等，2005）。亚当·斯密的绝对优势理论无法完全解释此现象。大卫·李嘉图在《政治经济学及赋税原理》中进一步论述了比较优势理论。这一学说在更为普遍的基础上对国际贸易的产生与发展进行了说明。李嘉图的研究表明，国际贸易的产生不是出于各国在不同生产领域的绝对优势，而是由于生产技术上的相对差别这一影响各国贸易的根本原因。“两优相较取其重，两劣相比择其轻”，在国际贸易中，交易的各方都应集中于生产具有比较优势的产品，输入具有比较劣势的产品，由此双方均可节省劳力资源投入，从而进一步专业化分工以提升生产率。

作为绝对优势理论的继承者与发展者，比较优势理论对于发展中国家和发达国家之间的贸易行为进行了合理的诠释。然而，比较优势理论仅将劳动生产率作为差异的唯一要素，忽略了各国在自然资源、资本水平等方面的差异。由此，赫克歇尔和俄林在继承与发展绝对优势理论和相对优势理论的基础上，锐意且大胆地设想了要素禀赋理论（赫克歇尔俄林理论或H－O理论）。赫克歇尔和俄林之所以认为生产成本虽然是引起产品价格差异的重要因素，但并非决定性因素，是因为生产成本的差异在很大限度上是出于第一生产要素丰裕程度即地区要素禀赋所决定的。基于此，他们认为各国在进行国际贸易的过程中应该进口那些对本国稀缺资源依赖性较大的产品而出口对本国丰裕资源依赖性较大的产品。实际上，我们可以将赫克歇尔俄林理论视作对李嘉图比较优势理论边际的拓展，因为它不仅考虑了国际贸易中各国劳动生产率的差异，还将诸如资本、矿产等自然资源的差异也纳入考量范围，而此类前置性生产要素也是各国在国际贸易过程中比较优势的重要来源。

上述理论学说构成了传统国际贸易理论的基石，在各国制定贸易政策、判断及预测各国贸易模式方面具有重要的参考意义。在完全竞争市场、规模报酬不变、同质产品与同质企业的假设下，传统贸易理论认为要素资源的比较优势差异才是国际分工的主要根源，这一观点与20世纪上半叶之前的国际贸易模式状况不谋而合。

2.1.2　新贸易理论

随着世界各国贸易往来的增加，国际贸易在实践中逐渐出现了部分新的现象。例如，令传统国际贸易理论难以解释的发达国家之间的贸易及同类产品之间的双向贸易量大大增加这一新现象。因为这些贸易发生对象之间要素禀赋差异并不是很明显，并且在具有相同要素禀赋的产业间国际贸易仍在进行，例如美国和日本汽车行业发生的贸易就是如此。Verdoorn（1960）以及Balassa（1966）的研究更加证实了此观点，他们的研究表明，产业内专业化这一特征的确是工业化国家之间贸易的主要表现。这些现象的产生，无论是绝对优势理论、相对优势理论以及要素禀赋理论均难以给出合适的解释，传统国际贸易理论在此也受到了严峻的挑战和质疑。

Grubel 和 Lloyd（1975）对产业内贸易进行了探究，并提出了产业内贸易理论，从不完全竞争、产品差异化以及企业生产的规模经济角度对产业内发生的贸易行为作出合理解释。而后，一个垄断竞争模型（即 D－S 模型）为 Dixit 与 Stiglitz（1977）所建立。以代表性消费者 CES 效用函数为基点，该模型假设消费者效用来源除对于产品数量的要求外，产品多样性偏好同样会影响消费者效用。而企业产品生产具有专一性，企业在特定领域生产具有垄断及规模经济性，但由于产品之间的替代性较强因此企业并不会以垄断价格要价，而是以加成定价原则进行要价。该模型从消费者角度来看，多样性偏好使消费者偏向于消费更多种类的产品；从生产者角度来看，规模经济使企业更倾向于生产较少种类的产品。D－S 模型的提出，对贸易理论的发展做出了重要贡献。其中的突出点，即是通过建立张伯伦垄断竞争模型有力地促进了规模报酬递增与竞争均衡框架相融合的市场结构问题的解决。

Krugman（1979）在前人研究的基础上，将 D－S 模型巧妙地融入国际贸易理论当中，通过不完全竞争、规模报酬递增和产品差异化等假设前提，巧妙地构建了一个简洁的一般均衡模型，亦奠定了新贸易理论的发展基础。通过运用垄断竞争分析的方法，该模型探究了规模报酬递增时的国际贸易情况，对国际分工的决定要素、国际贸易产生的缘由及贸易保护主义的产生与效果进行了诠释。其不仅较好地填补了传统贸易理论的逻辑空白，也充分地说明了产业内贸易这一新国际贸易现象。而后，Krugman（1980）、Lancaster（1980）、Norman 和 Dixit（1980）、Brander（1981）、Helpman（1981）、Eaton 和 Grossman（1986）等学者均在规模报酬递增的背景下进一步从静态至动态的角度分析了产业内贸易的问题。

以 Krugman 为代表的新贸易理论颠覆了传统国际贸易研究的假定前提，从垄断竞争、规模报酬递增以及产品差异化的层面上对国际贸易做出了研究和阐述。但是，将新国际贸易理论和旧国际贸易理论相比，分析角度虽然从宏观国家角度落脚到了中观产业角度，但仍然假定企业是对称的，对于同一行业内企业差异化出口行为仍缺乏解释。

2.1.3 新新贸易理论

随着国际贸易的发展以及经济全球化趋势的不断深化，出口在国家经济发展中的占比逐步增大，但从事出口的企业却只是少数。譬如 Bernard 等（1995）在美国制造业 1976～1987 年的企业层面数据的基础上，全方位地探究了非出口企业与出口企业的差异性特征后，得出了一个结论：在同一个产业内部并非所有企业都参与到国际贸易之中，且出口企业在全部企业中的占比很小，1976 年出口企业占比为 10.4%，而到了 1987 年这一占比也没有超过 15%。Bernard 等（2007）调查表明，美国 2000 年的总出口公司数额虽然只占美国企业总额的 4%，但在这些出口公司中，排名前 10% 的出口企业所实现的出口额则达到了全美对外贸易总量的 96%。此外，在微观数据易于获得的背景下，更多的研究发现，实际上只有极小部分企业从事出口活动，且即便在同一产业内部，非出口企业与出口企业在规模、生产率等方面都具有明显的差异。譬如，相较于非出口企业，出口企业通常拥有更高的资本密集度、更大的生产规模、更高水平的劳动生产率，且愿意提供更高的平均工资。

Wagner（2002）、Bernard 和 Wagner（2001）与 Bernard 和 Jensen（1995）分别以美国 1976～1987 年、1984～1992 年企业调查数据、德国 1978～1992 年企业调查数据为基础，研究证实出口企业生产率更高，竞争能力更强，工资水平也较之于非出口企业更高。后续分析中，Arnold 和 Hussinger（2005）、Kimura 和 Kiyota（2006）再次采用了意大利 1992～2000 年和日本 1994～2000 年的数据分析，其结果显示出口企业效率远较非出口企业更高。这一情况不但普遍出现在发达国家经济体，而且在新型工业化发达国家和地区以及欠发达国家和地区中都得到了反映。例如，Aw 和 Hwang（1993）利用中国台湾地区工业化时期的企业数据，Awand Roberts（2010）利用中国台湾地区后工业化时期的数据研究发现，非出口企业生产率明显低于出口企业。Clerides 等（1998）使用哥伦比亚、墨西哥以及摩洛哥的微观企业数据资料，Kasahara 和 Lapham（2013）利用 1990～1996 年智利企业调查数据，Mengistae 和 Pattillo（2004）利用埃塞俄比亚、加纳和肯尼亚企业数据，Arne 和 Mulu（2009）使用埃塞俄比亚企业数据均研究得出出口企业较之于非出口企业生产率更高。

显然，传统贸易理论以及新贸易理论都不会考虑企业出口与否的情况，也因此在传统贸易理论以及新贸易理论中都假设了企业之间是完全同质的。但这一假设与现实世界是相悖的，因为企业之间确实存在着因生产率、生产技术、企业年龄、资本结构等因素而造成的差异。然而，规模经济、不完全竞争和企业异质性为基础假设的新新贸易理论的产生，在极大程度上受到了譬如新的经济现象与已有理论之间的背离、既有贸易理论与现实经济之间的脱节等因素的推动。新新贸易理论与已有国际贸易理论相比，有较多不同。它在继承了垄断竞争市场结构和规模经济的条件下，对企业同质性假设进行了突破。新新国际贸易理论将企业异质性问题导入了研究模式中，从异质性企业视角探讨了国际贸易的原因与后果等问题，进一步扩展了传统国际贸易理论和新贸易理论所涵盖的研究范畴。目前，以 Melitz（2003）为典型的异质化企业贸易理论，是新新贸易理论中最具影响力的企业贸易思想，因为该理论建模简单且可扩展性较高，尤其是对于新贸易理论有着极好的承接性，使之成为所有异质化企业贸易理论中，影响力最强且接受度最大的模型（崔凡，2014）。Melitz（2003）认为，高生产率公司之所以愿意做出口公司，是因为出口公司需要相当程度的出口固定价格，但只有高生产率公司才有条件提供出口固定价格，以便进入全球市场。出口固定成本的出现给生产公司产品出口的目标限定了出口壁垒，因此只有高生产率公司才可以越过生产率壁垒，并完成产品出口目标；而中等生产率企业将存续于国内市场，低生产率企业则退出市场。这一结果说明贸易自由化将导致同一产业内部不同企业之间的市场份额再配置，资源会更多地流入生产率较高的企业从而进一步提高行业总体生产率和行业福利水平。

从上述理论发展过程可知，不同贸易理论的产生是以国际贸易形式的发展为基础的，各种理论的更迭和丰富也是伴随着国际贸易形式的丰富而不断被调整的。例如，在国际贸易理论形成初期，亚当·斯密的绝对优势学说就对各国之间的交易活动提供了很好的见解。同时随着贸易形式的增多，学界也随之出现了李嘉图比较优势理论及赫克歇尔－俄林资源禀赋理论，继而很好地诠释了产业间贸易产生的根源。而随之出现的国际领域内贸易新问题也使得以往国际贸易研究的阐释性大打折扣，而新贸易理论亦由此兴起。新贸易理论在规模报酬递增、垄断竞争市场结构的前提下对产业内贸易新现象作出了解释，其进一步推动了国际贸易理论的完善与拓展。然而，无论是传统国际贸易理论还是新贸易理论，企业同质性假设的前提并没有改变，这亦造成了其对于为什么有的企业出口而有的企业不出口的现象缺乏解释。以 Melitz（2003）为代表的新新贸易理论，在保持新贸易理论的垄断竞争市场结构和规模报酬递增的基础上依旧引入了市场异质性假说，对产业出口的影响因素和所带来的市场资源配置效果作出了深刻分析与阐述，并进而发现了国际贸易利润的新源泉：在贸易自由化的背景下，高效率企业的市场份额不断扩大，低效率企业则退出市场，行业总体生产率水平将在产业内资源再配置过程中不断提高。

2.2 全球价值链理论

2.2.1 国际分工理论

分工是社会经济不断发展的产物，随着生产技术以及组织形式的变化，分工的内涵以及实现方式也在不断地被丰富。总体来看，国际分工理论经历了由古典国际分工理论到现代国际分工理论再到当代国际分工理论的不断演进，各种分工理论也随着国际经济的发展而不断被完善和拓展。

亚当·斯密、李嘉图、穆勒以及赫克歇尔－俄林是古典国际分工理论的代表，其侧重于对较为宏观层面的分工问题的讨论。亚当·斯密（1776）认为分工是提升劳动效率的重要方式，并在其巨著《国民财富的性质与原因的研究》（简称《国富论》）中通过对制针行业以分工提升劳动效率为例进行了举例分析。他认为各国在不同生产领域各自具有一定的比较优势，各国应该发挥比较优势，生产具有绝对优势的产品并通过国际贸易进口具有绝对劣势的产品。但绝对优势理论存在一定的局限，是以机会成本不变为前提，且各国之间生产要素的相对丰裕因素并没有被考虑进去。故此，李嘉图的比较优势理论对其进行了补充和完善。李嘉图认为各国分工需要依据本国生产成本的比较优势，各国按照生产过程中所具有的比较优势进行国际分工，各自生产具有比较优势的产品而进口具有比较劣势的产品。尽管比较优势理论在很大程度上突破了绝对优势理论的局限性，但是该理论仍然存在一定的局限性，一方面没有考虑国际商品交换比率究竟如何确定以及贸易利得的分配；另一方面，比较优势理论只说明了劳动要素投入创造的价值，却忽略了资本、资源等其他生产要素投入的作用。针对前者，穆勒从相互需求的角度对分工进行了阐释，他认为商品的供求关系决定了国际商品流转水平和贸易价格。针对后者，赫克歇尔－俄林对此进行了进一步的补充，将各个国家生产第一要素纳入了分析之中，认为国家之间的优势并不局限于生产技术、劳动生产率，还包括资本以及自然资源等其他要素，因此各国在国际分工中应该以比较优势为分工基础。赫克歇尔－俄林要素禀赋理论在强调了劳动要素创造的价值的同时也考虑了资本、资源等其他生产要素投入的作用，使要素禀赋理论在李嘉图比较优势理论的基础上进行了深化发展。

随着全球经济一体化的发展，产品生产工序逐步细化，且通讯及交通不断进步，产品生产各个环节具有了空间上的可分性，国际分工也由宏观层面的讨论进一步细化到对于产品层面的讨论之中，继而产生了现代国际分工理论。现代国际分工理论涉及面较广，包括产品生命周期理论、外部规模经济理论以及内生比较优势理论等。产品生命周期理论以弗农为代表，他认为产品生命周期是一个产品由进入市场到最终被市场淘汰的一个过程。由于产品在不同国家生命周期并非同步演化而是存在一定的时滞，而时滞的具体表现则是国家产品生产技术上的差异，从而进一步决定了国际贸易和国际投资。外部规模经济理论的代表者是马歇尔，他认为无论国家之间是否存在相对价格的差别，规模经济的存在都会引导各国厂商从事专业化的产品生产，这样才会获得规模经济的好处。杨小凯是内生比较优势理论的代表者，该理论进一步突破了传统比较优势理论框架，是现代国际分工于贸易分析的基础，对发展中国家的实践具有重要指导意义。杨小凯（1999）认为分工后的生产率水平提升原因在于分工后可以节省重复的学习费用，而分工后产生的生产率差异亦会随着分工的发展而演化。

产业的国际转移及经济全球化浪潮的出现，催生了产业间贸易和产业内贸易等贸易形式。弗罗布尔（1978）在其著作《新的国际分工》中对新的分工形式进行了描述，包括跨国公司生产体系、订单制造以及国际垂直一体化等。跨国公司在这一阶段主导了全球贸易及服务贸易分工格局。此时，国际分工类型从产业间分工到产业内分工逐步深化，再到产品内分工的逐步演进，这一方面加快了国际贸易和世界经济的快速发展，同时也不断促进了全球价值链理论的发展，并进一步使得全球价值链分工逐渐变成国际分工的新形式。生产的全球性协作是全球价值链分工的基础，产品的不同生产环节在时空上经过拆分后，每个国家参与不同环节生产继而融入全球价值分工。尽管全球价值链分工使得发展中国家凭借低廉的劳动力成本优势融入全球生产体系，并且获得少量的分工利润和贸易收益，但同时发展中国家的生产容易陷入低端锁定之中，而处于全球价值分配下的被动地位。

2.2.2 价值链理论的发展

1985 年，Porter 在其著作《竞争优势》（comparative advantage）中首次提出了价值链的概念。Porter 认为企业属于一个集合体，涵盖了产品设计、加工、销售等各种主要及辅助活动，这些功能上互不相同但又相互关联的生产经营活动，构成了企业创造价值的动态过程，即企业的价值链。同时，企业置身于不同的经营环境中，价值链也可以划分为内部价值链和外部价值链，前者指企业的自身价值创造过程，而后者指企业与所处环境中其他生产、销售以及最终消费者之间的一种联系。企业的竞争优势正是在此基础上，由内部价值链以及外部价值链的综合实力所构成的。

Kogut（1985）在 Porter 价值链理论的基础上提出了价值增值链（value added chain）概念。Kogut 将价值增值链视作一个动态过程，即一个将要素进行高效有机组合以此形成最终产品，并通过销售、配送等手段实现产品价值增值的过程。价值增值链还具有空间配置以及垂直分工的特点。例如，跨国生产企业会依据全球不同国家的特点而安排产品生产环节的分布结构，由此体现了价值增值链的空间特征。而在全球生产分工的背景下，企业在每一个分工环节的地位直接决定了其所获取价值的多少，继而反映了企业的竞争优势之所在。可以说，Kogut 的观点是 Porter 关于价值链理论的继承和拓展，为价值链理论体系的形成打下了基础。

1994 年，Gereffi 提出了全球商品链的概念，对商品链进行了系统研究分析，同时也解释了全球经济的生产、贸易以及消费的特点。随后，Gereffi（1999）发现，跨国企业在全球价值链安排中发挥着重要的作用，尤其是一些大型跨国公司甚至主导了全球价值链的布局和发展。这些大型的跨国公司在产品生产过程中依据地区特征，通过国际投资将地区纳入全球分工环节中，继而形成全球性的商品链条。进一步地，按照供需动力差异还将全球商品链划分为购买者驱动型和生产者驱动型两类。前者主要是由一些大型的产品采购商所主导，通过全球采购、订单生产继而贴牌销售，这类企业以劳动密集型企业居多。后者主要指大型跨国企业对生产链条上的不同环节进行垂直整合，继而形成全球化的生产网络，这类企业一般指的是技术或资本密集型产业。尽管全球商品链强调了商品的概念和属性，却没有对企业的价值创造以及价值获取、增值活动的重要性做出深入说明。

Gere（2011）在 Gereffi 的研究基础上进一步提出了全球价值链（GVC，Global Value Chain）的概念，并将其视作在全球经济运行中的利益分配和价值创造的动态过程。Gere（2011）同样对跨国企业生产组织体系进行了分析，发现企业在不同国家及地区其生产环节分布呈现出了差异性特征，这种差异化主要体现为不同条件的国家所承接的价值生产环节存在地理分布上的差异。因为在产品价值分布中，各个环节的价值创造存在着显著的差异，以制造业为例，产品加工组装价值创造水平比较低，而产品研发等关键环节的价值创造则比较高，企业亦能获得更多利润，因此，跨国企业才会对产品研发等高价值环节实施严格掌控。至此，全球价值链理论体系初步形成，但对于全球价值链的具体定义则是仁者见仁，智者见智。例如，联合国工业发展组织（UNIDO，United Nations Industrial Development Organization，2002）则将全球价值链认为是一种全球范围内的链接产品研发、生产、销售等环节的生产活动。不同企业在价值链中各司其职，主导企业和处于支配地位的企业协同运作以实现各自利益。英国 Sussex 大学的发展研究所（IDS，Institute of Development Studies，2002）则认为全球价值链是某个产品从构想设计直到报废的一个完整的生周期过程中所创造的全部价值活动，这些价值活动是以各个参与企业之间的协调分工为基础，以价值链不同增值环节的利益分配为推动力，以产品的生产经营为中心的一种全球性跨国生产网络组织。

2.2.3 全球价值链分工特征

产品生产环节在多空间维度的拆解与组合、分离和重构是当下全球生产的主要特征之一，尽管这些环节在空间上比较分散，但在形式上却保持着高度的统一。产品生产的多环节拆解、多企业参与、多国家承担，并通过进口其他国家及地区的中间投入品来生产用于出口的最终产品是全球价值链生产所遵循的基本要素。那么也不难发现，在全球价值链分工过程中至少体现了如下几个特征。首先，全球价值链分工多为发达国家的跨国企业主导。按照产品生产环节生产可以划分为产品研发设计、产品加工组装以及产品营销管理三大核心环节，而每一个核心环节中又包含了许多子环节，而跨国企业会根据自身条件制定各自的全球化战略，然后根据全球化战略在全球范围内寻找适合的区位布局进行最优的资源配置，最后根据区位布局将不同的价值创造环节分布在不同的国家进行生产经营。这种生产经营布局的主动权掌握在大型跨国企业手中，因此企业会根据不同的生产工序和环节布局在合适的国家，并且把非核心环节交给其他拥有比较优势的国家完成，这些在非核心环节进行生产的国家往往是发展中国家，而跨国公司总部通常占据着价值链的关键环节，这些关键环节也就是产品生产经营过程中附加值最高的战略环节。由此可见跨国公司凭借其拥有的品牌、技术、市场等核心能力，负责安排各价值环节活动之间布局，跨国企业是价值链中各价值活动环节的主导者，而大部分发展中国家从价值链低端生产进入全球价值链，并被发达国家锁定在低端，从而成为被支配者。刘志彪等（2008）指出处于低附加值生产环节的发展中国家想要进入高附加值生产环节，会面临更加激烈的竞争，甚至会遇到更为猛烈的纵向压榨，导致国内产业整体处于低端锁定之中。

其次，由于产品价值链各个环节附加值含量有所差异，因此在全球价值链分工与参与中各个参与主体的利得呈现出非均衡的特点。当前以发达国家跨国企业为主导的全球价值链分工体系，突破了原有的国际分工当中各国之间的界限。跨国企业主导了生产环节的布局同时也主导了产品价值的全球分布。由“微笑曲线”可以发现，国际价值链分工各个环节价值分布呈现两端高中间低的特征。而在分工过程中，附加值较高的两端即产品研发和营销管理均被跨国公司严格掌控，而附加值比较低的环节（即加工组装）则被外包制其他国家。以苹果手机为例，在全球产业生产环节中，苹果公司控制了产品研发设计，而中国大陆地区则承担了原机的组装工序，在价值分布中苹果公司占到了75%，而中国所承担的加工装配环节仅仅分得了2%。

最后，全球价值链分工利益不均衡的根本原因是要素禀赋差异。国际分工的微观基础以及经济全球化的本质特征是生产要素的跨国流动，当前要素合作型分工是全球价值链分工的实质，而跨国公司在全球范围内的资源整合是要素分工的实质。发达国家的跨国企业在各国生产要素禀赋差异的基础上，在具有竞争优势的国家或地区布局不同的生产环节或者工序。产品的同一生产过程使得每个国家之间不同的生产要素跨国流动组合到一起，并且形成了产品生产过程中不同工序之间的要素分工。因为不同工序的完成是与一定的要素禀赋相适应的，跨国企业在进行价值链布局时，必然会结合地区要素丰裕程度，以最大化利润为目标进行环节安排。例如，在中国参与国际分工的过程中，由于中国（尤其是沿海地区）具有丰富、廉价的劳动力资源，因此在发达国家跨国公司布局的过程中将劳动密集环节（产业）直接转移到了中国沿海地区，而将研发、营销等依赖于较高水平要素禀赋的环节留在了国内，以此充当研发中心的角色。因此，可以认为要素结构以及要素相对丰裕程度是决定要素提供国在价值链分工中获利大小的基础，要素的稀缺程度决定了要素价格，而要素的价格决定了要素收益。正是因为发达国家提供的是较稀缺且流动性较高的高级生产要素，而发展中国家提供的是非稀缺且流动性较低的低级生产要素，因此发达国家获得了更多的要素的利益，而发展中国家获得的要素收益较低。

2.3 产业转型升级

2.3.1 产业演化的一般理论

产业作为一种典型的经济组织形式，随着社会生产力的演进变化而产生和发展，是人类社会生产的产物。企业是组成产业的最小细胞单元，如同人类的机体结构一样，这些具有相似属性的细胞集合组成了具有不同生产功能的器官，也就是产业，这些产业集合则进一步组成了宏观意义上的部门经济。产业结构则是一种联系与联系方式（苏东水，2013）。这种联系和联系方式并不是一成不变的，会随着生产力和生产关系的动态调整发生数量、质量上的变化，而这种变化规律也受到了大量经济学家的关注。

1. 配第—克拉克定理

著名经济学家和统计学家克拉克提出的三次产业结构中各个产业劳动力变化的规律是目前产业结构演变理论中重要的学术成果之一。克拉克继承了费歇尔的产业结构划分的研究成果，考察随着人均国民收入的提升，各产业间劳动力的分布状况会发生怎样的改变。克拉克对不同国家人口在三次产业中的分布演变进行了归纳总结，他发现随着人均 GDP 的增加，就业人口呈现农业—工业—服务业，顺次转移的变化规律。这一规律被称为配第—克拉克定理。克拉克认为，之所以产生这种现象，主要是因为各产业之间的工资差距，促使劳动力进行转移。因为人们总希望获得更高的收入，一旦从事工业生产的收入比从事农业的收入要高，那么原来从事农业生产的劳动力人口将会向工业行业转移。这一规律在许多国家的产业结构演变中被证实。反之，在同一时间段，也可以通过对比不同国家产业人口分布来判断这个国家所处的发展水平。

三次产业的结构变化存在客观必然性，克拉克从人们消费需求角度分析了这种变化的原因。从三次产业所生产的产品属性上来看，农业产出人们的生活必需品，这种生活必需品虽然极其重要，但人们对于它的消费仍然符合边际效用递减的规律，一旦得到全部满足，那么人们愿意支出在必需品上的意愿便会降低，对其他产品的需求则会增加，强烈的支出意愿使得工业领域工资增长较快。从供给的角度来看，第一产业主要包括农林渔牧，这些行业的技术更新比较缓慢，与其他产业不同，这些产业往往会受到很强的外在因素干扰，也受到了较强的自然条件约束，因此其产出在短时间内难以实现较快的增长。需求和供给的共同作用必然使得第一产业实现的国民收入比重下降，再加上土地供给限制、劳动生产率的提高、消费结构变化等因素，导致劳动力比重下降。

2. 库兹涅茨定理

库兹涅茨在继承克拉克研究成果的基础上，通过整合若干国家经济增长的数据，得到了经济增长的结构特征和数量特征以及国际特征。国际特征是经济增长在各国迅速扩散，以及各国增长的不平稳性；结构特征则是第一、二、三产业之间的梯次变化；数量特征则是经济增长伴随人口的高增长率和生产率的高增长。库兹涅茨定理是对于克拉克定理的进一步完善。

与克拉克不同，库兹涅茨从收入的角度进行了分析，他发现，在以农业为代表的第一产业中，其GDP占比随着时间推移而越来越小，由此也间接反映了第一产业的劳动力净流出的事实。与之相反，第二产业GDP占比在大多数国家则呈现出上升的趋势，但劳动力的相对比重却没有明显的规律性特征。随着时间推移，第三产业劳动力占比会逐步增加，但收入占比增加却并不显著，甚至会表现出下降趋势。说明，第三产业具备一定的劳动力蓄水池作用。

3. 钱纳里工业化阶段论

与克拉克和库兹涅茨不同，钱纳里对于产业结构的演变并没有整体着眼于第一、二、三产业，而是着重对于第二产业的内在演变进行了更为细致的分析。钱纳里对工业化演进进行了深入分析，他发现不同国家工业化演进虽然呈现出不同的触发特征和表现形式，但从本质上来说都可以分为三个阶段。第一阶段主要是在收入水平比较低的时期，以纺织、食品等轻工业为主；第二阶段则以石油化工等重工业为主；第三阶段，随着人们收入水平的继续提升，工业结构由重工业转变为以日化、五金及相关高技术行业制造业为主。钱纳里提出的关于不同经济发展水平不同产业之间存在特点的理论总和被称为钱纳里工业化理论。

4. 霍夫曼定理

俗话说“无农不稳、无工不富”，钱纳里之后越来越多的经济学家意识到工业化的发展直接关系到一个国家是否能够迈向发达国家行列。而对于工业结构转变规律的把握至关重要。德国经济学家霍夫曼在这方面做了开创性研究。霍夫曼通过搜集各个国家经济数据，分析发现制造业中消费品工业和资本品工业之间存在重要比例关系。后来经济学家将这一比例值称为霍夫曼比例。

其公式表述为：

霍夫曼比例 = 消费品工业的净产值/资本品工业的净产值

根据霍夫曼比例值的大小，可以将一个国家的工业化过程分为四个阶段：第一阶段即霍夫曼比例值为 5 时，此时以消费品生产为主，满足日常工业消费需要。第二阶段即霍夫曼比例值为 2.5，说明资本资料工业在一定程度上有所发展。第三阶段即霍夫曼比例值为 1 时，说明资本资料工业已经得到了快速的发展，并逐渐赶上了消费品工业规模。第四阶段即霍夫曼比例降到 1 以下，表明资本资料工业的生产规模超过消费资本资料的生产规模。最现实的表现则是这个国家已经能够生产用于生产机器的机器。如上所述，经济发展使工业结构变化导致霍夫曼比例不断下降的规律就是霍夫曼定理。

5. 主导产业转换理论

主导产业指的是依靠科技创新获得迅速发展、技术更新速度快从而带来生产效率的迅速提升、能够带动其他产业的发展的产业。可以认为主导产业是某国在某个时间区间内经济发展的主要动力来源和支撑，这些产业是这些国家或者地区在特定时间内国民经济发展的“龙头”。主导产业一般具有如下特征：一是主导产业是增长迅速、生产成本持续下降、引入技术创新成果的产业；二是市场需求弹性大、具有巨大的市场潜力、大规模产出；三是主导产业具有显著的前向效应、后向效应和旁侧效应；四是主导产业具有扩大就业、节约能源和资源的特点。

主导产业具有典型的阶段性特征，根据技术条件、时期阶段等的不同而不同。随着时间的推移和条件的转变，各个经济体的主导产业会出现不断更迭的现象。根据不同阶段可以把产业划分为新兴产业、成熟产业和衰退产业。在经济起飞阶段，罗斯托把纺织业作为主导产业；在经济成熟阶段，罗斯托将钢铁、电力、化工、煤炭加工等划分为主导产业；在高额消费阶段，汽车制造业被划分为主导产业。针对不同国家地区的发展国情和现实需要，针对不同层次和角度需要解决的经济问题，主导产业的选择基准也不同，目前主导产业的选择基准有罗斯托基准、动态比较优势基准、赫希曼基准即关联度基准、筱原基准（包括生产率上升基准和收入弹性基准）等（王俊豪等，2016）。

6. 赤松要雁行形态理论

日本经济学家赤松要对日本明治年以后的产业数据进行了分析，发现进口、生产和出口三个阶段，是日本产业发展的普遍经历。他认为，一国的经济发展需要同产业结构结合起来，而产业结构的演进与国际市场是密不可分的。因此产业结构的国际化成为经济发展的必要条件。赤松要结合日本经济发展特征，归纳形成后发国家工业化进程。一是进口阶段：国内对某一商品的进口需求增多，由于在国内其为垄断地位，国内开始对其进行模仿生产；二是进口替代阶段：国内的商品开始形成国内市场，通过改善商品质量以及降低价格对进口商品进行替代；三是出口阶段：由于国内的市场逐渐开始饱和，对商品的需求上升缓慢，从而导致必须开拓国际市场来扩大需求；四是成熟阶段：由于国外的商品开始参与竞争，迫使本国的产品产量减少，企业投资停滞，并促使本国进行新的产品研究开发。

除了以上的研究成果，产业结构演变规律还包含生产要素密集型产业地位变动规律、产业按照比例协调发展规律等。综合以上多位学者的研究成果，关于产业结构演变规律大致可以得出如下一般结论：在一个国家地区经济发展的初期，农业在国民经济中占据主导地位。随着第一次工业革命的开展，世界经济发展进入工业化时代，工业得到迅速发展，工业产值占国民收入的比重迅速上升，由于第一产业在工业化初期并没有获得很多的技术更新，因此其生产效率也没有得到明显提升，从而其产值占国民收入的比重相对下降。随着第二次工业革命的开展，工业成为推动社会经济进步的主要力量，在这个阶段，重工业是最主要的工业化标志，工业化发展也逐渐表现出高度化加工的趋势，但是传统的农业产值占国民收入的比重仍然在逐渐缩小，第三产业在这个阶段也得到一定的发展。在20世纪七八十年代，许多发达国家完成了第三次工业革命，第三产业的产值超过了第一、二产业产值，这个阶段的经济发展主要以信息产业发展和科技创新为主，工业结构表现为“技术和知识集约化”的趋势，整个工业向技术和知识集约化阶段挺进。在经济发达阶段，工业化过程基本结束，第三产业产值在占国民收入的比重以及劳动力的相对比重均超过第一、二产业，经济进入信息、服务化阶段。

2.3.2 产业转型升级的内涵

当前，有部分研究在分析产业转型升级问题的时候，将产业转型升级与产业结构升级相混淆，没有能够很好地厘清二者之间的关系，导致概念互用、层次不分。事实上，产业转型升级包含了产业结构升级，二者之间属于包含与被包含的关系，也就是说产业转型升级的范围更加宽泛。当我们抛开产业结构轮换表象后，很容易看清楚产业转型升级的本质和内在动力，也就是生产要素禀赋的动态变化。例如，波特（2002）认为产业转型升级背后最直接的原因是要素比较优势的变化。在现实生产过程中，原料的投入有最优比例，要素在最优比例下同比增长，那么产出也会产生相应的变化。这种最优比例不是一成不变的，而是随着生产技术、制度等因素不断调整的。同时，要素之间存在一定的替代性，因此即使要素投入比例偏离最优值，仍然能够进行生产。综合来看，在一定的成本约束和生产条件下，如果最优比例成本过高，那么增加廉价的投入要素，削减比较昂贵的投入要素，仍然能够实现生产和产出。某地区劳动力相对丰富，但资本要素不足，从价格表现来看，劳动力便宜，资本昂贵。在既有生产成本的考量下，大量投入廉价生产要素，较少使用昂贵的资本，对于企业等生产主体来说是划算的。

对此，我们可以通过要素的供求曲线进行直观分析（见图2－1）。在初期，需求曲线和供给曲线相交于点（Q1，P1），此时要素市场达到了相对均衡状态。在需求端增加的时候，曲线产生平移，新的供求均衡在（Q2，P2）处达成。但从实际角度来看，需求是无限的，供给却是有限的。对于有限资源的竞争在供给达到极限条件下，会导致供给曲线斜率的增加，也就是变得更有弹性。此时，虽然也能达到均衡状态，但要素价格则上升至P3。如果此时超出了承受极限，那么唯一出路在于通过生产技术、组织形式的创新和产品替代等适应要素市场的变化。

这一变化是现实存在的。例如，我国改革开放初期，通过“三来一补”[①] 的方式承接国际产业转移。那时候，大量劳动密集型、资源密集型、

① “三来一补”指来料加工、来样加工、来件装配和补偿贸易。

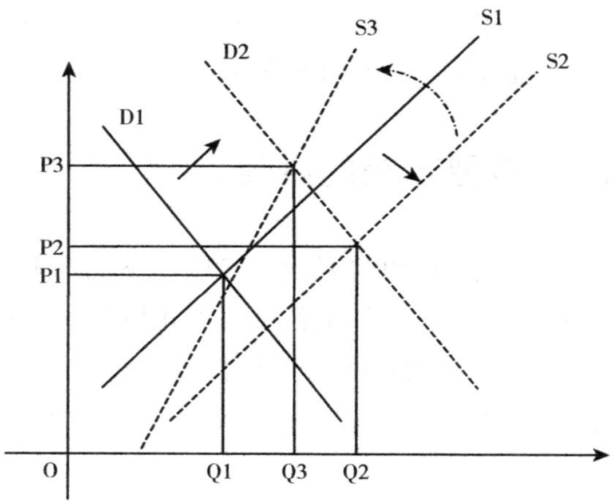

图2－1 要素市场供需变化

污染密集型产业转移到沿海地区，虽然彼时的产业结构较原来单一的农业生产更加丰富，但仍依托于丰富且廉价的劳动力和自然资源所形成的成本优势参与国际竞争。而这种成本优势最直接的来源就是低廉的工资和环境保护成本。

随着经济社会的发展，人们的收入逐步增加，工资增加所产生的劳动激励效果逐步下降，外加对于环境的重视，使得原先相对廉价的劳动力、环境保护成本等逐步变得昂贵。伴随我国较高的储蓄率，使得资本变得相对便宜。这一升一降直接促使企业向以资本替代人工的方向转变，最直接的表现就是近年来的机器换人。但这种转换也有时间窗口，一旦某些企业没有及时察觉要素禀赋的动态转换或者应对不及时，那么终将会被淘汰①，甚至相应的产业也会趋于衰退。在这种演化过程中，具备新的生产技术或者组织形式的企业出现，并不断挤占衰退产业所仅剩的资源和市场空间，最终使产业结构出现转型性调整，各行各业同时也实现了产业转型升级。例如，朱卫平与陈林（2011）、丁志国等（2012）都研究发现，随着经济发展，原本廉价的投入要素日趋昂贵，而失去了比较优势，最终改变地区要素禀赋结构，这种最为本质的动态转化使得新兴主导产业不断出现，并

① 虽然，企业仍可以通过产业转移，将落后的产业转而进入后发国家去寻找丰盛的低端生产要素以维持其在不同空间的存续，但在原本的市场它却是已经注定走向衰退。

让有限的要素资源能够从低效率部门向高效率部门转移，而这个由低至高，周而复始的动态过程就是“产业转型升级”。

2.3.3 产业转型升级的维度划分

我们参考现有的研究，可以将要素禀赋驱动下的产业转型升级划分为三个维度，即产业结构高度化、加工程度高度化以及价值链高度化（朱卫平和陈林，2011）①。产业结构高度化侧重于对地区产主要结构梯次变化的考量，抽象表达图形见图2－2，其中产业转型升级中的结构变化路径如虚线所示。

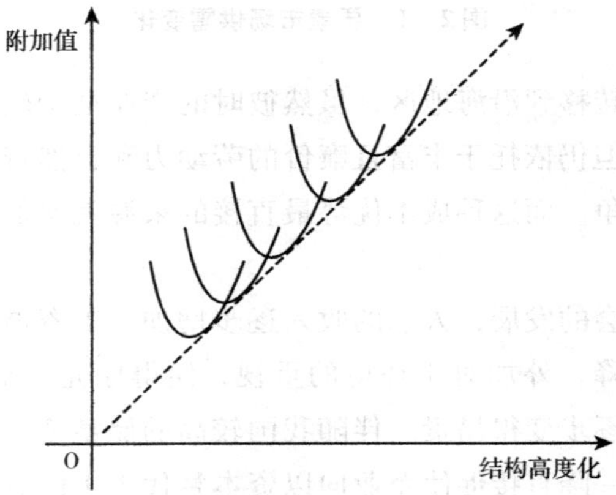

图2－2 产业结构高度化产业转型升级模式

从产业结构升级的过程可以看出，随着产业结构愈发高度化，其附加值水平呈现稳步上升的趋势。附加值曲线的平移上升，本质上是随着社会生产力的不断提升而变化，但如前所述，更为本质的因素则是背后的要素

---

① 金碚（2005）在对制造业发展进行分析后认为，制造业的发展是在专业化基础上不断高级化的过程，这一过程涉及三种形态：产业间升级、产业内升级以及产业链升级。产业间升级即指一般制造业转向装备制造业、轻型制造业转向重型制造业以及传统制造业转向高技术制造业的过程；产业内升级则指由中低技术劳动密集型制造业转向高技术劳动密集型制造业；产业链升级则指企业由零部件制造、产品加工组装等低附加值环节向产品研发、核心部件及芯片制造环节转移。虽然，这一判断与本书划分表述相似，但其仅以现实表象为依据，并未对其变化的内在机制和动力做出分析。

驱动。各种生产要素禀赋和生产力的变化下，主导产业发生不断更替，最终实现产业的结构的升级，与之伴随的则是附加值曲线的向上平移。

加工程度高度化主要表现为行业价值曲线由弯曲向平抑的形态转变（见图2-3）。通过考察一般的附加值曲线（微笑曲线），可以发现，两端往往具有较高的附加值，中间（主要指加工组装环节）的附加值率则比较低。这种情况在一定程度上是由廉价生产要素支撑产生的。如果企业投入要素结构发生变化，在加工组装阶段同样能够通过系列的调整实现比较高的附加值率。因为生产要素相对丰裕程度的改变，能够促使企业在产业分工环节不变的情况下利润最大化条件下做出的策略性调整。尤其在经济转型过程中，要素禀赋的结构性变化，促使加工环节普遍由粗放型向集约型、精细化转变，原本被视为低端、低附加值环节的加工组装环节，同样能够通过自动化、智能化提升加工制造水平，取得较高的附加值①。甚至在极端情况下，中间加工组装环节有可能会产生与前端研发设计、末端营销售后环节同等水平的附加值率，最终微笑曲线变为一条水平直线。

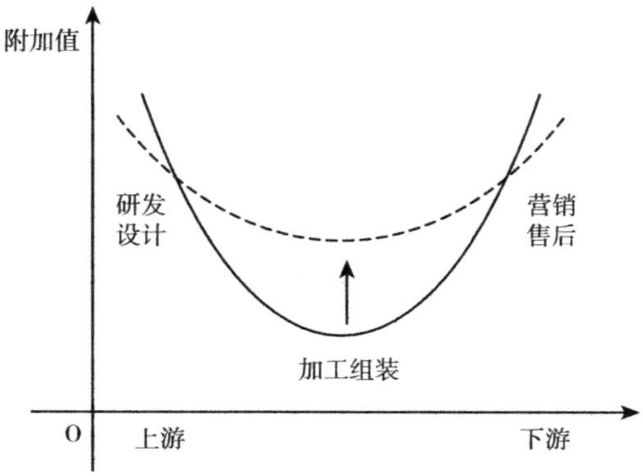

图2-3 加工程度高度化产业转型升级模式

① 典型代表则是近年来，随着劳动力成本的提升，越来越多的企业通过自动化流水线或者机器人破解沿海地区“招工难、招工贵”难题。因为在相对成熟的智能化技术作用下，企业用机器替代人工，也就是资本要素替代相对昂贵的劳动力要素是划得来的。通过“机器换人”，珠三角企业普遍获得生产成本下降、生产效率提高、产品质量提升、能耗降低的良好效益。研究显示，71.1%的企业采取“机器换人”的最大动力是提高生产效率；46.8%的企业基于提升产品质量和附加值的目的采取了“机器换人”的方式；33%的企业则是由于用工成本高企才选择了生产要素升级。

国际价值链的高度化则是企业在价值链分工环节的调整，具体表现为企业分工角色的转变，将原先低附加值的环节转变为高附加值分工环节，而这一现象的抽象表现则是在价值曲线上向两端的点位移动（见图2－4）。当然，其实质仍然是要素禀赋比较优势的变化，促使企业摆脱加工组装环节的低端锁定，放弃原先的低端生产领域，向微笑曲线的两端转移。现实中，我国沿海地区有大量企业在通过进入“别人不愿意做”的领域（例如，组装等环节），积累“第一桶金”后，为实现企业进一步发展，以及现实政策、成本的等要素禀赋的变化，促使企业向产品设计或者市场销售端等具备更高附加值的环节和领域转型。当然，这种转型并不是一蹴而就，而是需要时间积累的，尤其在国际价值链分工体系下，往往需要企业数十年的时间发展和经验积淀才能成功。

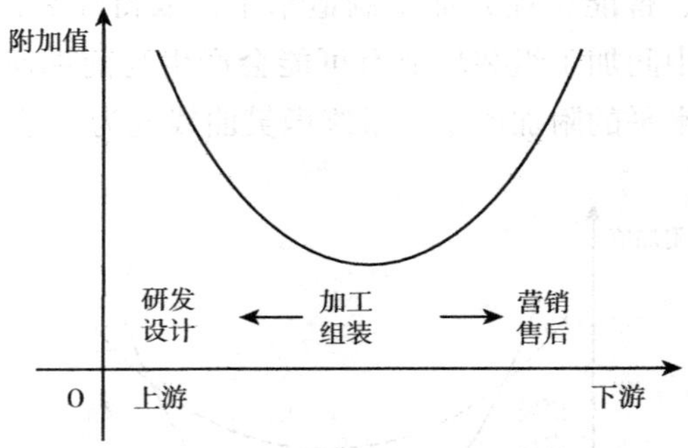

图2－4　价值链高度化产业转型升级模式

2.4　小　　结

本章依次对相关的理论进行了回顾和梳理，以此形成了本书后续研究分析相关问题的理论基础。从本书的整体逻辑来看，产业转型升级作为核心输出变量，在本书中将其划分为了三个维度，细致地对对外开放与产业转型升级之间的关系进行了分析研究，以期能够更细致地厘清对外开放与产业转型升级之间的关系。

第3章　产业转型升级历史变革与制度变迁

纵观世界经济发展历程，一国经济的高质量发展离不开经济的不断增长以及产业转型升级。产业转型升级是衡量一个国家经济发展的重要因素之一，当一国进入不同的经济发展阶段，产业也会随之产生相应转型。随着经济全球化日益加深，产业转型升级不仅受到国内的资本、市场以及技术因素的影响，与世界经济也有着密不可分的联系。对外开放作为经济发展的助推器，对一国的资本、技术、制度等产生重要影响，而产业转型升级又与一国的资本、技术、制度和要素禀赋息息相关。改革开放以来，中国积极把握住国际产业转移的机遇，利用自身的资源以及廉价劳动力等优势，让中国快速地在国际产业分工中确立了“世界制造业工厂”的地位，并且创造出了令全世界瞩目的“增长奇迹”。随着国际交流合作进一步加强，国外大量的资金、先进的技术以及管理经验不断流入，我国的产业转型升级步伐进一步加快。但随着我国的人口老龄化上升趋势明显，曾依托“人口红利”所带来的国际分工优势逐渐削弱，目前，我国制造业仍处于全球价值链低端，产业的内部发展结构不均衡，区域发展不协调等因素，经济面临着产业转型升级的难题（蔡海亚、徐盈之，2017）。

在新型的开放模式下，我们必须以结构升级为导向优化开放方式，加快我国产业高级化的进程。沿海发达地区作为我国对外开放先行者必须首先抓住机遇，突破原有的经济结构，担负起产业升级、经济转型的重任。因此，研究沿海发达地区在经济全球化的趋势下如何实现产业结构的优化升级，继续带领着中国创造使世界惊叹的“增长奇迹”具有非常重要的现实意义（刘燕妮等，2014）。

3.1 对外开放及其经济体制变迁

新中国成立以来，我国由半封闭式走向逐步开放式的经济发展过程，伴随而来的对外开放制度也经历着不同时代发展要求的更替变化，具体到我国外贸制度历史变迁如表3-1所示，主要包括对外开放制度初建阶段、对外开放制度改革阶段及对外开放制度再完善阶段。

表3-1 我国外贸制度历史变迁

贸易制度变迁	时间	标志	特征
贸易制度的建立	1949~1978年	七届二中全会	高度集中统一、政企不分的外贸体制
贸易制度改革	1978~2001年	十一届三中全会	企业自主经营和自负盈亏
贸易制度再完善	2001~2017年	加入WTO	降低关税、全面放开外贸经营权、营造公平市场竞争环境

3.1.1 对外开放制度初建阶段

新中国成立以前，受社会环境和国家安全因素影响，有效的外贸制度始终难以建立。真正的外贸政策始于新中国成立初期，在中国共产党七届二中全会上确定的以对内节制资本和对外统筹贸易为主导的经济政策，废除帝国主义在华的各种特权、没收国民党政府和官僚资本的外贸企业、改造私营外贸企业，从此为我国开展对外贸易及推动工业化建设进程奠定了基础。国家为了消除帝国主义对对外贸易的控制以及改善我国的对外贸易现状，建立起了以国家统一管理、以国营外贸企业为经营主体的对外贸易体制，制定和实施全国统一的外贸管理规章制度，没收官僚资本并对私营企业进行社会主义改造。自此以后，中国的国营外贸企业垄断了各项进出口业务，严格按照国家的计划实行出口收购制、进口拨交制，盈亏由国家负责，打破了原有的由不同所有制企业并存经营的对外贸易形式，而建立起高度集中、政企不分的外贸体制。

从具体的时间发展轴看，从新中国成立之后到改革开放之前，我国依照国内形势和借鉴苏联发展模式，建立了高度集中、政企不分的外贸经营管理体制，对外贸易的经营管理统一由国家负责，统负盈亏。具体来说，根据1949 年 9 月通过的《中国人民政治协商会议共同纲领》中“实行对外贸易的管制，并采取保护贸易政策”的规定，我国将“独立自主、集中统一”作为外贸工作的总方针。1950 年 12 月，政务院出台了《对外贸易管理暂行条例》，贸易部出台了《对外贸易管理暂行条例实施细则》，标志着我国外贸制度的初步建立。1957 年基本完成对私营进出口企业的社会主义改造，打破了原有的由不同所有制企业并存经营的对外贸易形式，而建立起高度集中、政企不分的外贸体制，同时粉碎了帝国主义对我国贸易往来的封锁禁运。之后我国贸易进入国民经济调整时期，此段时间内，我国对外贸易经历了一些反复和波折，呈现“马鞍型”的发展历程。这是由于：20 世纪 50 年代，中国与苏联等社会主义国家的交往日益密切，并主张“一边倒”的外交政策，不断地由苏联等社会主义国家引进先进的技术以及设备。20 世纪 60 年代，中苏两国关系破裂，“一边倒”的外交政策戛然而止，并且由于各种原因，国民经济的受到严重破坏，中苏贸易额大幅度下降，中国的对外贸易对象转向西方发达国家和地区。而进入 20 世纪 70 年代，随着中美关系缓和，中华人民共和国恢复联合国合法席位，我国开始发展多边贸易关系，建交国家从 1971 年的 55 个迅速增长到 1978 年的 124 个。同时，对外贸易关系也开始向国际组织延伸，截至 1978 年，我国参加了联合国贸易和发展会议（简称，贸发会议）、亚洲及太平洋经济社会委员会（简称亚太经社会）、国际贸易法委员会（简称贸法会）等联合国机构和国际组织的活动，为我国 1978 年实行改革开放制度奠定了基础。整体上这段时期我国对外贸易受国内国际政治环境影响而频繁调整贸易制度和方向。总体来看，这一阶段我国的对外贸易取得了一定的成就，但因为国际关系和国内形势等多方限制，加上当时只是把对外贸易当作社会主义扩大再生产，商品互通有无、调剂余缺的补充方式，因此对外贸易发展受到了较大的限制。

这一时期的外贸制度的建立呈现出国家高度统一计划管理的对外贸易保护特征，贸易往来与国内产业发展有着必然的内在联系。首先，新中国成立后国内发展百废待兴，工业基础较为薄弱，一定程度的贸易保护政策有利于国内企业生存和竞争优势培育，倘若贸然实行自由贸易，外来企业对国内本土企业必然形成巨大冲击，从而降低传统产业在国民经济中的优势地位；其次，我国对外贸易实行统一管理，地区间贸易差距并不明显，一方面促进了地区间经济平衡化发展，但另一方面可能抑制东部沿海地区交通运输、地区区位等比较优势的发挥。

3.1.2 对外开放制度改革阶段

改革开放之后，中国外贸体制从国家计划制管控转变为市场化竞争体制、由经营权高度垄断统一过渡到全面放开管控、由国家统负盈亏变为企业自负盈亏，1978 年，党在十一届三中全会上明确指出了对外贸易在我国经济建设中的战略地位和指导思想，在我国由计划经济转变成商品经济之后，对外贸易政策也随之进行了调整。十一届三中全会后我国对外贸易政策方针的变化主要在于：首先，国家首次做出改革开放的重大决策，为国内经济发展与对外贸易定下主调；其次，又提出了“在自力更生的基础上，积极发展同世界各国平等互利的经济合作，努力采用世界先进技术和先进设备”等主张，通过吸收利用国外先进技术反哺国内经济发展；最后，提出要利用两种资源和打开两个市场，不断发展对外经济关系来促进国内经济建设。

1979 年至 1991 年我国通过发展“三来一补”的补偿贸易，以深圳等四个经济特区为起点，开始了对外贸易制度改革的路程。1992 年，邓小平“南方谈话”深刻总结了我国十多年改革开放的经验教训，并积极鼓励沿海地区做好改革开放先行示范作用，这为我国 20 世纪 90 年代的经济改革与社会进步起到了关键性的推动作用，对 21 世纪中国的改革与发展，产生了不可估量的推动作用。1994 年我国进行了外汇管理体制改革，取消了官方牌价与外汇调剂价并存的双重汇率，实行人民币官方汇率与外汇市场调节汇率并轨，取消外汇收支指令机会和外汇留成制度。这些外贸体制的改革，无疑大大加快了我国对外贸易的发展，也使得我国沿海发达地区的对外贸易出现巨大进步。

这一时期我国开始以外向型经济带动国内经济发展，具体包括：(1) 实施出口导向型贸易战略，大力扶持出口型产业，引进多项技术设备，以税收优惠和利率优惠吸引大批企业出口，建立较为完善的出口贸易体制；设立外资企业产品国内销售壁垒；出口企业享有出口产品退税优惠等一系列措施。(2) 采取传统的贸易保护手段限制进口，例如关税、进口配额、进出口许可证、外汇管制、多重进出口手续、偏向性政府采购等。(3) 大力倡导吸收外国直接投资，学会充分利用两种资源、两个市场和引进先进技术。在这一时期，政府不再垄断控制贸易经营权（包括外资企业），对外贸易企业进行自主化改革。国家出台了一系列对外贸易政策优惠政策，加强了政府利用经济杠杆对于国家宏观经济的把控能力，给我国的外贸企业自主经营、自由贸易提供了良好的外部环境。相比 1978 年之前我国的对外贸易政策，改革开放后的对外贸易政策在突出奖励出口的同时也出台了一系列限制进口的政策，采取的是部分限制的、灵活的贸易保护措施，因此把这一阶段的对外贸易政策称为政府管控下的开放型贸易保护政策。

3.1.3　对外开放制度再完善阶段

自 2001 年加入世界贸易组织（WTO）以来，为了能够更好地与国际接轨，适应加入世贸组织的新要求，我国又开始了新一轮的外贸体制改革，建立起一系列符合世界贸易组织规定的进出口管理法律和制度。其中包括：对原有的行政管理组织机构进行整合、在中国国情的基础上建立符合世界贸易组织要求的法律体系、对汇率和出口退税的制度进行相应的调整以及进一步降低关税等相应的措施。这一阶段的外贸体制改革，对我国整个外贸领域的发展影响是最深远的，使中国的贸易体制开始和国际接轨，既符合中国国情又能够很好地遵守国际贸易规范和市场经济要求。

在历时 16 年的多次艰难谈判后，中国于 2001 年 12 月加入世贸组织，成为 WTO 第 143 位成员。依照加入世界贸易组织时签署的承诺，我国逐步扩大了在第一产业一、第二产业、第三产业各领域的对外开放程度，加快推进贸易自由化和贸易投资便利化。在加入世界贸易组织后，我国进行了深化外贸体制的改革，健全对外贸易法律法规体系，逐步取消部分贸易保护措施，避免过多行政干预，重新审视政府在对外贸易发展中所处的位置，实现政府行为公开化、透明化，将我国开放型经济推入另一个发展阶段，实现了政府管控下的自由化贸易。具体政策包括：完善对外经济贸易法律法规体系；进一步降低关税，削减非关税措施；全面放开外贸经营权；进一步扩大服务市场开放；营造更为公平的市场竞争环境。2010 年，我国完成了加入世界贸易组织时签署的所有承诺。2006 年到 2010 年期间世界贸易组织对中国政府进行了三次贸易政策审议，中国积极实现承诺的态度得到了世界贸易组织大多数成员的认可。中国的许多法律法规中都将世贸组织所倡导的非歧视、透明度、公平竞争等基本原则融入其中。自由市场、开放大局、公平竞争、法治精神和知识产权观念等概念已经深深融入中国发展观中，也进一步推动了中国经济开放发展和市场经济体制的改革完善，中国俨然已成世界贸易大国。

近十年，国际形势变化莫测，国内经济发展也略有波动，但我国一直秉承着“稳增长、调结构、促平衡”的对外贸易方针。外贸政策大方向基本保持不变，进出口发展稳健快速，对外贸易结构持续优化升级，与各国及地区之间的贸易关系平衡稳定外，外贸发展方式的转变也取得新进展。与此同时，我国开始全面实行对外开放，并积极与各个国家及地区建立双边贸易协定，打破贸易壁垒。截至2017年，我国已签订15个自贸区协定，涉及23个国家或地区，包括中国—格鲁吉亚、中国—韩国、中国—冰岛、中国—秘鲁、中国—新西兰、中国—巴基斯坦、中国—澳大利亚、中国—瑞士、中国—哥斯达黎加、中国—新加坡、中国—智利、中国—东盟十国以及中国香港、中国澳门、中国台湾等地区。

加入世贸组织以来，我国对外贸易取得了巨大成就，2013年我国进出口货物贸易总额突破4万亿美元，首次超过美国，跃居全球第一大货物贸易国。但贸易大国不代表贸易强国，中国外贸仍是大而不强，其主要体现在出口商品附加值较低、对外贸易的国际溢价与定价能力较弱、对外贸易经营的模式总体比较落后。因此，我国贸易制度未来仍需不断创新改革和优化，通过持续扩大对外开放程度来促进国内经济发展与产业结构转型升级，实现我国由贸易大国向贸易强国转变。

3.2 沿海发达地区的产业结构状况

3.2.1 “畸重畸轻”的发展模式（1978年以前）

新中国成立以后，国家对不同经济领域完成了社会主义改造，沿海地区产业发展在1949~1978年间，共经历了“一五”计划、“二五”计划、“文化大革命”时期。由于这个阶段我国产业政策受到外部环境和政治因素的多重干扰，尽管每个时期产业结构都呈现出不同特征，但总体上第二产业一直处于优先发展的地位，其产业结构呈现明显的“畸重畸轻”的发展模式。①

“一五”计划期间，我国已确立了社会主义经济的发展格局，促进了工业体系的形成。在“一五”计划的影响下，优先发展工业已成为我国沿海发达地区产业结构特点，工业总产值从1952年的214.19亿元上升至1957年的415.42亿元，其中，上海居于全国首位。1957年，辽宁省工业总产值达94.4亿元，相比1952年增长2.14倍，仅次于上海，位居全国第二。东三省作为我国的老工业区，在新中国成立初期代表着我国工业化发展水平的中坚力量，为实现我国工业化扩张和带动全国经济发展，扮演着极为重要的角色。从沿海地区的重工业总产值数据看（见表3-2），总体上，各省市的重工业总产值发展速度十分迅速，均呈现出成倍增长态势。与此同时，我国沿海地区的轻工业也取得了长足发展，从1952年的152.8亿元上升至1957年的260.4亿元，其中，上海、山东的增幅分别位列全国第一和第二。通过对比重工业和轻工业后发现，重工业的增长速度要明显高于轻工业，这与“一五”计划我国重点发展重工业的战略密切相关（见表3-3）。

表3-2　1952~1957年沿海发达地区重工业总产值　单位：亿元

年份	全国	沿海	北京	天津	河北	辽宁	江苏	上海	浙江	山东	福建
1952	124	61.4	3.5	3.4	4.8	30.8	1.6	13.8	0.9	2.2	0.5
1953	168	84.8	5.2	5.6	5.7	40.6	2.2	20.8	1.3	3.1	0.5
1954	198	97.5	6.1	6.4	6.8	46.4	2.7	22.9	1.6	4.1	0.6
1955	218	103.9	7.0	6.8	6.9	50.6	3.3	22.4	1.5	4.7	0.7
1956	272	136.4	8.6	9.2	7.9	63.1	5.1	32.1	2.0	7.3	1.1
1957	317	155.0	9.9	11.4	8.1	71.6	6.2	34.5	3.8	8.0	1.5

① 注：“畸重畸轻”发展模式指的是第二产业中重工业和轻工业不健康发展的模式。

表 3-3　　1952~1957 年沿海发达地区轻工业总产值　　单位：亿元

年份	全国	沿海	北京	天津	河北	辽宁	江苏	上海	浙江	山东	福建
1952	225	152.8	5.6	16.4	11.7	13.4	24.0	52.8	7.4	17.8	3.7
1953	282	194.3	7.8	20.6	12.5	17.2	27.7	70.7	10.5	22.3	4.9
1954	317	209.7	8.8	23.1	15.3	17.8	29.0	73.4	11.4	25.3	5.6
1955	316	207.0	9.6	23.3	16.0	17.2	29.6	69.0	11.1	25.4	5.8
1956	370	243.3	11.4	26.5	16.6	20.4	33.5	81.8	14.3	32.4	6.4
1957	387	260.4	12.1	29.0	17.7	22.8	34.8	84.4	17.2	35.3	7.1

“二五”期间，我国前期以“大跃进”“人民公社化”为中心，后期致力于调整国民经济结构，毛泽东主席提出了以工业化为导向，“鼓足干劲，力争上游，多快好省地建设社会主义”的总路线。如表 3-4 所示，1958 年到 1960 年“大跃进”期间，全国轻工业基本建设投资额从 21.8 亿元下降至 20.85 亿元，重工业基本建设投资额从 151.2 亿元上升至 208.72 亿元。1960 年轻、重工业基本建设投资额分别占总投资额的 7.59% 和 75.98%，产业结构向重工业严重倾斜。但由于资本、技术等因素匮乏，所生产的重工业产品质量并没有达到目标要求，而且由于大幅度减少其他产业的发展规模，导致经济结构严重不均衡。再加上自然灾害以及中苏关系破裂等因素，国内经济出现严重倒退。1958~1960 年沿海发达地区的第一、二、三产业的年均增速分别为 -5.34%、35.63%、10.13%，可以明显看出，沿海发达地区的第一产业呈现明显的负向增长，第二产业的始终保持高幅度的上升趋势，第三产业发展较为平稳。出现这种情形的原因在于“大跃进”运动以大炼钢铁为核心，导致了全民大炼钢铁的热潮出现。片面强调经济发展速度与重工业尤其是钢铁工业的核心地位导致经济中产业结构严重失调，工业发展畸形，而农业与工商业发展则严重滞后。

为了解决“大跃进”期间所面临的国民经济的困难，国家不得不进行国民经济调整，中央开始围绕“调整、巩固、充实、提高”的八字方针展开经济调整，开始降低重工业的指标，加强我国农业和工业的生产。如表 3-4 所示，农业基本建设投资额从 1962 年的 14.39 亿元上升至 1965 年的 24.97 亿元，沿海发达地区的第一产业增加值从 145.92 亿元上升到了 187.88 亿元，年均增长率为 8.79%。农业的劣势逐渐消减，国民经济调整的效果开始显现。较“二五”时期，农业的发展有明显的好转，沿海发达地区的产业结构渐趋于合理，第一、二、三产业的比重分别从 1960 年的 26.5∶47.81∶25.68 调整为 1965 年的 32.83∶43.43∶23.73。

表 3－4 1957～1965 年全国农业、轻工业和重工业基本建设投资额

单位：亿元、%

年份	投资额			比重（以投资总额为 100）		
	农业	轻工业	重工业	农业	轻工业	重工业
1957	11.87	11.04	61.36	8.3	7.7	42.8
1958	26.26	21.8	151.2	9.8	8.1	56.2
1959	32.92	23.05	185.8	9.4	6.6	53.1
1960	45.15	20.85	208.72	11.6	5.4	53.7
1961	16.00	7.72	69.07	13.3	6.1	54.2
1962	14.39	3.17	36.92	20.2	4.4	51.8
1963	22.61	3.6	45.56	23.0	3.7	46.4
1964	26.88	5.86	66.20	18.7	4.1	45.9
1965	24.97	7.01	81.95	13.9	3.9	45.6
“二五”时期	135.71	76.59	651.71	11.3	6.4	54.0
1963～1965 年	74.46	16.47	193.71	17.6	3.9	45.9

数据来源：国家统计局编：《1950－1985 中国固定资产投资统计资料》，中国统计出版社 1987 年版，第 97 页。

1966 年“文化大革命”开始席卷全国，“文革”十年期间国内经济动荡，经济增长速度有所放缓，沿海发达地区的生产总值从 1966 年的 795.66 亿元增长到 1976 年的 1363.27 亿元，年均增速仅为 6.22%。虽然“文革”阻碍了沿海发达地区经济发展的步伐，但是沿海发达地区的工业化进程依旧保持曲折前进。1966 年到 1976 年期间，沿海发达地区的第二产业增加值从 368.83 亿元上升到 761.39 亿元。第一、二、三产业的比重分别从 1966 年的 37.18∶37.88∶24.94 变为 1975 年的 32.36∶45.04∶22.6。明显看出，沿海发达地区的产业结构又开始逐渐向工业倾斜，但是较“大跃进”时期的工业发展态势更加合理，并无采取冒进的措施，而是在农业和服务业较为均衡发展的基础上，来推进工业化的进程。

图 3－1 展示了 1952 年至 1978 年间我国沿海发达地区第一、二、三产业增加值的变化情况，从图中我们可以看到在 1952～1957 年期间，各个产

业的增加值都在稳步提升，在1958~1960年期间，第二产业的增加值出现了急剧的增加，这是因为“大跃进”运动在全国进行了与生产力不相适应的大规模炼钢，此外“大跃进”与“人民公社化运动”也造成了农业增加值的下滑。在1966~1978年受到国际政治环境的积极影响以及国内对于工业产品的需求，我国沿海发达地区的第二产业的增加值仍然保持着较快增长。

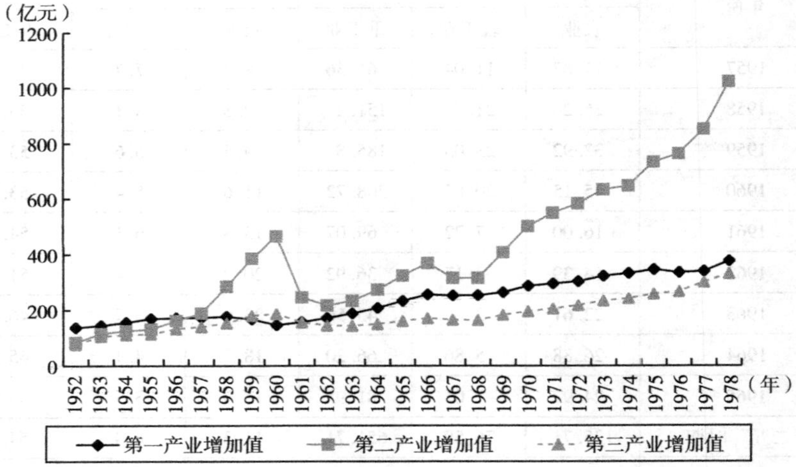

图3-1　1952~1978年沿海发达地区第一、二、三产业增加值

资料来源：根据国家统计局数据整理得到。

3.2.2　产业间的均衡发展（1978~2001年）

1978年施行改革开放政策之后，国家通过投资布局重点的东移、实施沿海对外开放政策以及扶贫开发政策等措施，在国家总体政策的引导下，沿海发达地区已成为推动我国国民经济高速增长的重要力量。改革开放之后，沿海地区的生产总值一直呈现明显的上升趋势，1978~2001年，生产总值由1727.19亿元上升到63051.89亿元，提高了36.51倍，年均增速达到了17.19%。其中，广东省的生产总值一直居全国首位，年均生产总值为3273.83亿元，是沿海发达地区年均生产总值的1.74倍。沿海发达地区的生产总值占全国比重由46.95%提高到56.87%，年均占比达到50.62%。随着时间的推移，沿海地区经济水平逐步提高，产业结构不断由低级向高级攀升，经济发展得到良好推进。但与此同时，在20世纪80年代的市场化经济体制的改革下，中西部的资本和劳动力等生产要素大量向东部流动，沿海发达地区始终保持全国领先地位，而中部地区[1]所占比重由27.37%下降到23.64%，西部地区[2]由19.61%下降到16.90%。由于三大地区缺乏紧密的内在联系，使得我国地区之间的差距持续不断地扩大，全国区域经济发展向沿海发达地区倾斜。

从三次产业结构比例来看，我国沿海地区的三次产业结构的变化也满足配第——克拉克规律。即随着人均国民收入的提高，劳动力会先从第一产业向第二产业转移；当国民收入有进一步提升时，劳动力逐渐向第三产业转移。在这个过程中，产业结构会从以第二产业为主的鼓形结构向以第三产业为主的倒金字塔形结构转变。从图 3－2 中可以发现，1978 年至 2001 年，我国沿海发达地区的第一、二、三产业的比重分别从 22.8：57.1：20.2 变为 10.9：48.0：41.1。我国沿海发达地区的第三产业占 GDP 比重呈现出明显的上升态势，而第一产业比重下降趋势明显，第二产业则表现出在一定范围内的波动。

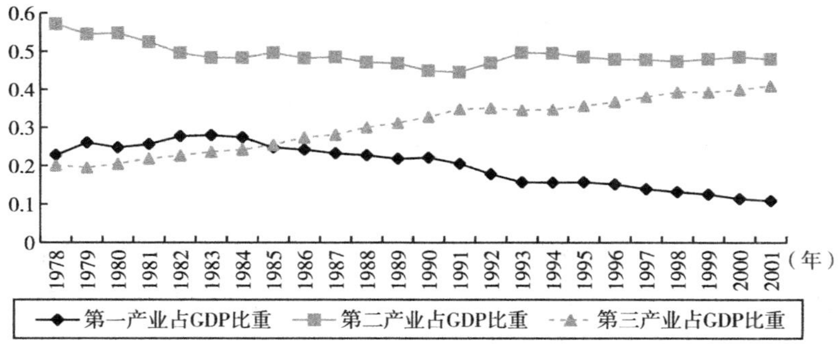

图 3－2　1978～2001 年沿海发达地区第一、二、三产业产值占 GDP 比重

资料来源：根据国家统计局数据整理得到。

从沿海发达地区的内部区域分布来看，1978 年上海的工业产值为 514 亿元，占全国工业产值的 12.13%，位居全国第一。辽宁的工业产值为 377

[1] 中部地区有 8 个省级行政区，分别是山西、吉林、黑龙江、安徽、江西、河南、湖北、湖南。

[2] 西部地区包括的省级行政区共 12 个，分别是四川、重庆、贵州、云南、西藏、陕西、甘肃、青海、宁夏、新疆、广西、内蒙古。

亿元，位列第二。随着改革开放政策的进一步推进，作为沿海开放城市先行者的广东发展态势迅猛。到2001年，广东的工业生产总值达到了18910亿元，占全国比重19.81%，位列全国第一。山东、江苏超过上海和辽宁分别居第二、第三。由图3-3可知，改革开放之后，沿海发达地区的轻工业和重工业的发展十分迅速，尤其是20世纪90年代开始，受到经济全球化的影响，沿海发达地区牢牢把握国际产业转移的机遇，带动了沿海发达地区的工业的发展。

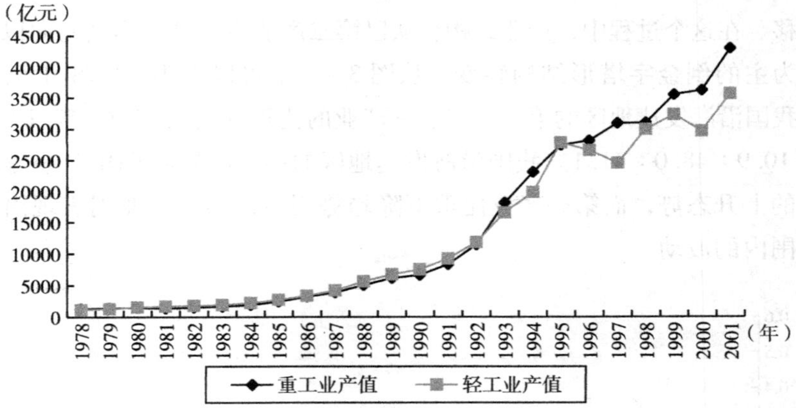

图3-3　1978~2001年沿海发达地区轻、重工业产值

资料来源：根据国家统计局数据整理得到。

从第二产业结构内部来看，1979年沿海发达地区的轻、重工业产值分别为1560.33亿元和1486.16亿元，所占比重分别为48.78%和51.22%，到2001年，轻、重工业的产值分别为35590.87亿元和42908.43亿元，所占比重为45.33%和54.66%。霍夫曼定理指明了在工业化进程中的工业结构演变规律，霍夫曼通过对制造业中消费资料工业和生产资料工业的比例关系进行统计分析发现，随着工业化进程的深化，消费资料工业和生产资料工业的比值是不断下降的。在1978~2001年间，我国沿海发达地区的霍夫曼系数呈现出上升趋势，这说明我国沿海发达地区的工业结构处于“重化工业化阶段”，符合霍夫曼定理的工业化结构演进的基本规律。

3.2.3 区域间协调发展（2001～2017年）

沿海发达地区作为我国改革开放的中坚力量，在加入世贸组织之前的20多年里，尽管我国对外贸易规模以及经济发展取得了快速进步，但由于国家的政策和投资向东部倾斜，同样也带来了区域经济发展不协调问题。早在1982年，我国东部沿海发达地区的生产总值就占全国生产总值的49.32%，遥遥领先于中部的29.18%和西部地区的20.29%，并且随着时间的推移，东部沿海发达地区占全国生产总值的比重一直呈现上升趋势，三大地区的经济发展差距也越来越大。因此在2000年之后，国家开始注重兼顾区域经济的协调发展，推行一系列的政策对其进行调整。国家在“十一五”规划中就确立了“推进西部大开发战略，振兴东北地区老工业基地，促进中部地区崛起，鼓励东部地区率先发展”的区域发展总体战略，形成了“四轮驱动”的经济发展格局（田书华，2011）[129]。在充分发挥各地区的比较优势的基础上，将地区倾斜与产业结构倾斜同步结合，以期在进一步发挥东部沿海发达地区优势的同时，实现中西部地区经济的共同发展。

在政策推行期间，沿海发达地区的产值不断上升但占全国生产总值的比重确实呈现明显的下降趋势。从2001年到2005年期间，沿海发达地区的生产总值从63051.89亿元上升到117677.49亿元，上升了1.87倍，占全国生产总值的比重也从56.87%上升到62.82%，年均增长速度达到了59.70%。呈现明显的上升趋势。从2005年开始，我国沿海发达地区生产总值占全国比重开始呈现明显的下降趋势，从2006年的62.64%下降到2017年的56.72%。下降了5.92个百分点。说明中西部的经济逐渐焕发活力，中西部经济增长速度超过了东部沿海地区的经济增长速度，区域间经济发展更加协调。

随着中西部经济逐渐崛起，中西部的就业机会也随之增多，相对于东部沿海，中西部的生活成本比东部沿海发达地区低很多，且政府也鼓励中西部地区的劳动力在当地自主创业，由于上述原因，中西部的劳动力流出规模逐渐缩小。随着土地成本和劳动力成本的逐渐提高，东部沿海发达地区企业的生产成本也在提高，此时，中西部许多产业的生产相对于东部沿海发达地区来说具有比较优势，如劳动力密集型的农业、纺织业等。此外，部分污染型企业也逐渐由东部沿海向内地迁移，如水泥生产，钢铁生产等。对于东部沿海发达地区来说，其比较优势主要集中于技术密集型企业、金融、运输等服务性产业。因此在2001～2017年期间，东部沿海发达地区的产业结构由以第二产业为主的鼓形结构向以第三产业为主的倒金字塔形发展。

如图3－4所示，沿海发达地区的产业结构从2001年到2017年，第一产业占GDP比重呈现下降趋势，从10.32%下降到4.97%。第二产业占GDP比重也呈现下降的趋势，从45.57%下降到42.07%，第三产业则呈现不断上升的趋势，占比从38.97%上升到52.95%。在2014年，第三产业比重为48.24%，首次超过第二产业比重，可以说明经济结构正逐渐从第二产业向第三产业转移，与配第－克拉克定律相符合，说明沿海发达地区的产业结构正在不断地优化。其中沿海发达地区的工业增加值的上升趋势也明显放缓，从2001年的26235.47亿元上升到159641.15亿元，年均增长速度为13.11%，尤其是2015年，年均增长速度仅为0.74%。从2006年以来，工业增加值的增速呈现明显的下降趋势。沿海发达地的经济重心开始从工业向其他产业转移。

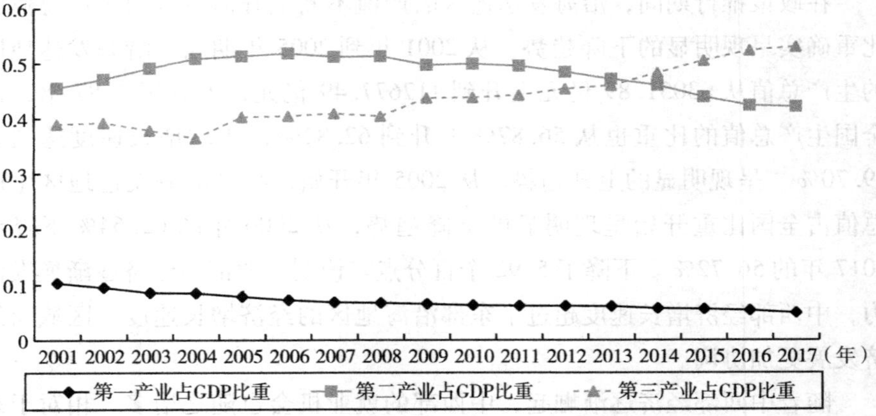

图3－4　2001～2017年沿海发达地区第一、二、三产业占GDP比重

资料来源：根据国家统计局数据整理得到。

总的来说，我国沿海发达地区的产业结构的变化经历了三个发展阶段：第一个阶段是新中国成立初期到“文化大革命”结束，在这个阶段的前期，经济建设围绕经济复苏展开，各个产业发展都比较快。三大改造的完成，虽然“大跃进”在短时间内使得第二产业内的重工业得到了飞速发展，但是也带来了严峻的环境破坏问题，且这种发展在很大程度上是以农业的牺牲为代价的。“文化大革命”期间，经济发展较为缓慢，第二产业的发展速度较第一产业和第三产业更快一些。第二阶段是从改革开放开始到我国加入 WTO 前，随着改革开放政策的施行，我国经济得到迅猛发展。沿海发达地区积极抓住国际分工的机遇，充分发挥其廉价劳动力优势，逐渐承担起“世界工厂”的角色，沿海发达地区的制造业得到蓬勃发展。制造业的飞速发展也使得沿海发达地区的第二产业占 GDP 的比重持续保持着较高的地位。开放吸收了大量外资、高水平技术和先进的管理经验等，使得我国的第三产业也进入蓬勃发展时期，促进了沿海发达地区的产业转型升级。第三阶段是 2001 年加入 WTO 以后至今，东部沿海地区的经济一直保持着高速发展，但是随着土地租金的上涨和劳动力成本的提高，相关的资源密集型和劳动力密集型企业的生产成本增加、生产压力愈发沉重。这些企业为了寻求更廉价的劳动力、节省租金、节省运输成本，逐渐将工厂转移至中西部劳动力廉价的地区。而随着改革开放的深入，沿海地区的金融业、运输业、外贸业等服务型行业的发展速度惊人，因此在这个时期沿海发达地区的第二产业占 GDP 比重逐渐下降，而第三产业占 GDP 的比重稳步上升。

3.3　对外开放与产业结构

3.3.1　对外开放与产业结构调整的第一阶段[①]（1949 ~ 1978 年）

1. 进出口总体态势

在改革开放前的近 30 年间，我国建立了以独立自主、平等互利为原则

① 由于 1949 ~ 1978 年沿海发达地区相关数据较缺乏，此处采用全国数据对对外开放与产业结构进行分析。

的统一外贸体制，对外经济关系也发生着巨大变革。同中国建交的国家从新中国成立初期的40多个增长到1978年的118个，对外贸易总量迅速发展。如图3-5所示，中国的进出口额从1950年的11.35亿美元增长到1978年的206.38亿美元，增长了17.3倍。其中出口贸易额由1950年的5.52亿美元增加到97.45亿美元，增长了16.7倍。进口贸易额由1950年的5.83亿美元增加到1978年的108.93亿美元，增长17.7倍。但由于在改革开放之前实行的高度集中统一、政企不分的外贸体制，使得我国的对外贸易虽整体呈现出上升的趋势，但上升速度相对缓慢，尤其是在20世纪70年代以前，中国对“一边倒”对外政策的实施，导致我国与苏联的贸易往来在中国对外贸易中占很大比重。

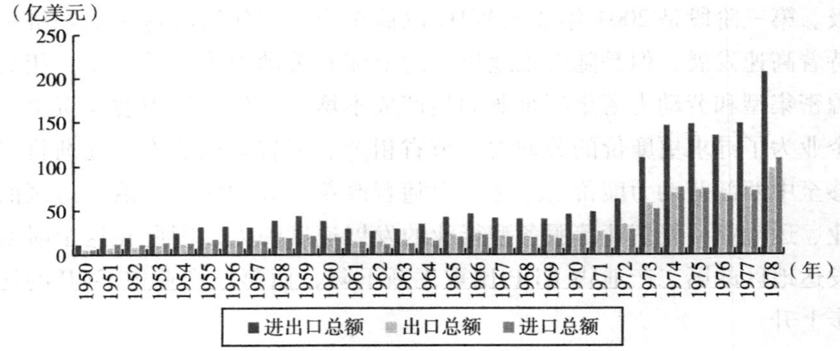

图3-5　1950~1978年全国进出口额

资料来源：根据国家统计局数据整理得到。

在1949~1978年的对外贸易中，中国进出口贸易额有两次比较明显的快速增长的情况。第一次是在20世纪50年代，中国大量引进苏联等社会主义国家的先进技术设备，并进行了大范围的经济建设，促进了对外贸易的大幅度增长。其中，1955年和1958年的进出口总额的增长率分别达到了28.69%和24.84%。第二次是在中美关系缓和、中国和其他主要国家交往更加密切的20世纪70年代，中国开始从西方国家大规模引进成套的生产设备和技术。对外贸易也因此出现了明显的增长，其中1973年的进出口增长速率甚至达到了74.29%。尤其是在中美关系缓和的70年代后期，中国开始了新一轮的外交政策，这也使得我国的对外贸易额突飞猛进，从而为中国改革开放政策的实施奠定了良好的基础。但是在这一时期受“大跃进”和“文化大革命”的影响，我国的对外贸易也曾出现过两次较大幅度的负增长，其中对外贸易增长速度在1961年达到了-22.83%，成为我国改革开放前对外贸易负增长率最高的年份。从新中国成立到改革开放前的这段时间，中国一直处于计划经济体制下，受到当时外交政策和国际关系的束缚，我国的进出口只是作为调节国内供求，互通有无的方式，对外贸易的总量相对较小。

2. 进出口商品结构调整

（1）出口商品结构改善

新中国建立之初，中国作为一个以农业为支柱产业的大国，其农业产值约占工农业产值的75%，而占出口总量70%左右的主要是粮油和土畜产品。在中国工业化建设的大规模推动下，农副产品的出口比重从1953年的55.7%下降到1978年的27.6%，整体呈现逐年下降的趋势。自1953年起，工业品的出口比重开始趋于上升，其中重工业品的出口额较为稳定，出口额比重大幅度提高的主要是纺织品和轻工业品，其从1953年的26.9%增长到1978年的46.9%，上升了20个百分点，而年均出口额占出口总额的比重始终保持在22.38%。出口商品的结构得到了有效的改善，得益于其结构重心从农副产品转移到工业品。

（2）进口商品结构稳步发展

从进口商品结构上来看，生产资料的进口额从1953年的12.4亿美元增长到1960年的18.63亿美元，年均进口比例达到了91.9%，其中1959年的这个比例更是高达95.7%。从1953年的1.06亿美元下降到1960年的0.9亿美元的生产资料的进口额，年均占比仅为6.75%。此时的进口结构与我国的工业化时期的需求相同，进口商品结构向生产资料严重偏移。20世纪60年代，中国与苏联关系破裂，因为进口苏联等东欧国家的先进技术设备的数量急剧下跌，国内遭遇自然灾害以及“大跃进”所造成产业结构向工业倾斜等问题，导致中国出现粮食等生活资料严重短缺的局面，于是生活资料的进口突飞猛进，1961年迅速增加到5.5亿美元，占进口比重从4.6%上升到1961年的38.1%，此后生活资料的进口也始终保持在40%左右。进口商品结构伴随着我国的经济变化虽然有一些波动，但是始终保持着生产资料的占比高于生活资料的态势，维持稳定发展的趋势。

3. 外贸依存度[①]的变化

如图3-6所示，我国的对外贸易依存度在1952~1978年间呈现出明显下降的趋势，分别由1952年的9.51%下降至1970年的4.95%，下降幅度在两倍左右。对外贸易依存度因国内经济动荡和中苏关系破裂而在20世纪60年代出现明显回落，从1960年的8.73%下降到1970年的4.95%。因中美关系自1970年之后有所缓和，我国对外贸易依存度又出现缓慢回升的趋势，从1971年的4.95%上升至1978年的9.65%。其中对外贸易依存度最大的是1974年，达到了10.33%。总体而言，改革开放前的对外贸易主要是依赖于以苏联为代表的社会主义国家，而绝大部分资本、技术设备等都依赖苏联进口，原因是国内要大范围兴建工业。因此，中国的对外贸易依存度在中苏关系破裂之前呈现较高趋势。中苏关系破裂后，我国的对外贸易依存度受其影响呈现了缓慢的下降趋势，但自中美关系缓和的70年代以后，中国开始和发达的资本主义国家建交，也使得中国的对外贸易的依存度渐渐上升，对外开放的程度逐步扩大。

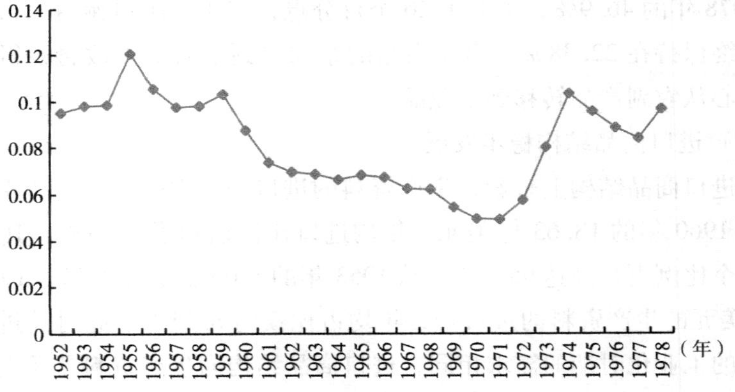

图3-6　1952~1978年我国对外贸易依存度

资料来源：根据国家统计局数据整理得到。

新中国成立初期我国实行了高度集中的对外贸易体制，总体看来，改革开放之前的对外贸易对我国的经济建设以及产业转型升级造成了双重影响。一方面它有利于调度国内资源的调度，但是另一方面它同样也束缚了

① 对外贸易依存度由进出口总额占生产总值比值表示。

我国外贸企业的活力，国有经营下的外贸公司进行垄断经营，大大削弱了自由贸易市场给经济带来的促进作用。同时，在国家优先发展重工业的思想指导下，重工业产品占了中国进出口贸易的主流，在高度集中的外贸体制影响下，中国的进出口仅受国家的宏观调控而不受市场的自由调节，国家通过扭曲生产要素价格等一系列的政策来确保工业化的进程，造成了我国的产业结构“畸重畸轻”的格局，三次产业结构整体呈现农业发展缓慢、服务业占比严重下降，第二产业过度发展的不协调状态。特别是到 1978 年中国产业结构处于第一、二、三次产业占 GDP 比重达到了 20.59∶70.2∶9.5 的状况，这对于一个尚处在工业发展初期，以农业人口居多的大国而言，实属非常态。由于外贸体制在国家优先发展重工业战略指导下，集中支配资源，使得其他产业的发展遭受冷落，产业结构发展失衡，经济发展缓慢，也给产业升级造成了不利的影响。因此，我国产业发展面临着严峻的挑战。

3.3.2　对外开放与产业结构调整的第二阶段（1978 ~ 2001 年）

1. 沿海发达地区进出口[①]的总体态势

自 1978 年改革开放政策实施后，对外贸易开始真正实现了资源国际流通，商品国际竞争功能日益增强，全国进出口总额呈现逐步上升的趋势，特别是作为中国对外贸易窗口的沿海发达地区，其进出口规模有了显著的变化。如图 3 – 7 所示，1978 年沿海发达地区的进出口额为 90.67 亿美元，占全国进出口额的 43.95%，1991 年沿海发达地区的进出口规模首次突破 1000 亿美元，在改革开放后的 13 年里，进出口总额增加 12.76 倍。到 2001 年，进出口规模增长到 4682.76 亿美元，占全国进出口额的 91.56%。改革开放后，我国学习和借鉴西方发达国家的区域发展经验，并且决定利用已经具备的自然禀赋，优先发展具有绝对区位优势或者相对区位优势的沿海发达地区，形成一个多层次逐步发展的区域发展状态。例如《国民经济和社会发展第六个五年计划》中就写道：“要积极利用沿海地区的现有

① 由于北京的 1978 ~ 1983 年的进出口额数据缺失，因此在 1983 年之前（不包括 1983 年）沿海发达地区的进出口数据不包括北京。

基础，充分发挥其特长，带动内地经济发展”。因此国家先后设立经济特区、沿海经济开放区，形成了一个沿海对外开放的整体模式。1978～2001年期间，东部沿海发达地区的进出口总额年均增长速度达到24.43%，比全国的进出口额年增长水平（15.6%）高8.8个百分点。其中，出口额从1978年的84.33亿美元增长到2001年的2431.38亿美元，增长了28.83倍，年均增速达到17.58%。进口额从1978年的6.34亿美元增长到2001年的2251.37亿美元，呈355.16倍增大，年平均增长速度达到45.98%。

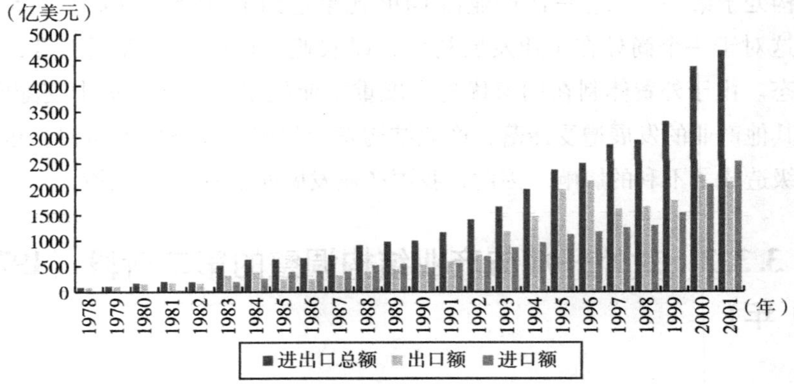

图3－7　1978～2001年沿海发达地区进出口额

资料来源：根据国家统计局数据整理得到。

2. 进出口商品结构优化

（1）出口商品结构优化

1986～2001年间沿海发达地区的出口结构随着我国经济结构与产业结构的升级产生了巨大变化。改革开放初期，我国的出口商品结构主要以初级产品为主，初级产品的出口量占据外贸总出口量的50.3%。20世纪80年代，沿海发达地区因紧紧抓住了国际产业转移的机遇，利用我国的劳动力优势，承接以纺织品为代表的劳动密集型国际产业转移，促进了沿海发达地区的轻纺产品加工贸易的产生，涌现出一大批以生产纺织品、服装、鞋类、玩具、箱包为主的外向型企业。同时，沿海发达地区的出口商品结构也得到了显著的优化。根据农副产品、轻工业产品和重工业产品分类的统计显示，沿海发达地区的农副产品出口占比从1986年的21.95%下降到1992年的11.94%，回落了10个百分点，呈现明显下降的趋势。在我国，轻纺产品加工贸易的发展中，轻工业出口增速十分明显，占沿海发达地区出口额的比重从1986年的49.19%跃升到66.37%。重工业产品在1986～1990年间出口额比例较为稳定，年均占比为29.82%。在1991～1992两年，呈现明显的下降趋势，占出口额比重从1990年的31.09%下降到21.68%。自1993年开始，工业制成品[①]的出口比例从82.38%上升到2001年的92.04%，年均比重达到88.56%，初级产品的出口占比从1993年的17.62%下降至2001年的7.96%。工业制成品的出口比重呈现明显的增长态势，因此成为沿海发达地区的主要出口商品。沿海发达地区的出口商品结构向工业制成品出口为主发生的根本性改变，表明沿海发达地区的产业结构和工业产业体系正逐渐趋于完善，既能够顺应当代国际产业转移的发展潮流，又能够有效推动沿海发达地区的产业升级。

（2）进口商品结构变化[②]

沿海发达地区的进口商品结构一直都是以工业制成品为主、初级产品为辅，但是其相对比重发生了明显变化。1980年，我国进口的初级产品为69.59亿美元，工业制成品为130.58亿美元，其占进口比重分别为34.77%和65.23%。到1983年，初级产品和工业制成品的比重差距日益扩大，变为27.15%和72.85%，这说明沿海发达地区的进口商品结构在不断地优化。我国对资源类产品的需求随着中国经济的增长、产业结构的调节而不断提高，导致我国进口工业制成品的数量不断增加。到2001年，我国初级产品的进口额为492.71亿美元，占全国进口额比重为19.94%，工业制成品的进口额为1978.1亿美元，占全国进口额比例为80.06%。在工业制成品进口比率不断上升的同时，机电和高新技术产品进口额跃升至总商品进口额的榜首，且增幅最为显著。这反映了东部沿海发达地区进口商品结构的优化趋势，也体现了东部沿海发达地区生产水平的提升，国有高技术产品对国外产品产生了替代效应。

（3）加工贸易的发展

在20世纪80年代中期之后，我国紧紧地抓住了发达国家向发展中国家进行产业转移的机遇，充分发挥我国的劳动力以及资源等优势，大力发

---

① 自1993年开始，各省市使用国际标准划分出口商品种类。

② 由于沿海发达地区的进口数据的有限性，进口商品结构情况和加工贸易发展情况用全国数据代替。

展加工贸易，显著促进了我国经济增长以及产业升级（黄晓玲，2002）。在改革开放之后，伴随着“人口红利”所带来的机遇和国家一系列优惠政策的实施，劳动密集型产业蓬勃发展，“大进大出”“两头在外”的加工贸易也成为对外贸易的主力军。沿海发达地区逐步发展“三来一补”贸易，即来料加工、来样加工、来件装配和补偿贸易业务，使中国的加工贸易实现了从无到有，推动了中国贸易的增长。

1981 年，我国加工贸易的出口量为 11. 31 亿美元，进口量为 15. 04 亿美元，占出口和进口比重分别为 5. 14% 和 6. 83%，直至 1991 年，我国加工贸易的出口额增长到 324. 3 亿美元，占全国出口额比重的 45. 10%，进口额增长为 250. 3 亿美元，占全国进口额比重的 39. 24%，分别增长了 28. 67 倍和 16. 64 倍。到了 2001 年加工贸易的出口额为 1474. 34 亿美元，占全国出口额比例是 55. 41%，加工贸易的进口额为 939. 74 亿美元，占全国进口额比例为 38. 58%。改革开放后，我国东部沿海发达地区的加工贸易得到迅速发展，主要是得益于国家对于东部沿海发达地区的加工贸易企业实施的优惠税收政策，这也是我国东部沿海发达地区的加工贸易与中西部地区发展差异悬殊的主要原因之一。在我国贸易结构的升级中，加工贸易的作用是不可替代的。一方面加工贸易作为新型贸易方式，在短短数年间增长势头十分迅猛，这反映了沿海发达地区以制造业为主的产业结构，并且还很好地说明了沿海发达地区具备在承接国际产业转移的角色时也能够充分利用自身优势，吸收外来的资本、技术以及管理经验等，以提高自身的产业结构水平的能力，进而推动国内贸易结构的升级，实现经济发展方式的转型。另一方面我国出口商品打入国际市场的重要途径是加工贸易。我国的加工贸易产品结构从 1992 年到 2001 年由劳动密集型向资本、技术密集型转变。仅 2001 年，在加工贸易出口中，高技术产品和机电产品的出口额分别达到了 89. 3% 和 74. 3%，高技术产品和机电产品渐渐成为加工贸易的主要出口商品。加工贸易的商品结构的转变，说明我国产业结构正逐步优化，同时也反映了对外贸易在产业结构优化中所发挥的引导性作用。

3. 外贸依存度和外资依存度①的变化

就沿海发达地区的外贸依存度来看，1983 ~2001 年间沿海发达地区的

① 外资依存度由实际利用外资额与全社会固定资产投资比值表示。

对外贸易依存度不断提高，且高出全国平均水平的20%～30%。具体而言，沿海发达地区的对外贸易依存度从1983年的26.87%上升至2001年的61.47%，上升幅度为2.29倍。特别是1994年沿海地区的对外贸易依存度达到了69.67%的最高值。如果从内部构成来看，到2001年，广东、北京的对外贸易依存度已超过100%，上海为96.72%，也非常接近。与全国水平接近的是浙江，而贸易依存度较低的是山东、河北和辽宁，均在全国平均水平之下。这个阶段我国的外贸依存度的增长趋势与世界平均增长速度的增长态势大体吻合。

就沿海发达地区的外资依存度来看，1984～2001年沿海发达地区的外资依存度也一直呈现上升趋势，从1984年的2.45%上升到2001年的22.86%，提高了9.33倍。沿海发达地区在1988年以后，外资依存度一直高于全国，久而久之差距逐步拉大，到2001年，其高出全国外资依存度水平11.81个百分点。其中，较早开放的广东、福建和环渤海经济区的天津虽然均保持较高的外资依存度，尤其是1996年分别达到了49.72%、44.40%、57.00%，但之后有明显下降的势头，山东、浙江的外资依存度略高于全国水平，仅河北的外资依存度低于全国水平，其他地区的外资依存度在20%的水平上下波动，较为稳定。加工贸易两头在外的贸易方式，需要大量进口原材料和出口成品。在改革开放之后的二三十年中，加工贸易几乎占据中国出口贸易的半边天，使得进出口贸易额迅速增长，但真正意义上的外贸依存度和外资依存度在出口附加值方面贡献较低。外贸依存度和外资依存度的变化离不开我国加工贸易的发展和政策导向作用的影响。改革开放后，国家实施的一系列出口导向型的外贸政策，大力支持企业出口，以换取外汇，这种人为调整进出口结构的政策手段促使我国贸易依存度不断上升，也从侧面拉大了东部沿海发达地区与中西部地区外贸依存度和外资依存度的差异。

总的看来，无论是外贸依存度，还是沿海发达地区对外资依存度，在改革开放后都有较大提高。从地区来看较早开放的广东、福建、上海等地提升幅度最大，而随着对外开放的不断扩大，沿海地区不断吸引外资引进高端技术和管理经验等，其经济也得到了相应的改善，为中国经济的增长贡献了重要力量；从进出口贸易依存度来看，在改革开放头十年，进口贸易依存度高于出口贸易依存度是由国内大批资源和技术的引进引起的，之后由于加工贸易的发展和宏观政策的实施，出口贸易规模逐渐加大，出口贸易依存度反超进口贸易依存度。

3.3.3 对外开放与产业结构调整的第三阶段（2001～2017年）

1. 沿海发达地区进出口总体态势

改革开放四十年，中国的对外贸易发展速度令世界瞩目。无论是进出口规模还是进出口商品的结构都实现了不同程度的优化，并且随着中国贸易对全球贸易体系做出的贡献越来越大，中国也荣获了对外贸易大国的称号。自2001年中国加入世界贸易组织后，我国对外开放的规模日益扩展，货物贸易也迅速发展。从2001年到2015年，沿海发达地区的外贸进出口总额由4682.76亿美元上升到2017年的34716.1亿美元，增长了7.81倍。其中，出口总额由2431.38亿美元上升至18970亿美元，年均增速达到14.70%；进口总额由2251.37亿美元上升至15746亿美元，年均增速为14.12%。加入世贸组织后的优势显而易见，助推了沿海发达地区的外向型经济快速发展，使其对外贸易迈入了一个新的阶段。

与此同时国家开始实施中部崛起计划以及西部大开发战略，一批政策性激励措施推动我国产业向中西部转移，助力我国产业结构的均衡发展。受此影响，我国沿海发达地区进出口额占全国进出口额比重也呈现缓慢下降趋势，在2001年到2017年间，我国沿海发达地区进出口额占全国进出口额比重由91.88%下降到84.58%，下降了7.3个百分点，中部地区的占比由3.93%上升到6.74%，西部地区由3.30%上升到7.55%。由于我国沿海发达地区发展迅速优势显著，因此短期的政策实施并没有立刻导致产业快速向中西部地区转移，但是中西部的进出口额迅速增长也表明该项政策的实施确实对其产业转移具有明显的促进作用。

2. 进出口商品结构优化

（1）出口商品结构优化

就贸易方式而言，2002～2017年，沿海发达地区的一般贸易出口额从1138.85亿元上升到10817.54亿元，年均增速达到17.36%。进料加工贸易出口额从1281.89亿元上升到5536.41亿元，年均增速为11.59%，略低于一般贸易。来料加工装配贸易出口额从2002年的466.83亿元增加到2017年的666.35亿元。年均增长速度仅为3.31%，增长速度相对缓慢。这一阶段沿海发达地区加工贸易增速减缓是因为中央政府意识到加工贸易发展存在着区域发展不均衡、长期处于产业价值链底端的弊端，所以采取了一系列促进加工贸易优化升级的政策措施，例如2003年在党的十六届三中全会上提出“推动加工贸易转型升级”的战略任务，商务部多次调整加工贸易禁止类目录，2007年商务部、海关总署对加工贸易实施区域差异化政策，2011年商务部出台了《关于促进加工贸易转型升级的指导意见》等。在政府政策的指导下，加工贸易部分向中西部地区转移，其对外贸易增速远远超过东部沿海地区。2017年上半年，中西部地区进出口总额达到了1.9万亿元，同比增长26.3%，进出口增速均高于全国平均水平。2017年1~5月，中西部加工贸易进出口总额达5346.1亿元，同比增长28.9%，比全国整体水平高13.5个百分点。

高科技产品出口在沿海发达地区的出口贸易占比中逐年上升。高新技术产业作为世界高新科技的承载者，也是中国对外贸易转型升级的主要内容，能够极大推动国民经济的发展以及工业化的进程。我国高技术产业的出口主要都集中在沿海发达地区，2009年沿海发达地区的高技术产品出口额为3655.95百万美元，占全国高技术产品出口额的97%，到2015年，沿海发达地区的高技术产品出口额为的5387.16百万美元，占全国高技术产品出口额的82.21%。高新技术产品的出口逐渐增加意味着我国的国际分工正日益由低技术水平、低附加价值状态向高新技术、高附加价值状态进行演变，助推我国的出口结构不断优化。

（2）进口商品结构变化

在沿海发达地区的进口商品中，一般贸易仍然保持着高速的增长，从2002年的1114.71亿元增长8.31倍至2017年的9259.8亿元，年均增长速度达16.56%。来料加工贸易的进口额从2002年的864.62亿元上升到2017年的2794.94亿元，进料加工贸易进口额从336.05亿元上升到666.92亿元，上升速度十分缓慢。但是高新技术产业的进口增速依旧非常显著，2009年沿海发达地区的高新技术产品的进口额为2923.59亿美元，占全国高新技术产品进口额的94.34%。到了2015年，沿海发达地区进口商品结构变化巨大，高新技术产品的进口额为4630.82亿美元，占全国高新技术产品进口额的84.30%。出现这种现象，很大程度上是因为我们的贸易结构、产业结构、加工贸易的转型升级。我国产业结构从劳动密集型逐渐向技术密集型转移，低技术含量的产品可以由国内企业自主生产不再依靠进口获得，进而进口产品转变为以高新技术产品和初级原材料产品为主。沿海发达地区处于产业优化升级领袖地位，不难理解其高新技术产品进口额在全国的高份额占比。

加快发展高新技术产业，是使经济走向全球，不断向产业价值链高端环节攀登的必然选择，也是促进产业升级、加快经济发展方式转变的重要方式。在新的形势下，我们必须在保持对外贸易稳定增长的同时，优化进出口结构，提高对外贸易的质量和效益，带动国内的产业转型升级。

第4章　对外开放与产业结构高度化

4.1 引　　言

投资拉动是中国经济得以实现快速增长的重要特征，自改革开放以来，中国就以积极主动的姿态融入全球经济一体化的浪潮中，以开放包容的态度承接国际产业转移，对世界经济结构调整和转换产生了重要作用。并依托“人口红利”和贸易开放催生的政策红利，短期内使得中国在全球产业分工中确立了“世界工厂”的地位，创造了令全球惊叹的“增长奇迹”。在实行对外开放政策取得伟大“业绩”的同时，中国还实现了由农业生产大国向制造业大国的转变。图4－1呈现了改革开放以来中国三次产业结构变动趋势。从图中可以看出，随着经济发展，中国产业结构逐步优化，第一产业占比在1985年后呈现出逐步降低的趋势；第二产业占比比较稳定，但在2005年以后呈现出稳步降低的趋势；第三产业则一直呈现稳步上升的发展趋势，并在2013年实现中国服务业比重首次超过了第二产业。

自改革开放以来中国产业结构高度化成效突出，但无可否认的是较之于西方发达国家产业结构分布，中国产业结构高度化水平仍然比较低。虽然，当前中国产业结构高度化演变路径与发达国家历史经验相同，表现出了农业占比下降、服务业占比上升、制造业占比先上升后下降的呈倒“U”形变化特点，但从其本质来看则“貌合神离”，尤其是在产品消费份额所占产业产值比重方面与发达国家产业结构升级的历史经验相比表现出了很大差异，且制造业份额不再呈现倒“U”形特征，出现无规律性变动趋势。这主要是因为中国长期以来经济发展主要依靠外部投资拉动，内需对中国

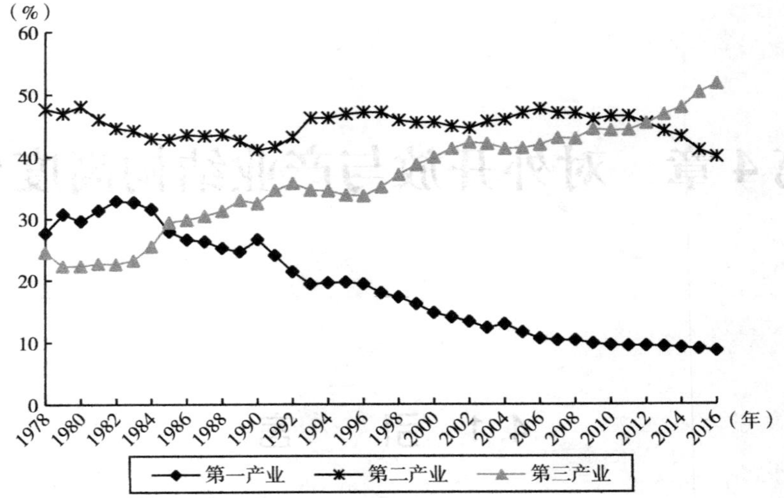

图4-1 中国产业结构高度化变化趋势

经济增长的拉动作用较小。并且，由于改革开放以来中国经济的跨越式发展是通过区域间不平衡的增长途径来实现的，由此也引发了我国产业结构高度化在区域间呈现出了明显的差异性。

我国在持续扩大对外开放的同时，一直试图由高速度增长向高质量增长转变，通过优化产业结构以促进中国经济实现进一步发展并顺利实现阶段性发展目标。尤其是在全球化程度不断加深，全球性资源配置效率不断提升的背景下，如何借助对外开放实现进一步的产业结构升级是一个值得深思的问题。鉴于此，本章试图探讨对外开放对沿海经济发达地区产业结构升级的影响，并对其进行理论阐释和实证检验。进一步地，参考产业结构高度化地区差异事实，本章还通过社会网络分析方法检验了产业结构高度化是否存在空间关联性，并依据空间各板块的溢出方向不同对各板块的作用进行了细分，以此加深对对外开放与产业结构高度化之间关系的理解和认识。

4.2 研究设计

对外开放是我国经济取得长足发展、产业结构优化升级的重要渠道，本章通过构建计量模型分析对外开放对我国产业结构高度化的影响效应，并通过社会网络分析法考察我国省级产业结构升级的空间关联度。

4.2.1　面板回归模型

本章构建对外开放的产业结构高度化升级效应计量模型，基准模型设定如下：

$$dus\_stru_{it} = \beta_0 + \beta_1 lnopen_{it} + \sum_{j=2}^{6} \beta_j control_{it} + \varepsilon_{it} \tag{4-1}$$

式中，i 代表地级市，t 代表年份，dus_stru_{it}表示地级市 i 在 t 年的产业结构高度化程度，本章参考干春晖等（2011）的测算方法，以第三产业增加值较第二产业增加值的比重来衡量。$open_{it}$表示地级市 i 在 t 年的对外开放程度，本章选择外商直接投资额 FDI 作为对外开放程度的代理指标。$control_{it}$表示控制变量，ε_{it}表示随机干扰项。另外，以外商直接投资、进出口贸易额等外向经济因素衡量国内产业结构高度化的升级效应可能存在一定的时滞性，因此，对模型中的对外开放程度进行一阶滞后处理；同时以外商直接投资作为代理变量的对外开放程度调节国内、国际资本流通，缓解国内企业在金融机构的融资信贷压力，国际资本的引入带动地区经济发展活力与城市蔓延度，于是，将对外开放程度与控制变量的交互效应纳入模型，其计量模型为：

$$dus\_stru_{i,t} = \beta_0 + \beta_1 lnopen_{i,t-1} + \sum_{j=2}^{3} \beta_j lnopen_{i,t-1} \cdot control_{i,t} + \sum_{k=2}^{6} control_{i,t} + \varepsilon_{i,t} \tag{4-2}$$

通过模型（4－2）考察我国地区对外开放程度对产业结构高度化的影响效应，这里主要关注 β_1 的系数显著性特征。产业结构优化升级是当前我国新时期经济发展的必然要求，目前国内关于产业结构升级特征的刻画主要有三种方法：一是以产业生产总值占 GDP 比重衡量，这主要反映各个产业的发展过程，无法反映产业间的相互关系和动态转化趋势；二是产业结构整体升级，依次对三次产业赋予一定的权重，加权求得产业结构升级指数，近似表征产业整体素质上的提升（蓝庆新和陈超凡，2013），该方法中产业权重带有较强的主观判断，其是否符合当前中国产业发展实情还有待检验；三是产业结构高级化，以第三产业与第二产业比值衡量（干春晖，2011）旨在反映产业结构的服务化倾向。结合本章研究要求，我们借鉴干春晖的做法，采用第三产业增加值与第二产业增加值比值衡量地区产业结构高度化程度。

控制变量（control）的选择。结合目前已有研究成果和当前我国地区产业结构高度化升级特征，我们选择城市蔓延度（contag）、地区基础设施建设水平（infra）、地区金融信贷水平（fina）、政府财政科学技术支出（sci_exp）和地区潜在人力资本（hum_cap）作为控制变量。城市蔓延是城市化进程的产物，改革开放以来城镇化的快速推进加剧了城市的蔓延扩张，是推动中国产业转型升级的加速器。本章借鉴苏红键等（2013）的思路，从就业密度和人口密度角度构造城市蔓延指数：

$$contag_{it} = \gamma den\_emp_{it} + \delta den\_popu_{it} + \gamma empl_{it}/area_{it} + \delta popu_{it}/area_{it} \tag{4-3}$$

式中，contag 表示城市蔓延度；den_empl 表示就业密度；den_popu 表示人口密度；empl 表示非农产业从业人员总量；popu 表示非农人口总数；area 表示建成区面积。γ、δ 为待定系数，此处认为就业密度与人口密度同等重要，γ 与 δ 均取 0.5。

基础设施建设反映地区城市现代化水平，可产生空间溢出效应和蒂伯特机制加速地区产业结构升级（吴福象等，2013），本章采用地级市城市人均拥有道路面积衡量；金融信贷为企业提供融资平台，保障产业健康良性发展，高水平的信贷能力为地区产业结构升级提供资金保障，本章选取金融机构人民币资金运用各项贷款金额作为衡量指标；一般财政预算用于科学技术方面的支出通过提升地区研发创新产出，促进地区产业结构由低级向高级过渡；潜在人力资本是影响产业结构升级的重要因素，能够通过提高地区创新与管理水平加速产业结构升级，参考岳书敬等（2006）的思路，本章选取普通高等学校在校生数作为衡量指标。表 4 - 1 展示了模型中主要变量的描述统计结果，不难发现，地区产业结构高度化与对外开放程度的最大值与最小值间存在较大差异，这说明我国对外开放程度和产业结构高度化在地区间的差异化特征显著存在。变量整体描述统计结果基本符合我国地区经济发展实际情况。

表4－1　　主要变量描述统计结果

变量	均值	标准差	最大值	最小值
dus_stru	0.9729	0.5759	6.9314	0.0052
ln open	8.9124	2.1465	15.7152	0.0126
contag	0.1053	0.0241	0.5307	0.0053
ln infra	2.2318	1.4173	11.9885	-3.9120
ln fina	14.8203	1.9445	20.1544	3.3322
ln sci_exp	7.9778	2.4752	17.8577	0.0000
Ln hum_cap	10.0348	1.4818	13.8712	0.6931

数据来源与说明：以上计量模型以我国48个地级市（市辖区）2000～2017年面板数据作为研究样本，并以全国288个地级市和非东部沿海发达地区作为平行样本检验。数据均来源于国家统计局和各省统计局。为避免虚假回归，对部分指标进行对数化处理。

4.2.2　社会网络分析

社会网络分析法是由社会学家依据数学方法如图示法和矩阵法等方法率先提出并逐渐发展起来的一种计量分析方法，该方法被广泛应用于世界政治体系、经济体系、国际贸易、个体职业流动、城镇化如何影响个体幸福感等研究领域并起到积极作用（Reyes等，2010；Gassi，2012；李敬等，2014）。鉴于近年来社会网络分析方法在经济学领域得到广泛关注和认可，本章采用社会网络分析法刻画我国产业结构高度化的省际空间关联性。

产业结构高度化空间关联的网络结构特征刻画：

1. 整体网络结构特征

整体网络结构特征一般由网络密度、网络关联度、网络效率等来刻画。

网络密度是反映网络中各区域之间关联关系疏密情况的指标，网络中关联关系的数量越多，网络密度越大。网络密度可定义为实际拥有的关系连线数与整体网（whole network）中最大可能拥有的连线数之比。网络密度测度的取值范围为［0，1］。假设整体网中关联关系数为N，则有向网络中最大可能存在的关联关系数为 $N\times(N-1)$。根据房价的空间关联网络实际拥有的关系数量设为 L，则网络密度 D_n 可表示为：

$$D_n = L/[N\times(N-1)] \tag{4-4}$$

网络关联度反映网络自身的稳健性和脆弱性，是描述一个整体网络成员的相互关联程度的指标。对于一个有向网络来说，如果其中的任何两点之间都可以建立联系，称这样的网络为关联图或成分。对于一个网络的点关联程度可通过"可达性"来测量。关联性的测量指标是关联度 C，取值范围是［0，1］，设产业结构高度化网络中省市总个数为 N，即网络规模为 N，网络中不可达的点对数目为 V，则关联度的表达式为：

$$C = 1 - V/(N(N-1)/2) \tag{4-5}$$

网络效率是指在已知网络中所包含的成分数确定的情况下，网络在多大程度上存在着多余的线。网络效率 GE 的取值范围为［0，1］，设网络中多余的关系线条数为 M，最大可能的多余线的条数为 max(M)，则网络效率 GE 的计算公式为：

$$GE = 1 - M/\max(M) = 1 - M/(N(N-1)/2 - N + 1) \tag{4-6}$$

2. 各节点的网络结构特征刻画

本章分别采用了度数中心度（Degree Centrality）和中间中心度（Betweenness Centrality）两个指标来刻画产业结构高度化关联整体网路结构特征。

点 A 的度数中心度就是整体网中与点 A 直接相连的其他点的个数。如果一个点与许多点直接相连，就认为该点具有较高度数中心度。在有向图中，每个点的度数可分为点入度（In - degree centrality）和点出度（Out - degree centrality）。点入度是进入到该点的其他点的个数，即该点得到的直接关系数。点出度就是该点直接发出的关系数。若网络规模不相同，则无法比较网络内不同点的度数中心度，因此 Freeman（1979）提出相对度数中心度的概念以比较不同网络中点的度数中心度大小，相对度数中心度是指点的绝对中心度与网络中点的最大可能的度数之比。在一个规模为 N 点的网络中，任何一点的最大可能的度数一定是 $N-1$。在有向网络中，其中一点 x 的相对度数中心度（记作 RD）的表达式为：

$$C_{RD}(x) = (x\text{ 的点入度} + x\text{ 的点出度})/(2N-2) \tag{4-7}$$

中间中心度指标是用以测度社会网络中的行动者对资源的控制程度的

指标。若社会网络中的其他行动者建立相互联系必定要通过某一行动者，则该行动者处于社会网络中的重要地位，因为“处于这种位置的行动者可以通过控制或者曲解信息的传递而影响群体”（Freeman，1979）。

假设在一对点 X 和 Z 之间存在多条捷径，其中有一条经过点 Y。点 Y 相对于点对 X 和 Z 的中间中心度指的是该点处于此点对的捷径上的能力，定义为：经过点 Y 并且连接 X、Z 点的捷径数与这两点之间的捷径总数之比。假设点 X 和点 Y 之间存在的捷径条数用 g_{xz} 来表示。点 X 和点 Z 之间存在的经过第三点 Y 的捷径数目用 $g_{xz}(y)$ 来表示。第三个点 Y 能够控制此两点的交往的能力用 $b_{xz}(y)$ 来表示，它等于 Y 处于点 X 和点 Z 之间的捷径上的概率，即 $b_{xz}(y)=\frac{g_{xz}(y)}{g_{xz}}$。把点 Y 相应于网络中全部点对的中间度加在一起，就得到该点的绝对中间中心度（记为 C_{ABy}），$C_{ABy}=\sum_{x}^{N}\sum_{z}^{N}b_{xz}(y), x\neq y\neq z$，并且 $x<z$。只有在星形网络情况下，网络中点的中间中心度 C_{ABy} 才能达到如下最大值 $C_{max}=\frac{N^2-3N+2}{2}$（刘军，2004），因此可给出标准化的中间中心度，即点 Y 的相对中间中心度为：

$$
\begin{aligned}
C_{ABy} &= \frac{2C_{ABy}}{N^2-3N+2} \\
&= \left(2\sum_{x}^{N}\sum_{z}^{N}b_{xz}(y)\right)/(N^2-3N+2)
\end{aligned}
$$

$$x\neq y\neq z, \text{并且 } x<z \qquad (4-8)$$

3. 块模型分析

块模型（block models）分析是由 White 等（1976）率先提出的一种用以研究网络位置模型的方法，该方法曾被 Snyder 和 Kick（1979）用于研究世界经济体系的空间关联性。借鉴已有研究规律确定四种角色位置：一是主受益板块，此位置上的产业结构高度化主体在板块内部关系比例多，而外部关系比例少，对其他板块的溢出效应较少。二是净溢出板块，其成员向其他板块成员发出较多的关系，而对板块内部较少发出关系，并且较少接收到外来关系，此板块上的经济主体对其他地区产业结构高度化产生净溢出效应。三是双向溢出板块其成员向其他板块成员发出较多的关系，同时对板块内部也发出较多的关系，但没有接收到多少外来的关系，此板块上的经济主体对板块内部和其他板块产业结构高度化产生双向溢出效应。四是经纪人板块其成员既发送又接受外部关系，其内部成员之间的联系比较少在产业结构高度化的空间溢出中发挥桥梁作用。

Wasserman 和 Faust（1994）指出，在考察省市节点的空间关系时，也要分析各个位置的规模。例如分析来自位置 B_k 的各个行动者的关系，假设有 g_k 个行动者，则 B_k 内部可能具有的关系总数为 $g_k(g_k-1)$。在网络总体中含有 g 个行动者，因此 B_k 位置各个行动者的所有可能的关系有 $g_k(g-1)$ 个。可以预期一个位置的总关系的期望比例为[g_k(g_k－1)]/[g_k(g－1)]=(g_k－1)/(g－1)。利用这个比例作为评价位置内部关系趋势的指标得出基于位置内部以及位置之间关系的四种位置分类，可以分为净溢出板块、经纪人板块、双向溢出板块和净受益板块。

4. 产业结构高度化省际空间关系确定及网络构建

社会网络分析方法首先是确定省际产业结构高度化空间关联关系，我们借鉴李敬等（2014）的方法，采用 VAR Granger causality 来刻画各区域之间的空间关联关系和空间溢出效应。具体做法如下：各省市产业结构高度化的空间网络是产业结构高度化空间关系的集合。全国各省市是网络中的“点”（node），各省市产业结构高度化的空间关联关系是网络中的“线”（tie）。由这些点和线便构成了省市产业结构高度化的空间关联网络。我们首先建立两省市间产业结构高度化解释变量的非结构化向量自回归模型，而后用过 VAR 格兰杰因果检验或含外生变量的 Wald 检验各省市间产业结构高度化是否存在动态关联关系。若省市 A 的房价与省市 B 的产业结构高度化间的动态关联关系通过 VAR 模型检验，包括检验省市 A 对省市 B 的动态关联关系和省市 B 对省市 A 的动态关联关系，因为 VAR 格兰杰因果检验是非对称的，如果 A 指向 B，则在关联网络中画出一条由省市 A 指向省市 B 的箭头线，将 AB 两省市连接起来，表明这两个省市的产业结构高度化间的空间关联关系是显著的。

社会网络分析以全国 31 个省市（自治区）为研究对象，所选取的样本数据为 2006～2016 年的省级季度数据，这里所需数据均来源于各省市统计年鉴。为消除季节周期波动的干扰，本章采用 X12 方法对各省产业结构高度化指标进行季节调整。

4.3　对外开放的产业结构高度化的影响效应

4.3.1　基准回归结果

表4－2报告了东部沿海地区和其他地区的产业结构高度化影响效应差异化检验结果，东部沿海经济发达地区与非东部沿海经济发达地区的固定效应模型和随机效应模型中对外开放程度均对产业结构高度化呈现正向影响，并在5%置信水平下显著，其估计系数分别为0.112、0.065和0.208、0.134，不难发现，非东部沿海经济发达地区对外开放程度对产业结构高度化升级的影响效应高于东部沿海经济发达地区，表明非东部沿海经济发达地区对外开放程度对本地产业结构高度化升级效应的边际贡献更明显，这是由于非东部沿海发达地区产业结构升级以往都是依赖于内需拉动，一旦扩大对外开放水平，地区经济发展由内生型经济发展模式向内生外向型结合的综合模式转变，随之产业结构高度化演化进程加快。而东部沿海发达地区尽管开放程度依然对产业结构高度化产生正向影响，但由于初始产业结构升级路径已被锁定，对外开放水平对产业结构高度化升级促进效应相对较低。因此，在继续推进东部沿海发达地区对外开放进程的同时，指引性或偏向性扩大非东部沿海发达地区对外开放水平，通过企业“走出去”和引进外资等扩大对外开放方式，实现企业走向国际市场，参与全球化竞争，丰富国内资本要素多元化及提升国内企业技术吸收能力，最终以国际和国内企业、资本及技术多要素的交融方式实现发展，不但有利于我国产业结构的整体升级效应，且能够有效防止我国产业结构高度化地区差异化的继续扩大。

从控制变量的影响效应看，东部沿海发达地区的城市蔓延度对产业结构高度化不存在明显的促进作用，而非东部沿海发达地区的城市蔓延度却显著促进产业结构高度化升级，其原因可能是非东部沿海发达地区处于工业化加速城镇化进程中，产业结构高度化与城市化具有相互促进效应，城市蔓延能够有效提升产业结构由低端向高端升级。另外，基础设施建设、金融信贷水平、政府科学技术支出、潜在人力资本对产业结构高度化升级的影响效应均存在一定的地区差异性，整体上非东部沿海发达地区影响显著性更强，从侧面也说明了非东部沿海发达地区产业结构高度化升级还存在很大的提升空间。对外开放程度与城市蔓延度的交互项在分样本检验中对产业结构高度化升级的影响依然存在地区差异性，需要特别指出得是，东部沿海发达地区对外开放程度与金融信贷水平的交互项对产业结构高度化为负向影响，而非东部沿海发达地区与金融信贷水平的交互项对产业结构高度化产生显著正向影响，其内在原因可能是外商直接投资对东部沿海发达地区充足本地投资资本存在一定的挤出效应，而非东部沿海发达地区受自身经济发展水平和投资环境限制，企业融资约束难度加大，国外资本的进入能够有效改善投资环境、提升市场活力。

表 4-2　　东部沿海地区①与其他地区差异化检验结果

变量	东部沿海经济发达地区		非东部沿海经济发达地区	
	固定效应	随机效应	固定效应	随机效应
ln open	0.112*** (6.806)	0.065*** (7.305)	0.208*** (3.341)	0.134** (4.978)
contag	0.137 (0.062)	0.093 (0.055)	0.326** (3.577)	0.105* (2.027)
ln infra	0.343** (2.507)	0.050* (2.522)	0.142*** (6.571)	0.014** (2.032)
ln fina	0.164** (5.073)	0.018 (0.033)	0.097* (2.566)	0.122** (6.317)
ln sci_exp	0.057 (0.373)	0.138** (6.530)	0.244*** (9.615)	0.132* (5.572)
Ln hum_cap	0.171 (0.525)	0.031* (2.506)	0.008* (1.973)	0.062** (4.636)

① 东部沿海经济发达地区包括杭州、宁波、温州、金华、台州、绍兴、南京、苏州、无锡、南通、徐州、常州、扬州、盐城、上海、济南、青岛、烟台、潍坊、淄博、济宁、天津、石家庄、唐山、沧州、邯郸、保定、沈阳、大连、鞍山、营口、广州、深圳、佛山、珠海、东莞、惠州、中山、茂名、湛江、江门、福州、泉州、厦门、漳州、海口、三亚等48个城市。

续表

变量	东部沿海经济发达地区		非东部沿海经济发达地区	
	固定效应	随机效应	固定效应	随机效应
ln open × contag	0.015 (0.734)	0.078* (2.974)	0.069** (3.630)	0.103 (0.061)
ln open × ln fina	-0.088 (-0.296)	-0.064** (-3.005)	0.079* (1.976)	0.032** (3.256)
常数项	-0.396** (-5.733)	1.842** (9.935)	-2.532*** (-10.573)	0.643 (0.442)
R^2	0.368	0.331	0.295	0.360
样本量	864	864	4320	4320

注：***、**、*分别代表在1%、5%和10%水平下显著，括号内代表t值。

4.3.2 稳健性检验与内生性处理

以上基准计量模型有效验证了沿海地区和非沿海地区对外开放能够促进产业结构高度化升级，为进一步检验以上结果的可靠性，接下来将采用替换变量进行稳健性检验，采用广义矩估计进行内生性检验。

1. 替换变量

产业结构高度化是产业结构转型升级具体表现。随着一国进入不同的发展阶段，其产业结构也会产生相应的更迭（Syrquin 等，1989），正如近年来我国服务业发展迅猛，部分学者提出了我国“过早工业化”的担忧。基于此，本章借鉴蓝庆新等（2013）的研究思路，依次对不同产业赋予不同的权重，加权求得各个地区产业结构升级指数，以此作为产业结构高度化的替换指标进行稳健性检验。具体计算公式为：$dus\_stru1 = \sum_{n=1}^{3} s_n \times n$，其中$s_n$表示低 n 产业比重。另外，由于对外开放程度的具体表现形式也各有不同，本章借鉴蔡海亚和徐盈之（2017）的做法，将进出口总额作为地区对外开放程度的替换指标。根据以上替换指标思路，其稳健性检验结果如表4-3所示。

表 4-3　　替换变量检验结果

变量	产业结构高度化替换		开放程度替换	
	固定效应	随机效应	固定效应	随机效应
ln open	0.219 *** (5.302)	0.032 ** (3.583)		
ln open1			0.531 *** (7.536)	0.134 ** (5.673)
contag	0.052 ** (3.388)	0.352 (0.034)	0.022 ** (4.103)	0.195 (0.292)
ln infra	0.002 ** (2.599)	0.018 *** (2.412)	0.633 (0.148)	0.023 ** (2.014)
ln fina	0.193 ** (5.632)	0.079 * (2.973)	0.058 ** (3.506)	0.105 * (2.691)
ln sci_exp	0.207 *** (4.697)	0.039 ** (2.976)	0.051 * (1.585)	0.973 (0.201)
Ln hum_cap	1.249 (0.464)	0.377 * (2.539)	0.005 ** (1.964)	0.121 ** (3.596)
lnopen × contag	0.006 ** (3.648)	0.116 * (2.531)	0.295 ** (5.062)	0.308 * (2.584)
ln open × ln fina	0.713 (0.036)	0.319 * (1.533)	−0.461 (−0.315)	0.722 (0.104)
常数项	2.544 *** (12.701)	1.530 ** (8.435)	−0.785 ** (−7.642)	1.353 * (2.754)
R^2	0.186	0.205	0.296	0.263
样本量	864	864	864	864

注：***、**、* 分别代表在 1%、5% 和 10% 水平下显著，括号内代表 t 值。

从表中不难发现，替换被解释变量后，对外开放程度对东部沿海地区产业结构升级依然存在显著促进作用，其固定效应和随机效应的提升系数分别为 0.219 和 0.032，表明扩大对外开放水平对地区产业结构高度化和合理化均是有利的。控制变量对产业结构升级效应的影响与前文基准回归保持一致且符合经济意义解释。过去几十年时间里，我国完成了以农业生产为主的产业结构向以制造业、服务业为主的跨越，这很大程度得益于我国实行的对外开放政策。以进出口总额作为替换变量的检验结果看，固定效应模型和随机效应模型中 open1 在 5% 置信度水平下均表现出显著性，其影响系数分别为 0.531 和 0.134，这说明对外开放程度促进产业结构升级的结论依然成立。

总之，通过替换变量检验使得对外开放促进产业结构升级的结论更加稳健。尽管当前我国经济重点依靠内需投资拉动，但外向型经济对我国产业结构升级的影响依然不容小觑。“双翼齐飞”的发展模式符合当前我国产业发展的内在客观要求，也是经济全球化下跨国投资贸易盛行的外在表现。

2. 内生性处理

一直以来，内生性问题是计量回归中一大难题，若不规避内生性，计量模型中解释变量可能与随机干扰项相关而产生虚假回归。参数估计量必须在满足某些假设时，比如模型的随机误差项服从正态分布或某一已知分布时，才是可靠的估计量。而广义矩估计（GMM）不需知道随机误差项的准确分布信息，允许随机误差项存在异方差和序列相关，因而所得到的参数估计量比其他参数估计方法更有效。系统 GMM 估计能够有效解决动态面板模型的内生性问题，确保估计参数的有效性和一致性（Blundell and Bond，2007）。因此，本章选择系统 GMM 方法作为内生性检验，将地区对外开放程度（open）设为内生变量，除了滞后一期 dus_stru 之外的当期其他解释变量设为外生变量。

表4-4报告了分样本系统 GMM 估计系数检验结果。整体上对外开放程度 open 系数估计结果与固定效应、随机效应较为接近，表明此回归结果不存在由于弱工具变量而引起的严重偏误问题。另外，序列相关检验 AR（2）结果分别为 0.104、0.158、1.166 和 1.210，均在 5% 的显著性水平上，表明水平方程中随机扰动项不存在序列相关；模型通过了 Sargan 过度识别检验的 P 值均大于 0.05，表明系统 GMM 模型估计过程所用工具变量是恰当有效的。

从估计系数的显著性看，东部沿海发达地区和非东部沿海发达地区对外开放程度均对产业结构高度化呈现显著正向影响，且加入交互项后正向效应依然成立，非东部沿海发达地区对外开放程度的影响效应仍然高于东部沿海发达地区。对外开放程度对当期和滞后期产业结构升级均有促进作用，地区扩大对外开放能够持续改善产业结构，尤其非东部沿海地区的这种促进效应更加显著。通过消除内生性问题的系统 GMM 估计进一步验证了基准结果的可靠性。

表 4－4　　　　系统 GMM 估计检验结果

变量	东部沿海经济发达地区		非东部沿海经济发达地区	
	基准估计	加入交互项	基准估计	加入交互项
ln open	0.226*** (2.673)	0.131*** (3.607)	0.272*** (2.517)	0.183** (1.558)
contag	0.021* (1.697)	0.235 (0.163)	0.057 (0.032)	0.649 (0.332)
ln infra	0.396 (0.142)	0.503** (1.995)	0.080*** (2.617)	0.731*** (3.254)
ln fina	−0.604* (−1.503)	−0.059 (−0.032)	0.062*** (3.011)	0.006** (1.064)
ln sci_exp	0.353** (1.063)	0.205*** (3.844)	0.033** (2.602)	0.295** (1.035)
Ln hum_cap	0.075* (2.694)	0.067** (1.604)	−0.515 (−0.978)	0.061* (1.948)
ln open × contag		0.006** (1.721)		−0.083** (−1.366)
ln open × ln fina		0.054 (0.531)		0.116*** (3.603)
常数项	−1.446** (−2.805)	−0.973*** (−3.772)	2.133** (3.501)	1.108*** (4.713)
Sargan 检验值	0.812	0.845	0.787	0.753
AR（1）	0.032	0.041	−1.403	−0.125
AR（2）	0.104	0.158	1.166	1.210
样本量	864	864	4320	4320

注：***、**、*分别代表在1%、5%和10%水平下显著，括号内代表 z 统计量。

4.4　产业结构高度化的省际空间关联分析

通过以上计量模型检验发现对外开放对我国省际地区产业结构高度化存在正向促进效应，但值得注意的是，我国省际地区间产业结构高度化仍然存在很大差异性，其中东部沿海发达地区产业结构高度化明显高于中西部地区。那么，东部沿海发达地区产业结构高级化进程对其他非经济发达地区是否存在溢出效应？我国产业结构高度化的地理空间关联性具体表现如何？接下来本章将通过社会网络分析方法对我国产业结构高度化的省际空间关联性进行分析，具体包括网络空间特征、中心度分析和空间网络块模型分析三个部分。

4.4.1　网络空间特征描述

本章重点考察我国产业结构高度化的空间关联性，采用 2006～2017 年的省级季度数据，并过 X12 方法进行指标数据季节调整。本章采取以 5% 作为显著性检验标准的 VAR Granger causality 刻画各省产业结构高度化的空间关联数量，而后构建产业结构高度化的空间关联矩阵，借助 UCINET 软件绘制我国产业结构高度化的空间网络图（见图 4－2）。

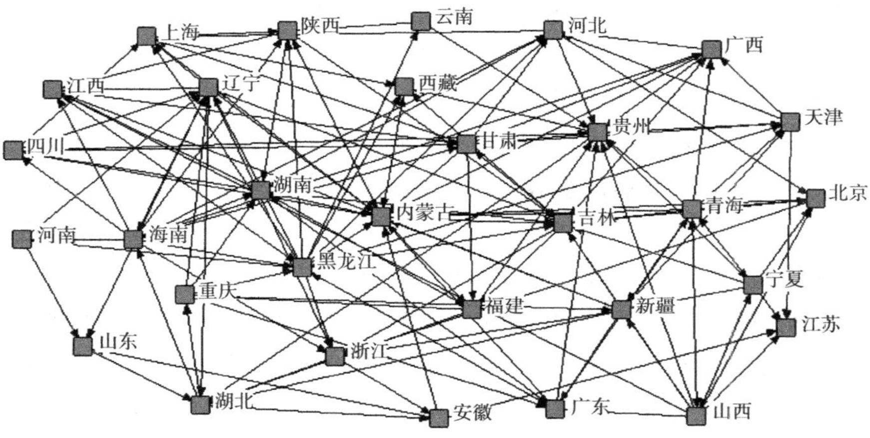

图 4－2　我国产业结构高度化的省际空间关联

运用式（4－4）计算出中国省际产业结构高度化空间关联网络的密度。31个省市之间最大可能的关联关系为930个，而实际关联个数为157个，网络密度为0.169，各省市之间关联的紧密程度总体上并不十分突出，促进省际产业结构空间溢出与协作升级还存在较大空间。从我国产业结构高度化的省际空间关联图发现，中国区域产业结构高度化空间关联网络通过157个“管道”进行空间溢出；每个省市区至少存在1个以上的空间关系，因此，中国区域产业结构高度化在空间上是“普遍联系的”。进一步通过测算省际网络的关联度、等级度和网络效率发现，中国省际产业结构高度化的空间关联网络关联程度很高，连通效果好，网络具有很好的通达性，各省市区之间存在普遍的空间溢出效应。网络效率为0.478，空间网络中存在诸多冗余连线，进一步说明产业结构高度化省际空间溢出存在多重叠加现象，增加了其网络的稳定性。网络等级指数为0.097，说明各个省市产业结构高度化升级的空间溢出效应并无明显规律可循，不同经济发展水平的省市产业结构高度化的空间溢出都存在较大差异，比如内蒙古、吉林、黑龙江等省产业结构高度化的空间溢出效应较高，而上海、山东、江苏等省市产业结构高度化的空间溢出效应较低。

接下来进一步分析各省市产业结构高度化受益关联关系和溢出关联关系数量，表4－5展示了具体的空间关联数量。从空间关联总数看，内蒙古、吉林、黑龙江、贵州、辽宁及海南位列空间关联总数排名前六，其关联总数分别为16、15、15、13、12、12，说明这些省份产业结构高度化与其他省市存在高度空间相关，而云南、江苏、山东、河南、西藏和安徽的空间关联总数较低，关联总数分别为3、4、4、4、5、5，说明这些省份产业结构高度化与其他省份相关性不高，主要依赖于“自我提升”；受益关联关系反映产业结构高度化来自其他省市的提升效应，黑龙江、海南、青海、吉林、山西、新疆的受益关联总数排名较高，分别为12、11、10、9、9、9，说明这些省份作为“受益方”，其产业结构高度化受到其他省份的空间溢出效应更显著，而江苏、山东、浙江、河南、云南、江西的受益关联数量则较低，其产业结构高度化主要依赖“自我修为”，与其他省市产业结构高度化的空间溢出效应不明显；溢出关联数量衡量的是对其他省市产业结构高度化的促进效应，内蒙古、贵州、吉林、湖北、江西整体上对其他省市的产业结构高度化溢出效应较高，其数量分别为10、9、6、6、

6，这可能原因在于东部沿海省市将部分劳动密集型产业向中西部省市转移，使东部沿海省份充分发挥资本、技术优势，提升高端产业发展水平。而宁夏、山西、青海、海南、云南等省份对其他省市产业结构高度化的空间溢出效应较低。此外，区域经济水平相近的省市在产业结构高度化的空间关联性却存在差异性，并未呈现“等级森严”现象。溢出关联关系数量明显高于受益关联关系数量（二者之差大于或等于4）的省市包括贵州、浙江、江苏、江西、内蒙古，说明这五个省份产业结构高度化的净溢出效应明显，产生较强的辐射作用。而受益关联关系数量明显高于溢出关联关系数量（二者之差大于或等于4）的省市包括海南、黑龙江、宁夏、山西、新疆、青海、甘肃，这七个省份表现出显著的净受益特征，这些省份位于我国中西部，且经济水平相对落后，产业结构升级主要源于国家产业发展政策偏向和其他省市的溢出效应。

表4-5　产业结构高度化省际空间关联数量

序号	地区	受益关联关系	溢出关联关系	关联关系总数
1	四川	3	4	7
2	海南	11	1	12
3	福建	4	3	7
4	贵州	4	9	13
5	河北	4	5	9
6	吉林	9	6	15
7	陕西	5	3	8
8	上海	3	5	8
9	黑龙江	12	3	15
10	西藏	3	2	5
11	宁夏	7	0	7
12	山西	9	0	9
13	北京	4	3	7
14	新疆	9	2	11
15	广西	4	4	8
16	青海	10	0	10
17	安徽	4	1	5

续表

序号	地区	受益关联关系	溢出关联关系	关联关系总数
18	山东	2	2	4
19	湖北	3	6	9
20	辽宁	7	5	12
21	浙江	2	6	8
22	河南	2	2	4
23	云南	2	1	3
24	天津	4	4	8
25	江西	2	6	8
26	重庆	5	2	7
27	广东	3	5	8
28	江苏	0	4	4
29	甘肃	8	3	11
30	内蒙古	6	10	16
31	湖南	6	4	10

整体上我国产业结构高度化的空间受益关联与空间溢出效应显著存在，尽管各个省市在地理和经济发展水平上存在差距，但在产业结构高度化方面各省市依然有着千丝万缕的联系。因此，提升各省市产业结构高度化升级的空间关系和双向溢出效应，发挥各自省市比较优势产业，使空间受益与空间溢出并驾齐驱，对于实现产业结构高度化的区域协调发展尤为重要。

4.4.2　中心度分析

为揭示各省份在产业结构高度化空间关联网络中的作用和地位，本部分将通过计算度数中心度、中间中心度进行网络中心性分析，各中心度测度值及排名如表 4－6 所示。度数中心度排名靠前的省份有内蒙古、吉林、黑龙江、贵州、辽宁，说明在我国产业结构高度化的空间网络关联中，这五个省份直接相关联的关系数量最多，但需要指出的是，度数中心度由受益关联关系和溢出关联关系综合反映，这些省份属于净受益者，尚且无法判断省市在区域中的中心地位。度数中心度排名靠后的省份包括山东、河南、江苏、云南，这些省份基本溢出关联关系较多，但整体关联关系总数相对较少，比如江苏属于净溢出者，但关联关系总数只有 4 个。从中间中心度指数排名看，排名靠前的省市有辽宁、湖南、天津、海南、内蒙古，在这 5 个省市中，有 2 个属于东部地区，1 个属于中部地区，2 个属于西部地区，尤其排名前三的省市在空间网络中具有较强的导控能力，即这些省份在其各自区域产业结构高度化协同发展过程中起到“中间”和“传导”作用。

表 4-6　产业结构高度化化空间网络中心性分析

地区	度数中心度		中间中心度	
	中心度	排名	中心度	排名
四川	23.333	21	0.106	21
海南	30.000	11	3.1073	4
福建	23.333	21	0.057	23
贵州	43.333	4	0.421	14
河北	30.000	11	0.515	13
吉林	50.000	2	1.127	9
陕西	26.667	14	0.242	18
上海	26.667	14	1.873	7
黑龙江	50.000	2	2.485	6
西藏	16.667	26	0.013	29
宁夏	23.333	21	0.031	24
山西	30.000	11	0.602	12
北京	23.333	21	0.312	16
新疆	36.667	7	0.703	11
广西	26.667	14	0.278	17
青海	33.333	9	0.384	15
安徽	16.667	26	0.009	30
山东	13.333	28	0.015	28
湖北	30.000	11	0.206	19
辽宁	40.000	5	4.216	1

续表

地区	度数中心度		中间中心度	
	中心度	排名	中心度	排名
浙江	26.667	14	0.170	20
河南	13.333	28	0.021	26
云南	10.000	31	0.001	31
天津	36.667	7	3.684	3
江西	26.667	14	0.312	25
重庆	23.333	21	0.086	22
广东	26.667	14	0.905	10
江苏	13.333	28	0.019	27
甘肃	36.667	7	1.554	8
内蒙古	53.333	1	2.699	5
湖南	33.333	9	4.072	2

通过中心度分析，我们发现辽宁、天津、湖南等省市在区域产业结构高度化升级的空间中心地位较高，通过空间受益关联和空间溢出关联与其他省市紧密程度最高。显然，辽宁和天津以高新技术产业为主导，主要涉及电子信息、航空航天等先进制造业，在京津冀和环渤海经济圈具有强的辐射和互动关联效应。湖南位于我国中部地区，以先进制造业、旅游文化业为主，在其产业结构转型升级过程中，呈现出加速向周边“梯度转移”的趋势，在强化与其他省份产业结构升级的空间关联溢出下，提升了自身与区域省份产业结构协调发展。需要特别指出的是，北京、上海、江苏、浙江、广东等经济发达地区的中心度排名并不高，这些省市基本作为净溢出者，对周边区域产业结构高度化产生净溢出效应。

4.4.3 产业结构高度化的空间网络块模型分析

针对图4-2的空间网络图，进一步运用UCINET中CONCOR模块对31个省市产业结构高度化的空间关系进行块模型分析。本章选择最大分割深度为2，收敛标准为0.2，按照以往每个网络分块个数不低于3个的经验，得到四个产业结构高度化板块（见表4-7），第一个板块包含10个成员，主要是东部沿海及环渤海经济发达地区，分别是：河北、天津、吉林、福建、山东、北京、湖南、河南、上海、浙江；第二个板块包含 8 个成员，主要以中南省份为主，分别是：重庆、广西、广东、湖北、江西、江苏、四川、内蒙古；第三个板块包含 7 个成员，主要是西部省市，分别是：甘肃、吉林、陕西、黑龙江、新疆、贵州、西藏；第四个板块包含 6 个成员，分别是：宁夏、山西、青海、安徽、海南、云南。

表 4 – 7　　各板块之间的溢出效应分析

经济板块	第一板块接收关系	第二板块接收关系	第三板块接收关系	第四板块接收关系	板块成员数量	期望的内部比例关系（%）	实际的内部比例关系（%）	接收板块外关系数	板块特征
第一板块	9	7	12	10	10	24	46	4	双向溢出板块
第二板块	3	12	5	6	8	31	39	17	经纪人板块
第三板块	11	4	15	20	7	35	42	26	主受益板块
第四板块	4	3	0	36	6	37	49	34	净受益板块

在 157 个网络关联关系中，四个板块内部关系数为 52 个，四个板块之间的关联数为 102 个，表明各个板块之间溢出效应明显。第一个板块发出总关联关系数量为 38 个，其中属于内部关联关系数为 9 个，向其他板块发出关联关系数为 29 个，接收板块外关系数为 4 个，第一板块期望的内部关系比例为 24%，实际的内部关系比例为 46%。产业结构高度化对第一个板块内和板块外均产生了溢出效应，因此第一板块是“双向溢出板块”。第二板块发出总关联关系数量为 26 个，其中属于内部关联关系数为 12 个，向其他板块发出关联关系数为 14 个，接收板块外关系数为 17 个，第二板块期望的内部关系比例为 31%，实际的内部关系比例为 39%。因此，第二个经济增长板块是典型的“经纪人板块”，在产业结构高度化的空间溢出效应中充当了“桥梁”作用。第三板块发出总关联关系数量为 50 个，其中属于内部关联关系数为 15 个，向其他板块发出关联关系数为 35 个，接收板块外关系数为 26 个，第三板块期望的内部关系比例为 35，实际的内部关系比例为 42。故第三个产业结构高度化板块是典型的“主受益板块”。第四板块发出总关联关系数量为 43 个，其中属于内部关联关系数为 36 个，向其他板块发出关联关系数为 7 个，接收板块外关系数为 34 个，第四板块

期望的内部关系比例为37%，实际的内部关系比例为49%。该板块向其他板块发出关系数较少，主要接收其他板块溢出关系，该板块内部主体净受益效应明显，故该板块是“净受益板块”。

通过板块模型分析，发现我国产业结构高度化空间溢出效应明显，各个省市通过空间溢出效应促进产业结构高度化升级。另外我国产业结构高度化的省际空间效应存在明显区域差异性和板块梯度差异，即说明中国产业结构高度化空间网络表现出“总体分异、板块聚类”的特征。

根据网络关联关系在各产业结构高度化板块之间的分布，本章还计算了各板块的密度矩阵（density matrix），用以反映产业结构高度化的溢出效应在各板块的分布情况。具体如表4－8所示，“双向溢出”板块，即第一板块的空间溢出效应主要来源第一、第二板块内部，“经纪人”板块，即第二板块的空间溢出效应主要来源于第二板块内部、第一板块，“主受益”板块，即第三板块的空间溢出效应主要来源于第三板块内部、第二板块及第四板块，“净受益”板块，即第四板块的空间溢出效应主要来源于第四板块内部，对其他板块并无明显的溢出效应。

表4－8　各板块密度矩阵与像矩阵

板块	密度矩阵				像矩阵			
	第一板块	第二板块	第三板块	第四板块	第一板块	第二板块	第三板块	第四板块
第一板块	0.324	0.276	0.172	0.026	1	1	0	0
第二板块	0.273	0.416	0.102	0.032	1	1	0	0
第三板块	0.065	0.103	0.467	0.293	0	0	1	1
第四板块	0.000	0.000	0.052	0.630	0	0	0	1

由于整个网络密度值为0.226，若板块网络密度大于0.226，则表明该板块的产业结构高度化具有较高的集中性趋势。根据以往研究经验，将各个板块密度矩阵值大于0.226，则赋值为1，反之赋值为0，得到像矩阵。像矩阵能够更加直观显示各个板块之间的溢出效应，从表中可明显看，像矩阵对角线均为1，表明各个省市产业结构高度化的空间效应存在明显的集群现象，且内部溢出效应显著。同时，各个板块并非独立，通过空间溢出与其他板块建立交互联系，形成内外融通的产业结构高度化区域升级发展模式。

为了更加清晰了解各个板块之间的空间互联关系，本章绘制了个板块之间的传递互动机制，如图4－3所示。第一板块是“双溢出”板块，这些省份主要集中于东部沿海和京津冀地区，其产业结构高度化升级在区域具有较强的辐射作用；第二板块是“经纪人”板块，这些省市在空间上具有较好梯度传导效应，有效连通第一板块和第三、四板块发挥着重要作用；第三、四板块分别为“主受益”和“净受益”板块，这些板块成员主要以产业结构发展稍落后的中西部省份为主，主要得益于自我发展和其他省份的空间溢出来促进产业结构高度化升级。

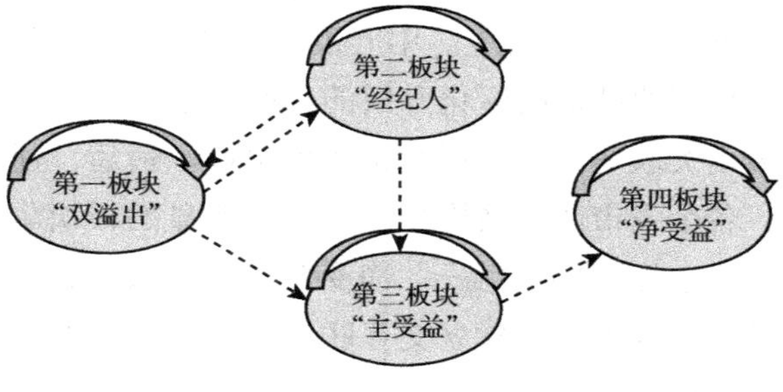

图4－3　我国四大产业结构高度化板块空间互联关系

4.5　小　　结

持续扩大对外开放、积极响应全球贸易自由化历史潮流是我国创造“经济增长奇迹”的历史经验，但在经济转型期我国产业结构依然面临着结构质量较低、区域差异显著等严重问题，与西方发达国家相比，我国产业结构高度化水平仍有较大差距。本章主要采用2000～2017年地级市面板数据通过构建计量模型检验对外开放程度对我国产业结构高度化的升级效应。另外，由于我国地区之间产业结构高度化差异明显，我们还采用2006～2017年省级季度数据通过社会网络分析方法探究我国产业结构高度化的空间关联效应。其实证研究得出以下几点结论：

第一，基准的面板回归中固定效应和随机效应检验发现对外开放程度对我国产业结构高度化存在显著的促进效应，加入对外开放程度与控制变量的交互项后，其促进效果依然成立。将全样本区分为东部沿海经济发达地区和非东部沿海经济发达地区，其分样本检验发现，非东部沿海发达地区对外开放程度对产业结构高度化的促进效应更明显，即扩大对外开放程度，对非东部沿海发达地区的边际贡献更大。另外，通过替换变量的稳健性检验和系统 GMM 内生性检验，发现对外开放对产业结构高度化促进效应的结论依然稳健。

第二，通过社会网络分析从网络特征、中心度分析和块模型三个方面考察了我国产业结构高度化的空间关系效应。网络特征表明 31 个省市产业结构高度化升级形成了 157 个关联关系，表明中国区域产业结构高度化在空间上是“普遍联系的”，并由空间受益关联关系和空间溢出关联关系连接各个省市的产业结构空间效应。中心度分析进一步发现，辽宁、天津、湖南等省市在区域产业结构高度化升级的空间中心地位较高，通过空间受益关联和空间溢出关联与其他省市紧密程度最高。最后，通过空间网络块模型分析发现，各个省市产业结构高度化存在明显的板块集聚特征，构成了“双溢出”“经纪人”“主受益”“净受益”四大板块，各个板块并非独立，通过空间溢出与其他板块建立交互联系，形成内外融通的产业结构高度化区域升级发展模式。

第5章 对外开放与加工程度高度化

5.1 引 言

对外开放背景下，产业转型升级不仅是产业结构的变动，也包括对产品加工程度的升级，即加工程度高度化。加工程度高度化是指某一行业内处于价值链中的企业附加值沿着纵轴向上攀升而并非在价值链内部向两端转移的过程，即从生产低质量、低附加值产品转向生产高质量、高附加值产品。实现加工程度的深化需要企业不断提高技术能力和创新水平，将制造加工环节生产效率逐步提升、做到最优。更为重要的是需要企业不断增加制造、加工环节的技术含量，优化产品结构素质，提高其附加值，在非左右移动的既定价值链分工位置上实现产品附加值增长，进而提升产品的生产加工程度。

目前，我国仍有大量企业的运作重心处于加工、组装环节，而极少涉及核心零部件的设计与制造。由于自身掌控的要素禀赋以及全球垂直分工的短期定势，中国在此阶段很难短时间快速实现国际分工环节的跃迁以及向价值链两端的迁移。同时，从企业角度来看，企业亦无法很快在原有经验以及基础上完成跨越式创新，除了需要时间以外，也需要更多可用于升级创新活动的留存收益。从产业发展来看，短时间内也很难兼顾既要保持经济增长的同时又要快速转换要素禀赋，使落后产业淘汰的同时让新兴产业出现。在这种情况下，深化加工程度不仅可以在不要求要素禀赋发生巨大变化的前提下为企业自身带来更大的利润空间、更多的创新机会，还能进一步实现吸引配套服务环节、推动完整技术密集型产业发展的目的。以佛山陶瓷业发展为例，在改革开放后，佛山地区通过技术引进使陶瓷产品加工工艺流程更加复杂，生产技术要求更高，产品附加值也得到了大幅度的提升。但随着市场竞争程度的加剧以及生态环保要求的提升，陶瓷企业要实现进一步发展不得不从生产方式改革和技术进步出发以实现产业升级，陶瓷产业对原料的加工程度升高继而使产品附加值提升。例如，2007年佛山陶瓷产业生产附加值由2005年28.3%上升到30%，企业利润率从4%上升到了5.9%；虽然到2009年为止，全部行业内企业总数仅为100多家，但其产值却比2007年的366家的总量还多①。可见，加工程度高度化有助于生产企业在既定分工环节上提升产品附加值以实现企业的进一步发展。

全球化是目前世界经济的主要趋势，中国开放经济特区、加入WTO、设立自贸区等政策举动也表明了坚持对外开放的决心。在中国对外开放程度不断深化的背景下，具体考察经济政策对加工程度高度化的影响机制，能够为中国产业转型升级中开放政策的制定及实施提供参考。为此，本章进一步讨论了对外开放与加工程度高度化之间的关系，并对二者之间的作用机制进行了分析。

5.2 机制分析

5.2.1 技术溢出效应

技术溢出可以分为正向技术溢出与逆向技术溢出。正向技术溢出指随着对外开放程度加大，全球垂直分工合作更加紧密，国外制造业产业链的部分环节对内转移。在这种情况下，接受转移企业只需在国内市场重点运营价值链两端的比较优势环节，为了保证整个跨地区价值链各个环节更加高效率地执行，技术转入与转出地区不免存在各种合作交流的机会。在这

① 朱卫平，陈林. 产业升级的内涵与模式研究——以广东产业升级为例［J］. 经济学家，2011（2）：60－66.

个过程中，东道国企业便可以通过技术溢出效应学习到相关的技术知识。直接从国外获得的高新技术以及在此阶段中通过“干中学”得到的知识溢出让本国处于低附加值生产环节的制造业企业在生产技术、装配工艺以及管理水平方面不断改善提高。

但考虑到核心技术保护措施的存在，即使国外企业愿意为了提高生产效率而给东道国企业提供相应指导和帮助，但有关价值链两端的核心技术知识（可能会从某一方面对中间环节生产产品附加值的提高产生积极作用），国外企业仍然会有所保留。出现这种情况的原因在于两点：一是东道国企业的生产主要处于价值链中间环节，部分核心技术对该环节的效率改善可能并不明显，所以国外企业没有必要去告知；二是为了防止核心技术泄露造成自身因自有技术所形成的市场势力的衰减，国外企业也不会选择将核心技术给予东道国企业。综上，对外开放程度的加大，虽然可以让东道国企业得到知识溢出的正效应，但是由于国外企业关键核心技术保护策略的存在，正向溢出效应存在一定的局限性。

逆向技术溢出指国内企业对外直接投资给自身所带来的反向技术溢出效应。具体而言是指发展中国家通过向发达国家对外直接投资，与东道国①技术领先者建立紧密的联系，以此接触到发达国家的创新资源从而学习获取到东道国在相关生产领域内的先进技术。现有研究认为逆向技术溢出的实现依赖于母国的各类发展情况。如蔡冬青和周经（2014）经过研究发现反向技术外溢效应的发挥需要母国具有一定的吸收能力，只有吸收能力达到了一定的水平才能够对国外先进生产技术进行吸收、消化，而吸收能力与人力资本水平、研发投入、基础设施、金融发展息息相关。也有学者分样本回归发现我国东、中、西部不同区域对逆向技术溢出的吸收存在差异，对于东部地区而言国内研发投入、对外开放程度、金融发展与基础设施建设均促进了对外直接投资反向技术溢出的实现（尹东东和张建清，2016）。李梅和柳士昌（2012）同样研究发现东部地区具有更积极的对外直接投资逆向技术溢出效应。与此同时，作为母国进行对外投资具有一定的主动权，可以选择性地进入技术密集型行业定点获得某种技术溢出，以此更加有利于自身产业高度化的发展。我国东部沿海发达地区人力资本、

① 此处“东道国”为国外发达地区，与本小节前两段内容中的“东道国”相区分。

基础设施建设、金融发展等各方面情况都优于其他地区，所以其获得的逆向技术溢出也高于其他地区。与对正向技术溢出分析类似，东部沿海发达地区对逆向技术溢出的吸收优于其他地区，因此对外开放程度对加工程度高度化的边际作用从整体来看也相对较大且下降速度更慢，这进一步导致东部沿海发达地区对外开放程度高于非东部沿海发达地区。

综合以上分析，技术溢出效应对企业加工程度高度化产生正向促进作用，但由于核心技术保护措施的存在，该效应具有一定的局限性。考虑到不同地区经济、金融发展水平的不同所导致的技术溢出吸收能力的差异，东部沿海发达地区相对于非东部沿海发达地区而言有更高的最优对外开放程度。

5.2.2 贸易制度进步

贸易制度是一切贸易资源有效配置的基础，其设立应与地区开放水平以及经济、社会等发展阶段相匹配。从1979年开始创办经济特区，到后来开放沿海港口城市建立沿海经济开放区，再到2001年加入WTO以及接下来设立自贸区等一系列由点及面的渐进式对外开放政策带动着我国从计划经济制度向社会主义市场经济制度转变。在全球化背景下，为了更好地学习引进先进技术，创造良好竞争环境，获取更大的产品需求市场和要素供给市场，融入全球化生产体系是唯一的选择。在这个过程中，如果任何国家或地区想要被国际体系认可和接受，那么其自身贸易制度与国际制度接轨将是必不可少的（唐贤兴，2008）。

以2013年上海自贸区成立为例，上海自贸区是我国政府在上海设立的区域性自由贸易园区，其从投资管理制度、贸易监管制度、金融制度和事中事后监管制度四个方面实现了创新突破（肖林等，2015）。投资管理制度创新主要包括了对外商直接投资实行负面清单制度、对负面清单以外的领域由合同章程审批制度改为备案制、就企业注册资本实行认缴制度、建立企业准入“单一窗口”制度等。贸易监管制度创新包括建立国际贸易“单一窗口”制度、建立货物状态分类管理制度、建立“一线放开、二线安全高效管住、区内自由流动”监管制度。金融制度创新包括投融资汇兑便利、人民币跨境使用、利率市场化、外汇管理改革、国际能源中心建立、完善金融风险监管制度。事中事后监管制度创新包括建立安全审查制度、建立反垄断审查制度、健全社会信用体系等。以上制度创新使得上海自贸区的管理体制与国际接轨，资本和要素可以在有效风险管控下低成本合理流动，有助于区域经济的快速发展。在现实的开放过程中，这些制度的进步与创新主要体现在贸易过程中贸易摩擦的减少、管理准入效率的提升以及监管效率的增加上。以上措施无疑让本土企业可以在更好的创新制度下进一步发挥能动性和积极性。因此，企业在这种制度下偏向于通过创新实现产品附加值提升，这也就实现了加工程度的深化。总体来讲，对外开放的加强会促进并且有利于本国贸易制度的创新与进步，这也进一步让处于该制度下的企业有环境和动力去研发创新从而提升附加值，最终实现加工程度的深化。

5.2.3　要素动态优化

传统的要素禀赋动态转化理论认为产业转型升级实质上是要素的动态优化导致的产业或者企业的自我“进化”。在经济发展初期，自然资源、劳动力等低端要素价格相对低廉，而资本、设备以及高端人力资源等高端要素则相对短缺，价格也较为昂贵，企业大量使用这类具有比较优势的低端要素进行生产，而对于昂贵的高端要素则“集约”使用。但是，低端资源是有限的，加上产业内及产业间竞争的加剧，低端要素供给无法满足生产需要的同时其需求也不断扩张，导致价格持续上升；而随着经济的发展，高端要素逐步丰裕，价格也逐步下降。当低端要素供给因资源稀缺而无法进一步增加的时候，要素的供给曲线斜率增大，价格再次上涨。以利润最大化和成本最小化为目标的既存产业中的企业在低端要素价格较高时开始选择大量使用价格相对较低的设备、高端人力资本等高端要素作为替代，同时也开始出现以高端要素为主要投入的新兴产业。这时若既有产业无法及时更新要素使用，就会面临淘汰风险。老旧产业的淘汰加上新兴产业的加入，产业转型升级便完成了。

在传统要素禀赋动态转化理论中，要素的动态优化主要基于本国内部要素资源及使用情况，并未考虑到对外开放所带来的要素流动效应。以我国为例，随着对外开放程度的加强，进出口贸易所带来的间接要素流动与以资本为载体的内外直接投资形式的要素流动均会对我国产业转型升级产生影响。而商品跨区域流动的目的在于获得价格差，要素流动的目的与商品流动目的存在相似性，主要是为了获取要素收益。所以在全球垂直专业化分工背景下，跨国公司选择在全球范围内进行资源配置，以地区要素比较优势为参考将产品内部制造环节的某一个部分合理安排在其中。在这个过程中，本国所缺乏的高端人才、技术、品牌等要素可暂时由跨国公司流入。虽然在这种模式下流入的高端要素不具有稳定性，且因为技术保护等措施存在一定的局限性，但是这也优于封闭状态下完全“摸黑”式的要素升级模式。因为当高端要素流入（即使除去技术溢出等正向促进效应以外），要素之间的相对价格发生改变，而不是仅仅由于产业竞争加剧、某一资源稀缺才能使得价格发生变动。相对价格较快的改变可以促进企业更加快速地升级其要素投入结构，实现生产投入要素动态优化。要素动态优化无疑会增加产品的附加值，最终完成加工程度的深化。所以对外开放可以加快要素动态优化进程，进而深化加工程度高度化进程。

5.2.4 市场竞争效应

加大对外开放是把“双刃剑”，其带来的竞争效应与成本效应会对企业加工程度高度化产生正向和负向影响，这些影响在不同的开放程度下存在强弱之分。在开放初期，随着资本进入壁垒的减小，外商直接投资的进入让国内市场开始涌现外资或中外合资企业，此类企业拥有更先进的技术与管理制度，它们的出现加大了内陆市场竞争。竞争加剧的环境可以促进企业进行设备升级和研发创新以期能够及早生产出技术含量和质量更高的产品，减少被淘汰的风险并获得利润。此外，贸易壁垒的减小让原本单一的内陆市场结构扩大为内陆市场和海外市场并存的市场结构，需求基数扩大的同时也让消费者有了更多选择。选择集的扩大让消费者有条件去选择价廉物美的商品，这也反过来增加了企业生产出高技术含量与高质量产品的要求，让以前以数量为竞争核心的模式转变为以质量为竞争核心的模式。另外贸易壁垒减小降低了中间投入品成本，企业的利润空间可以因投入成本的减少而增大，这又为企业进行研发创新或设备更新活动提供了条件。

但是随着开放程度的进一步加大，对于制造业企业而言，贸易壁垒下降对中间投入品成本的过度抵减让原本不具有竞争力的企业也可以存活。既存企业也可以仅仅通过进口中间品成本的减少来获取利润以维持运营，在短期内也不再具有进行设备更新或研发创新生产出低成本高质量产品的动力。企业之间由于竞争带来的淘汰作用在这个阶段小于成本短期过度下降所吸引的低附加值企业的增加；企业之间由于竞争所带来的反向创新激励也在短期内被成本减少所带来的利润空间所抵减。这时候，企业的附加值反而会随着开放程度的加大而减小。另外，对外开放程度导致的过度竞争可能也会对加工程度深化产生负面影响。

5.3 研究设计

5.3.1 模型设定

为验证对外开放与加工程度高度化之间的关系，本章设定模型为：

$$pd_{jt} = \beta_0 + \beta_1 tax_{jt} + \beta_2 tax_{jt}^2 + \beta_3 control_{it} + \mu_{it} \quad (5-1)$$

其中，pd 为加工程度高度化的代理变量，tax 表示行业平均关税税率，用以作为对外开放的替代变量；control 为本文的控制变量组，包括了企业规模、年龄等一般特征变量。μ_{it}为随机扰动项。特别地，本模型在引入行业平均关税税率的一次项的同时还引入了其平方项，以探究其与加工程度深化之间的非线性关系。故此，模型中系数β_1和β_2为本模型关注的核心系数。

5.3.2 变量选择

1. 被解释变量

本章的被解释变量为加工程度深化（pd），但在统计数据中并无对加工程度高度化的详细统计指标。根据既有研究，我们发现，现阶段对“加工程度深化”的衡量指标主要通过工业增加值与工业总产值的比值来计算，因此本章参考朱卫平和陈林（2011）的研究文献，用工业增加值与工业总产值的比值作为其代理变量。但是这种度量方式完全有效的关键前提假设在于研究阶段产业内部分工未发生变化，即不存在分工深化的问题。具体来讲，分工深化使企业在产业链处于更加细化的位置上，即使企业的制造技术有所提升，但是由于分工专业化，其增加值产出可能在数据上并未上升，甚至出现专业化过强导致增加值减小的情况。对外开放程度的加大亦伴随着垂直化分工的加强，由此造成的工业增加值减小虽然会使得“加工程度深化”指标降低，但是这并不能代表对外开放程度增加会抑制加工程度深化。实证过程中较难使用控制变量体现分工深化这一假设前提，因此，当对外开放程度较大的时候，实证结果可能会出现附加值随着对外开放程度增加而减小的情况。

2. 核心解释变量

本章的关键解释变量为对外开放程度，但是对外开放作为一个比较综合的概念并没有单一的指标进行衡量。既有研究中对对外开放的衡量可以从输入端即贸易制度变化进行考察，也可以从输出端即从对外开放的结果变量角度进行考察。输入端即基于规则变化的直接测度，主要是将一些政策作为对外开放的代理指标，如关税、非关税壁垒、资本账户限制等（周茂荣、张子杰，2009）；输出端则以结果变量作为考察对象，例如以对外贸易增长、FDI或对外投资增长等作为对外开放的代理变量。但基于结果的测度方法与基于输入端的测度方式相比，难以有效反映对外开放度的政策效果（Wacziarg，2001）。在此基础上，考虑到数据的可得性以及与企业级数据的匹配度，本章将使用行业平均关税作为对外开放的代理变量，以考察对外开放与企业加工程度高度化之间的关系。因为对外开放程度的变化首先会反映在关税的变化上，而关税的高低直接影响了对外开放程度的效果。

图5－1呈现了中国2000～2013年间平均关税税率的变化图。在中国加入WTO以后平均进口关税税率呈现出了大幅度地下降。从图中可以看出，中国平均进口关税呈现逐步下降的趋势，平均关税税率从2001年的18%下降至2013年的10%左右，下降幅度达到44.44%。同时，由图5－1还可以看出我国平均进口关税的下调也具有明显阶段性，中国于2001年年底加入WTO，加入世贸组织的第一年平均进口关税下降的幅度最大，仅一

年时间下降了近4个百分点（下降幅度高达21.5%），在7316个税目中有5332个税目的税率出现下调，降税面积达73%。随后的平均关税税率被进一步下调，直到2005年平均进口关税下降幅度变得较为平稳，因为2005年是中国履行加入WTO后承诺进行较大幅度降税的最后一年，这意味着剩余产品需降税的税目数已明显减少，从图中来看即平均关税税率变化较为平稳。

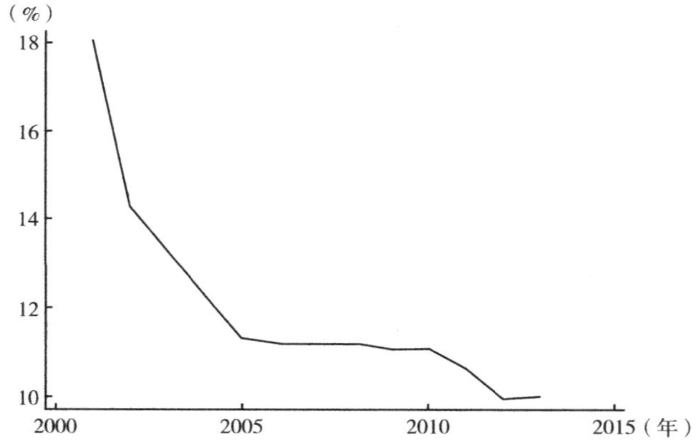

图5-1　2000~2013年平均关税税率变动

3. 控制变量选取

本章选择的控制变量包括企业全要素生产率（TFP）、企业年龄（age）、企业规模（size）、企业研发投入（rd）、企业资本密集度（kd）等企业特征变量。

企业全要素生产率（TFP）。本章使用较为广泛的LP法（Levinsohn和Petrin，2003）[164]对企业全要素生产率进行测算以此作为企业生产率的替代变量。因为，虽然在研究中OP法（Olley和Pakes，1996）和LP法（Levinsohn和Petrin，2003）均广泛地被采用，且二者均能通过引入代理变量很好地解决估计过程中的内生性问题。但OP法主要利用企业投资为代理变量控制因生产率冲击所导致的内生性，继而得到劳动投入和资本投入的一致性估计量。在实际情况中，一方面，由于数据限制等因素而难以对企业投资变量进行很好的估算；另一方面，OP法将企业投资为0或者数据中投资缺失的样本排除在外，继而容易带来断尾偏差（张天华和张少华，2016）。而Levinsohn和Petrin（2003）以中间品投入作为代理变量。一方面，由于企业更方便对中间投入要素进行调整，因此中间投入要素对生产率波动的反馈比投资更加敏捷；另一方面，由于中间投入要素不是状态变量，更方便将经济理论和生产率估计方法联系起来（张天华和张少华，2016）。因此，本章选择通过 LP 法对企业 TFP 进行估计，同时，本章参考鲁晓东和连玉君（2012）的做法进行相应的计算。

企业年龄（age）。根据美国管理学家爱迪思的企业生命周期理论，企业在成立之初自身实力较弱、市场占有较少，因此处于学习与累积曲线的初始阶段。随着企业经营时间的逐步延长，企业逐渐在经营过程中培育了自身独特的竞争实力，企业规模也不断增加，“干中学”以及规模效应不断显现，生产技术以及市场开拓能力将会进一步提升。本章以当前年份与企业成立年份之差表示企业年龄。

企业规模（size）。在新贸易理论下，规模因素被认为是国际贸易过程中利益的重要来源。因为规模较大的企业不仅能够发挥出规模效应，还具有较强的成本优势以及抗市场风险能力，且在对外开放条件下，能够快速适应市场环境、抵御来自外界的市场冲击，加速生产技术的创新升级。本章以企业年均职工人数的对数形式作为企业规模的替代变量。

企业研发投入（rd）。技术研发是企业实现技术升级的重要手段，也是吸收外界知识溢出并最终转化为自身发展内能的前提保障。已有大量研究发现企业研发行为能够显著促进企业生产率的提升（李小平和朱钟棣，2006；肖文和林高榜，2011）。本章以企业研发投入对企业创新行为进行刻画，用企业研发投入与企业销售收入之比表示。

企业资本密度（kd）。企业资本密度是能够表征企业类型的重要变量，本章以固定资产净值与企业年末员工人数之比表示。

5.3.3 数据选择与处理

本章选用了 2000 ~ 2013 年中国工业企业数据，样本数据囊括了全部国有工业企业以及规模以上非国有工业企业在 2000 ~ 2013 年的数据。2000 ~ 2010 年，“规模以上”的标准即要求企业每年的销售额大于等于 500 万元，在 2011 年“规模以上”的标准改为要求企业每年的销售额大于等于 2000 万元。但是考虑到参与对外进出口企业的规模要求与财会指标的准确性，本章将对“规模以上”作出重新定义。数据库中行业包括国民经济行业分类中的“采掘业”“制造业”“电力、燃气及水的生产和供应业”，其中制造业占比90%以上，对应的国民经济行业分类代码为13－43。由于本章所研究的问题在于加工程度高度化，而“采掘业”具有较强的资源依赖性，“电力、燃气及水的生产和供应业”也更多偏向于国有化的基础设施建设，两者与加工程度高度化关联性较弱，因此本章对其进行了删除，只选取了制造业企业作为本章内容的研究对象。此外，本章数据还涉及了行业平均关税，具体计算方法为先使用WTO官网关税数据①计算出年度行业平均关税，再以四位数行业编码进行匹配生成行业关税变量。

在数据处理过程中使用Cai和Liu（2009）提供的方法去除异常值，具体步骤如下：（1）删除总资产与主营业务收入科目缺失的企业样本；（2）考虑到对外进出口企业的规模要求与财会指标的准确性，剔除固定资产净值低于1000万元，或者销售额低于1000万元，或者职工人数少于30人的观测值（即删除不满足重新定义的“规模以上”企业）；（3）去除总资产小于流动资产的样本（即删除不符合会计基本原则的观测值）。对于工业增加值缺失的样本，本章参考刘小玄和李双杰（2008）的估值办法，用“工业增加值＝工业总产值－工业中间投入＋增值税”公式估算。对于固定资产净值缺失的样本，本章根据会计记账原则，使用本年固定资产合计与本年折旧的差额代替。各变量描述性统计结果见表5－1。

表5－1 各变量描述性统计结果

变量	平均值	标准差	最小值	最大值
pd	0.1968	0.1790	0.0000	1.0000
tax	0.1000	0.0857	0.0000	0.6500
TFP	7.6455	1.1525	－1.0992	13.2552
scal	5.4917	1.0826	3.4012	12.2880
age	2.7870	0.4596	1.7918	7.6094
rd	0.0040	0.0182	0.0000	0.3000
kd	179.0230	348.7812	0.9103	39058.1300

注：经过stata14整理所得。

① 数据具体来源网址为：http：//tariffdata.wto.org/ReportersAndProducts.aspx。

5.4 实证结果分析

5.4.1 基准回归

当关键解释变量只有 tax 的时候，回归结果显示 tax 变量系数显著为正，即对外开放与企业加工程度高度化之间呈现显著的反向关系，这显然不符合常理和既有的发展实际情况，因此有必要进一步考虑二者是否存在非线性关系。同时，考虑到本章度量指标的关键前提假设在于研究阶段产业内部分工未发生变化，即不存在分工深化的问题。因此，本章继续加入了关税的平方项（具体表示为 tax2）再次进行回归分析。东部沿海发达地区制造业样本回归结果如表 5－2 所示。

表 5－2　　东部沿海发达地区基础回归结果①

变量	(1)	(2)	(3)
	OLS	FE	GMM
tax	0. 3570 *** (0. 0470)	0. 3580 *** (0. 0409)	1. 7310 *** (0. 241)
tax2	－0. 1520 * (0. 1680)	－0. 3220 * (0. 1480)	－4. 2190 *** (0. 7940)
TFP	0. 0921 *** (0. 0017)	0. 0851 *** (0. 0018)	0. 0934 *** (0. 0025)
size	－0. 0763 *** (0. 0020)	－0. 0733 *** (0. 0020)	－0. 0753 *** (0. 0028)
age	0. 0010 *** (0. 0001)	0. 0009 *** (0. 0001)	0. 0012 *** (0. 0001)
rd	0. 2210 (0. 120)	0. 1900 (0. 101)	0. 2950 * (0. 132)

① 表中系数右上角 ***、** 和 * 分别表示 1%、5% 和 10% 的显著性水平。

续表

变量	(1)	(2)	(3)
	OLS	FE	GMM
kd	0.0001 (0.0001)	-0.0000 (0.0001)	0.0000 (0.0000)
常数项	-0.0451*** (0.0114)	-0.00678 (0.0116)	-0.137*** (0.0170)
R^2	0.200	0.309	0.172
样本量	26059	26059	18205

注：表中回归系数右上角*，**以及***分别表示系数显著性水平为10%，5%以及1%。

本章使用OLS估计，如表5-2中（1）所示，tax一次项系数显著为正，二次项系数为负但是并显著性较弱。由于2000~2013年，企业可能由于倒闭或者未上交数据而在某些年存在数据缺失，或者有新企业在某一年加入到样本中来。这种情况下，每一年所观察到的企业不会完全相同，这会导致最终形成的是非平衡面板数据。即使不考虑OLS得到有效无偏估计所需要的球型扰动项、严格外生性等假设条件，非平衡面板数据也无法用OLS进行估计，因此（1）中结果只可作为回归参考。

非平衡面板数据会使得组间估计量存在偏误，但不影响离差形式的组内估计量，所以可以使用固定效应模型，此外对随机效应模型也不存在实质性影响（陈强，2015）。在此基础上，本章使用豪斯曼检验（Hausman，1978），检验结果显示拒绝原假设，所以使用固定效应模型，固定效应模型回归结果如表5-2中（2）所示。由于每个省市的政策环境及经济发展状况不尽相同，可能存在不随时间变动的遗漏变量，因此固定效应模型使用LSDV法控制省份虚拟变量。另外加入时间虚拟变量回归结果显示年度虚拟变量联合显著，即模型中应该包括时间效应，所以模型控制了时间虚拟变量，但限于篇幅所限，未在表5-2中显示。固定效应模型结果中tax的一次项仍然显著为正，结合显著为负的二次项系数，对外开放对加工程度深化度的边际效应呈现倒“U”形。即对外开放程度加大对加工程度深化存在促进效应，但是对外过度开放可能反而会对目前我国企业加工程度高度化产生抑制作用。这是由于对外开放对我国工业企业技术创新激励的两面性导致的。对外开放初期，我国加工工业企业尚处于价值链中部的低端加工生产环节，产品的技术水平差、附加值低、可替代性强。但制度设计和市场环境的优化，促进了我国工业产品的对外贸易与外商来华直接投资，加大了国内市场竞争程度，促使企业不断优化生产流程、提高生产率和技术水平，并使我国企业受益于技术溢出效应，从而大幅度促进了我国产品的加工程度的深化。这一阶段我国外开放对加工程度深化的边际效应呈现上升趋势。

但是，随着外开放程度的不断加深，使我国部分加工企业长期处于价值链中部加工生产环节造成的不利地位开始显现。我国企业生产的大部分产品可替代性强，且受制于价值链上下游的研发和销售两端，主要进入国内外的“红海市场”。因此，国内企业需要面临数量众多的国内外同行业竞争者的挤压，随着对外开放程度的提升，演变成某些行业的过度竞争，其结果可能导致该行业的经济效益下降，部分企业退出市场，剩余企业陷入价格竞争和缺乏创新动力的局面，导致我国对外开放对加工程度深化的边际效应呈现下降趋势。最重要的是由于分工深化的影响，对外开放程度的加大促进了分工专业化，这使得工业增加值减少，最终导致被解释变量（工业增加值与工业总产值的比值）降低。

此外，从模型的控制变量回归系数来看，企业自身全要素生产率越高，存续时间越长，企业生产附加值也会相对较高。这是因为如果企业自身创新能力越强，那么产品自身就会因为创新的存在而具有更高附加值，所以加工程度高度化也会更加明显。另外如果一个企业能够存续较长的时间，那么在一定程度上也能说明其管理模式、产品的生产都未被市场淘汰，未被淘汰的企业具备更强的市场竞争力，往往能对生产技术进行持续投入和不断改善，其产品具备更高附加值。但是实证结果显示企业规模越大，反而不利于附加值的提升，这可能是因为目前我国制造业企业仅处于全球垂直价值链分工的某一环，而其中又以中间组装加工为主，在企业技术、管理未进一步创新的前提下为了占据更多市场份额而盲目扩大规模，内部合理分工被破坏的同时运转效率也下降，从而对加工程度高度化呈现负效应。由回归结果（3）可知研发强度的加大对附加值增加也呈现显著正效应，但是资本密集度的作用效果并不明显。通常认为资本密集度越高的企业，相对来讲较多采用更先进的设备和技术，这会进一步吸引高技能劳动者，企业也会着重培训员工，那么最终效果是生产效率得以提升。然而实证用来表示资本密集强度的数据为固定资产净值与在职员工比值，这个数据更侧重于显示企业设备规模的扩大，较少涉及设备的更新换代，其增加确实会促进企业生产效率，但是由于并不是技术设备的升级，因此对产品附加值的作用不明显。

5.4.2　内生性分析

为了剔除反向因果关系（加工程度深化加大反过来影响对外开放程度）、遗漏变量、数据计算误差等内生性问题，本章继续使用工具变量 GMM 估计予以处理，结果如表 5-2 中的（3）所示。使用工具变量回归的前提是变量存在内生性，因此为了确认是否真的存在内生性问题，本章使用豪斯曼检验（Hausman，1978）。检验结果拒绝“所有解释变量均外生”的原假设，进一步用 DWH 检验发现 tax 为内生解释变量。考虑到 tax 的一期滞后项与 tax 自身相关，以及滞后变量为已经发生的变量，与当期扰动项无关，所以本章使用 tax 的一阶滞后项作为工具变量。同样，该模型控制了时间影响，加入了时间虚拟变量。GMM 估计结果与固定效应模型相比，二次项系数更为显著，这再一次验证了对外开放程度与加工程度深化二者之间确实存在倒“U”形关系。

5.5　进一步分析

5.5.1　按照地理分布划分样本

作为对比和验证，本章将全国所有地区和非东部沿海发达地区样本[①]进行与上文相同的回归处理，回归结果见表 5-3。在表 5-3 中，结果（4）~（6）是由全国所有地区的企业样本回归产生，结果（7）~（9）是由非东部沿海发达地区的企业样本回归所产生。从整体样本回归结果来看，平均关税的一次项普遍显著为正，而平均关税的二次项则均显著为负。说明从全

① 指除去北京、天津、辽宁、河北、吉林、上海、江苏、浙江、福建、山东、广东十个省市以外地区的所有样本企业。

国整体来看，对外开放与加工程度深化之间仍然存在显著的倒“U”形关系。

从非东部沿海发达地区样本的回归结果来看，平均关税税率二次项的回归系数显著性普遍较低（回归结果（7）和（9）在10%的水平上显著，但（8）的显著性水平为15%），但系数符号仍为负。基于此，本章有理由认为非东部沿海发达地区制造业企业样本加工程度深化与对外开放程度之间的关系虽仍然呈现倒“U”形关系，但二者关系没有东部沿海发达地区显著。我们认为，由于地理位置因素和对外开放先后次序差异导致对外开放的实施呈现出东部与非东部地区之间的差异化表达。从17世纪到现在，货物运输仍然以海上航运为主，这为沿海地区提供了自然便利。非东部沿海发达地区距离口岸较远，所以在此区域的企业从事进出口贸易或者内外投资会受到距离所产生的运输成本等负面因素的影响，在这种情况下这些企业偏向于从事内需事业，要素及产品交换侧重于国内市场，这会进一步抵减对外开放程度变动所带来的效应。此外，在过去的发展进程中，改革开放从沿海起步，东部沿海发达地区自身具有优先发展政策优势，相对而言地理位置靠近内陆的区域就处于“被带动”的地位，这同样也会给对外开放程度带来的影响产生减弱效应。

总体而言，由于所处地理方位及过去发展历程的不同，非东部沿海发达地区所受对外开放程度的影响不及沿海地区，这也从侧面反映了针对沿海发达地区研究对外开放对其影响的必要性。另外，根据表5-2和表5-3中回归结果系数的具体值，可以看到东部沿海发达地区最优开放程度明显高于非东部沿海发达地区，这与理论部分中对东部沿海发达地区与非东部沿海发达地区技术溢出边际作用大小与降低速度大小差异分析相一致。

表5-3　　　　地区划分后的回归结果

变量	(4)	(5)	(6)	(7)	(8)	(9)
tax	0.2448*** (0.0258)	0.0950*** (0.0269)	1.1453*** (0.1306)	0.1050 (0.0814)	0.1720* (0.0743)	0.9670* (0.4530)
tax2	-0.1619** (0.0816)	-0.0479* (0.0759)	-2.5647*** (0.4157)	-0.1230* (0.1930)	-0.2800 (0.1850)	-2.3990* (1.2270)
TFP	0.0760*** (0.0009)	0.1485*** (0.0025)	0.0808*** (0.0012)	0.0891*** (0.0037)	0.0871*** (0.0033)	0.0911*** (0.0044)

续表

变量	(4)	(5)	(6)	(7)	(8)	(9)
size	-0.0578*** (0.0010)	-0.1678*** (0.0054)	-0.0622*** (0.0014)	-0.0824*** (0.0041)	-0.0814*** (0.0036)	-0.0788*** (0.0043)
age	0.0454*** (0.0020)	-0.0065 (0.0112)	0.0514*** (0.0028)	0.0013*** (0.0002)	0.0011*** (0.0002)	0.0016*** (0.0002)
rd	-0.0677 (0.0712)	0.1057 (0.0975)	0.0114 (0.0999)	0.8360* (0.406)	0.5580* (0.234)	0.5260* (0.234)
kd	-0.0000*** (0.0000)	0.0000 (0.0000)	-0.0000*** (0.0000)	0.0001 (0.0000)	0.0001 (0.0001)	0.00001 (0.000)
常数项	-0.1393*** (0.0073)	0.1243** (0.0547)	-0.2266*** (0.0131)	0.0667*** (0.0199)	0.0193 (0.0186)	0.110** (0.0368)
R^2	0.1373	0.2073	0.2602	0.2271	0.3232	0.2291
样本量	32417	32417	16413	6897	6891	5032

5.5.2 按照企业性质划分样本

在此，进一步按照企业所有权性质对东部沿海发达地区的样本进行划分和回归分析。本章将企业按照产权性质分为三类，即国有企业（nation）、外资企业（包括港、澳、台企业）（for）以及私营企业（prv），因为企业不同产权性质决定了其背景的差异，继而会对企业的经营状况产生影响。一方面，企业是否为国有企业决定了其是否具有政府背景以及是否能享受更多的优惠政策。因为从既有研究来看，国有企业在市场经营垄断、融资约束、政府补贴获取等方面均较其他企业具有显著的优势。另一方面，由于企业是否是外资企业直接影响企业对于不同优惠政策的享受，从而影响其在对外贸易中的壁垒大小。而私营企业作为市场上最为纯粹的行为主体，受市场环境变化影响最大。故此，各种企业性质的差异必然会导致对外开放对加工程度高度化的差异性影响。

按照企业产权性质划分后的样本回归结果见表5-4。从回归结果来看，国有企业样本中平均关税税率的一次项和二次项系数分别为正和为负，且显著性均达到5%，说明对外开放与企业加工程度深化之间呈现出了显著的倒“U”形关系。随着对外开放程度的增加，国有企业加工程度深化度先上升，然后逐步下降，之所以呈现出这种变化趋势，主要是由于开放程度加大促进垂直分工导致分工深化从而使得增加值减少，另外也可能是因为市场竞争双重效应的驱动。具体而言，在对外开放初期，国有企业的行政垄断特征显著，经营导向主要受制于国家意志，因此并不完全以利润最大化为目标。在对外开放之初，对外贸易权限仍然掌控在国有企业之中[①]，因此对外开放导致的竞争促进和创新促进作用首先在国有企业中有所体现。但随着对外开放的逐步深化，中小企业也能够获得贸易权限而参与到国际竞争中。此时，由于其长期受到政府的大力扶持，企业自身缺乏竞争力和创新性的内在动力，因此显示出了加工程度深化逐步降低的趋势。

表 5-4　　按照企业性质划分后的回归结果

变量	(10)	(11)	(12)
	nation	for	prv
tax	0.5021 ** (0.2131)	0.0136 (0.0528)	-0.2579 * (0.1622)
tax2	-0.8509 ** (0.3466)	0.1079 (0.1917)	1.1018 (0.6976)
TFP	0.0210 ** (0.0098)	0.0126 *** (0.0020)	0.0064 ** (0.0044)
size	-0.0110 (0.0115)	-0.0070 *** (0.0021)	0.0005 ** (0.0050)
age	0.0031 ** (0.0061)	0.0022 ** (0.0060)	-0.0042 (0.0030)
rd	-0.0807 (0.1934)	0.2242 ** (0.1665)	0.4383 ** (0.1901)

① 事实上，中国在加入 WTO 以后实行的是外贸资格逐步放开的方式，直到2005 年，外贸资格审查制度才几乎完全放开。之前均由国有或大型私营企业为主，大多数私营企业难以参与到贸易之中。

续表

变量	(10)	(11)	(12)
	nation	for	prv
kd	-0.0003** (0.0001)	0.0000 (0.0000)	0.0003* (0.0002)
常数项	-0.0512* (0.0282)	-0.0005 (0.0185)	0.0031** (0.0223)
R^2	0.6579	0.1104	0.2992
观测值	722	861	1492

对于外资企业来说，平均关税税率降低对于企业加工程度深化并未产生显著的影响，说明对外开放与加工程度深化之间并无显著的关系。这可能是因为外资企业本身就享有相应的税收优惠，因此随着对外开放程度的提高并未显著影响企业加工程度深化的变化。而对于私营企业来说，其加工程度深化与对外开放之间的线性关系较为显著，对外开放能够显著促进企业加工程度深化的发展。这主要是因为私营企业作为市场环境的风向标，在无特殊背景的情况下能够显著感知市场的变化。随着对外开放程度的提升，高质量中间品的进口以及技术的引进均能迅速促进其提升加工程度，以此参与到更加激烈的国际市场竞争之中。

5.5.3　按照行业特性划分样本

本章按照企业所属行业性质对样本再次进行划分为劳动密集型（labour）、资本密集型（capital）以及知识密集型（knowledge）① 企业。不同行业特征的企业对于生产要素投入的需求不同，因此在对外开放的环境下

① 行业划分中，劳动密集型行业包括：纺织业、纺织服装（鞋、帽）制造业、木材加工（木、竹、藤、棕、草）制品业。资本密集型行业包括：农副食品加工业、食品制造业、饮料制造业、烟草制品业、造纸及纸制品业、印刷业和记录媒介的复制、石油加工、炼焦及核燃料加工业、非金属矿物制品业、黑色金属冶炼及压延加工业、有色金属冶炼及压延加工业以及金属制品业。知识密集型产业包括：化学原料及化学制品制造业、医药制造业、通用设备制造业、专用设备制造业、交通运输设备制造业、电气机械及器材制造业、通信设备和计算机及其他电子设备制造业以及仪器仪表及文化、办公用机械制造业。

其加工程度深化度可能会表现出不同的特征。表5-5呈现了按照不同行业特征划分后的样本回归结果。其中，对于劳动密集型行业和资本密集型行业中的企业来说，行业平均税率的平方项系数显著为负，而一次项的系数并不显著，说明对外开放与相应行业内企业加工程度深化之间存在显著的倒“U”形关系。而对于知识密集型行业内的企业来说，平均关税税率的一次项系数显著为负，二次项系数并不显著，说明对外开放与企业加工程度深化之间存在显著的线性关系。

表5-5　按照企业所属行业性质划分后的回归结果

变量	(13)	(14)	(15)
	labour = 1	capital = 1	knowledge = 1
tax	0.0731 (0.0790)	0.0695 (0.1023)	-0.2416** (0.1120)
tax2	-0.1759** (0.3710)	-0.1505** (0.3262)	0.7480 (0.3666)
TFP	0.0117*** (0.0017)	0.0225*** (0.0058)	0.0164*** (0.0020)
size	-0.0073*** (0.0016)	-0.0165* (0.0085)	-0.0175*** (0.0034)
age	0.0007 (0.0022)	0.0093 (0.0127)	0.0030 (0.0038)
rd	-0.1607*** (0.0437)	0.5755 (0.4059)	0.3941** (0.1844)
kd	-0.0001*** (0.0000)	0.0001 (0.0001)	0.0000 (0.0000)
常数项	0.0135 (0.0084)	-0.0311 (0.0458)	0.0445*** (0.0127)
R^2	0.1560	0.2480	0.1037
观测值	596	328	1111

这主要与对外开放时代条件下我国承接国际产业转移的特征相关。中国最早参与国际产业分工主要是以一种被动接受的姿态参与国际产业链中

的初级产品生产过程。20世纪70年代后期，因两次石油危机和结构性经济危机的出现，发达国家集中精力发展微电子、新能源、新材料等高附加值、低能耗的技术密集和知识密集型行业，而将钢铁、造船和化工等重工业以及汽车、家电等部分资本密集型产业转移到亚洲部分国家和地区，而这些国家和地区由于要承接从发达国家转移出的附加值相对较高的资本密集型产业，便进一步将劳动密集型及其他低附加值产业转移到东亚其他国家及地区。

20世纪80年代初期，在改革开放政策促进下，珠江三角地区开始积极承担中国香港地区及其他国家制造业的产业转移，“三来一补”是这次产业转移的主要方式，劳动密集型企业如纺织、服装、鞋帽等企业是这次产业转移所带动的主要企业。“两头在外”的加工贸易模式是本次产业转移过程中我国企业的主要贸易方式，在这种贸易模式下，广东等沿海地区只承担简单的产品加工生产，而核心的研发销售环节仍然被中国香港的核心企业所控制。在80年代中后期，珠三角地区进一步承接从中国台湾地区所转移过来的电子加工产业。在这次产业转移过程中，投资办厂与贴牌生产相结合是主要的产业转移方式，所带动的产业主要是一些技术水平比较高的产业，如家电及其他电子产品制造等产业。在20世纪90年代末期，随着国际局势的变化，日本、韩国以及欧美等国制造业进一步向珠三角地区转移，产业转移的类型也更为丰富，服务类型的企业如餐饮业、邮电通信业等也逐渐出现在这次产业转移过程中。虽然，沿海地区承接的产业由劳动密集型逐步演变为资本密集型行业，但仍停留在劳动密集型产业及附加值较低的加工组装环节。而且，随着大量高污染企业的迁入，沿海地区在产业承接过程中付出了沉重的环境代价。但随着大量外资的进入，先进的技术和管理逐步被国内企业吸收，国内企业通过“干中学”迅速提升了自身实力。

2001年，中国加入世界贸易组织，随后产业间贸易增长迅速，贸易指数一直维持在40%左右。在这一阶段，由于我国劳动力要素相对丰裕，再加上我国对高技术产品出口具有很强的政策导向性，因此高技术产品的劳动密集型加工、组装环节迅速向沿海地区转移。而沿海地区依托前期发展所积累的基础设施以及低成本加工生产优势，使其在加入世贸组织初期仍是大量跨国公司将其劳动密集型生产工序分包或转移的首选地区。但在加入 WTO 初期，各行业仍停留在低附加值的产品加工、组装阶段。随后，随着对外开放程度的不断深化，沿海地区把产业结构调整融入全球产业结构的调整中，在对外开放中提升产业结构，并进一步依靠科技进步推动产业结构优化升级，以知识密集型行业为发展目标。

可以看出，劳动密集型和资本密集型行业在前期对外开放的过程中已经打下了坚实的发展基础，但仍以低加工环节、低技术水平和低附加值为特征，随着加入 WTO，对外开放程度进一步加大，垂直化分工深化加强，市场竞争程度逐步升级，产业发展内市场竞争的双重激励作用导致加工程度先升后降。而知识密集型行业处于发展初期，正需要通过对外开放不断吸收外界先进的知识和生产技术，加上知识密集型行业技术含量较高，分工应具有一定的完整性，因此对外开放逐步深化，对知识密集型行业内企业加工程度的提升具有显著的促进作用。

5.6 小　结

本章基于中国工业企业数据和 WTO 关税数据库实证检验了对外开放与企业加工程度高度化之间的关系。研究发现，我国企业对外开放对加工程度高度化的边际效应呈现倒“U”形，即对外开放下的加工程度高度化存在阶段性效应。对外开放初期，制度优化、市场竞争、技术溢出效应的加强，使得加工程度深化效应显著提升。但是随着对外开放加深，企业分工深化加强，加上我国工业企业长期处于加工生产环节的从属地位，会面临市场过度竞争，加工度深化的边际效应出现下降的情况。因此对东部沿海发达地区的所有制造业企业而言（总样本），对外开放会对目前我国企业加工程度高度化产生促进作用，但是由于分工深化的影响，加上可能存在的过度竞争等不利因素，实证结果整体呈现先促进后抑制的表现。

实证研究还表明，企业自身全要素生产率的提升、研发强度的加大、企业存续时间的延长均对加工程度深化存在显著的正向促进作用，企业规模的盲目扩大对加工程度深化呈现负效应，资本密集度的提升对于加工程度深化的促进作用效果并不明显。由于地理位置和对外开放先后差异，我国非东部沿海发达地区企业对外开放程度对加工程度深化影响的显著性低于东部沿海发达地区企业。国有企业样本中二者的关系仍然为显著倒“U”形，外资企业样本一次和二次项系数均并不显著，而私营企业仅呈现显著线性关系；劳动密集型与资本密集型企业的加工程度深化与对外开放程度仍然表现为显著的倒“U”形关系，但是知识密集型企业样本系数一次项显著为负。

对外开放与企业加工程度高度化之间的关系对于指导我国下一步对外开放深化局面下企业转型升级具有重要的作用。当前我国应在不断加快对外开放进程的前提下，通过准入清单、申请审核、关税调整等合理制度设计，提升对外开放层次。根据不同行业与企业性质有针对性地控制对外开放节奏，保持国内市场合理适度竞争。同时，加大对国内企业创新投入的支持力度，通过知识产权保护，优化市场的外部环境；通过高端人才供给、产学研合作，加强企业技术升级、效率提升的内部动力。并且，还要进一步优化沿海经济发达地区与非沿海经济发达地区协调发展，引导国外资本、国内资本在区域间、产业间、企业内的合理配置，通过负面清单、政策引导、产业转移，优化对外开放资本的区域和产业布局，促进各个区域和产业的协调发展。最后，要进一步加快国有企业资本改革，从管资产向管资本合理转变，提升国有企业的改革动力，释放市场活力，加快高技术产业发展、培育战略新兴产业，促使产业发展由劳动力密集型和资本密集型为主导的产业结构向由知识和技术密集型产业主导的产业结构转变。

第6章　对外开放与产业价值链升级

6.1 引　言

产业价值链升级作为产业转型升级的一个重要维度，直接影响了每个产业价值链的地位以及产品生产环节价值分配。根本原因在于区域性的要素禀赋结构发生相对变化，造成比较优势的弱化继而导致要素相互替代程度的改变，进一步作用于产业价值链分工地位，并影响其在全球分工体系中的位置。尤其是在当下中国经济转型时期，随着人口红利的逐步丧失，原本依靠丰富且廉价的劳动力资源参与国际分工继而摘取全球价值链“低垂的果实”的发展方式已难以支撑中国经济的发展。目前，中国面临着严峻的老龄化问题，人口结构不仅表现为数量上的转变也表现为质量结构的调整；外加国家对于绿色发展理念的深度践行，使环境管制逐步强化，原本依靠廉价劳动力、透支生态资源的发展方式难以为继。生产要素禀赋的变化对产业全球价值链参与产生了新的要求，如果要实现进一步发展就不能再继续停留在全球价值链分工低端环节，必须通过系列的措施和手段，逐步引导产业结构转型升级，并实现地区产业在国际价值链分工中的地位跃升，摘取全球价值链分布中“高悬的果实”（刘梦和戴翔，2018）。

产业价值链升级与对外开放密不可分，尤其是在生产全球化的背景之下，各个国家都以自身的要素禀赋优势嵌入了国际生产体系之中，低端生产要素禀赋国家嵌入价值链的低端环节，而高端生产要素禀赋国家则占据价值链的高端环节并攫取更多的产品价值。但要素禀赋的动态转换以及全球化的流动又使得全球分工并不是一成不变的，会因为各自要素禀赋优势的转化而发生调整。例如某地区在低端要素丰裕而高端要素缺乏的时候，会率先根据比较优势发展低要素依赖型产业，这虽然降低和缩短了地区产业发展、资本积累所面临的门槛和所需要的时间，但在全球价值链的大局中，只能参与低价值环节的生产，如果长期依赖原始资源的比较优势，那么在全球化分工的价值链“微笑曲线”中，只能处于低附加值环节（例如加工、组装等环节）。这与早期我国沿海地区大规模承接劳动密集型产业，以低端要素优势嵌入价值链最底端的情景相一致。但随着地区要素禀赋的变化，低端要素价格上升而高端要素价格下降，此时地区难以再继续发展低端要素依赖型产业。根据国际产业转移经验，低端要素依赖型产业将会逐步转移出该地区，而高端要素依赖型产业将会得到发展。此时，地区相对应的产业结构也将根据要素结构的变化逐步发生改变。例如，某地区原先廉价劳动力多，但资本缺乏，随着劳动力成本增加，资本要素成本降低，那么原先廉价劳动力依赖型产业将会逐步演化为资本依赖型产业，因为此时资本相对“便宜”，大量企业用资本替换相对昂贵的劳动力是更加划算的。具体的分工结构则是从“微笑曲线”低端逐步向两端高附加值环节（例如产品研发以及营销管理等）转移。

本章将依据前文产业转型升级理论，对沿海经济发达地区对外开放与产业价值链升级之间的关系进行研究。主要分为两个部分，首先论述了对外开放程度不同将会对全球价值链参与产生何种影响；其次，再继续深入探讨对外开放如何影响沿海经济发达地区产业价值链地位提升。

6.2　地区产业价值链参与现状

6.2.1　测算方法

Hummels 等（2001）较早对全球价值链的相关问题进行了思考，他认为全球价值链分工的实质是产品不再依靠单一国家进行生产，而是成为世界各国及地区协作的产物，并提出了相关的计算方法。但 Hummels 等（2001）所定义的 GVC 参与度仍然有一定的限制，例如他计算的前提条件是进口中间品是无损的，且全部用于了产品的加工和生产。显然，这与事实情况并不相符。尤其对我国来说，加工贸易占外贸的比重大，如果不加以考虑和区别，将对计算结果产生影响。例如，张杰等（2013）以及 Kee 和 Tang（2016）认为，在实际情况中，企业不仅会以直接进出口的方式参与国际贸易，还会通过贸易中介参与到国际竞争中，贸易中介的助推作用虽然提升了企业参与国际贸易的可能性、可行性和积极性，但也有可能产生过度进口和过度出口的现象。但鉴于现实情况约束，在满足研究要求的条件下，本章选择参考 Ahn 等（2011）和 Bai 等（2017）的计算方法，对贸易中介进行识别。同时，综合借鉴张杰等（2013）以及邵朝对和苏丹妮（2017）的计算方法，对相关的计算数据进行处理。

基于此，本章采用的计算公式为：

$$IVC_{it}=\frac{M_{itp}^{total}\mid_{BEC}+\left(\frac{E_{ito}^{total}}{D_{it}+E_{ito}^{total}}\right)M_{ito}^{total}\mid_{BEC}}{E_{ito}^{total}+E_{itp}^{total}} \tag{6-1}$$

其中，下标 p 表示加工贸易，o 表示一般贸易。$M_{itp}^{total}\mid_{BEC}(n=p,\ o)$ 表示综合考虑间接进口后的地区 i 的实际进口中间品量，n 表示贸易方式；$M_{ito}^{total}\mid_{BEC}(n=p,\ o)$ 表示考虑了通过中间贸易代理商出口后地区 i 的实际出口额；$(D_{it}+E_{ito}^{total})$ 为地区 i 的国内销售与其一般贸易实际出口额之和。

6.2.2 地区产业价值链参与现状

1. 总体情况分析

参照现有计算方法，本章对我国各个省市 2000～2013 年地区产业价值链平均参与程度进行了计算，并绘制成图（见图 6－1）。

整体来看，我国产业价值链平均参与程度呈现出上升的趋势，从 2000 年的 18.68%，波动性增长为 2013 年的 27.9%。说明整体上我国全球价值链分工参与程度稳步提升，产业的国际嵌入度、参与度在不断提高。按照不同时段的特征来看，我们可以将 2000～2013 年我国整体产业价值链平均参与度划分为特征明显的三个阶段，分别是：2000～2004 的稳步上升期、2005～2008 年的波动上升期以及 2009～2013 年的缓增期。在第一个阶段，我国的产业价值链平均参与度较低，仅为 18.68%，甚至在 2001 年和 2002 年还略有下降，但在 2003 年后则呈现大幅度增长，达到 23.87%。第二个

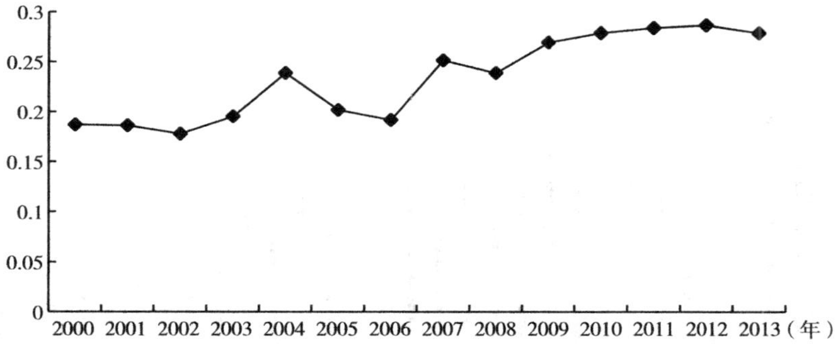

图6-1 我国产业价值链参与程度整体变化趋势

阶段则属于波动性上升期，受到国际局势及金融市场环境的系列影响，我国的产业价值链平均参与度由2003年的23.87%逐步下降，在随后的两年反弹至原来的水平。第三阶段，2009年及以后，我国产业价值链平均参与度呈现稳步增长的态势，且表现出缓增的特点，但在2013年微跌至27.9%，总体增长趋势没有显著变化。

2. 区域间对比分析

根据全国31个省份经济发展情况，并参考地理位置分布等因素。本章将北京、上海、广东等十个省（市）界定为沿海经济发达地区。同时，根据相关方法对各省（市）的产业价值链参与度进行测算和对比分析。

图6-2表示了2000~2013年，我国各省份的平均产业价值链参与度的分布情况。其中，横轴为各个省份的代码①，纵轴表示平均产业价值链参与度。从图6-2可知，各地区平均产业价值链参与度呈现出不同的发展水平，其中沿海省份的平均产业价值链参与度普遍较高。

通过图6-3的对比来看，可以发现，虽然沿海经济发达地区和非沿海经济发达地区都呈现出上升趋势，与国家整体情况的变化趋势一致。但沿

① 图中横轴为各省份的代码，具体为：北京（11）、天津（12）、河北（13）、山西（14）、内蒙古（15）、辽宁（21）、吉林（22）、黑龙江（23）、上海（31）、江苏（32）、浙江（33）、安徽（34）、福建（35）、江西（36）、山东（37）、河南（41）、湖北（42）、湖南（43）、广东（44）、广西（45）、海南（46）、重庆（50）、四川（51）、贵州（52）、云南（53）、陕西（61）、甘肃（62）、青海（63）、宁夏（64）、新疆（65）。

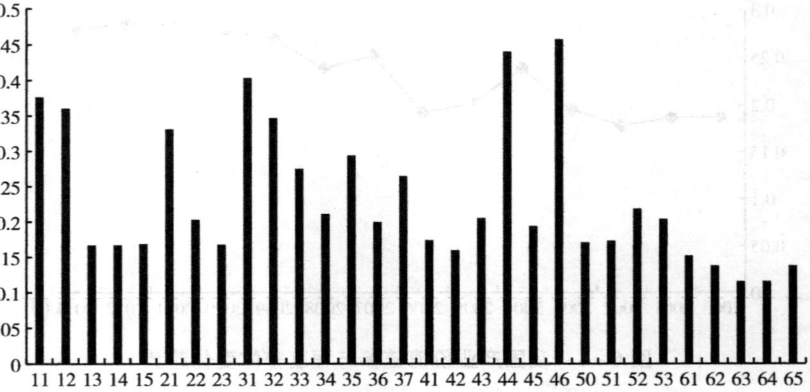

图6-2　全国各省份产业价值链参与度对比分析（2000年）

海经济发达地区产业价值链平均参与度显著高于非沿海经济发达地区，这与现实情况和沿海地区梯次向内陆开放参与国际分工的事实相符。

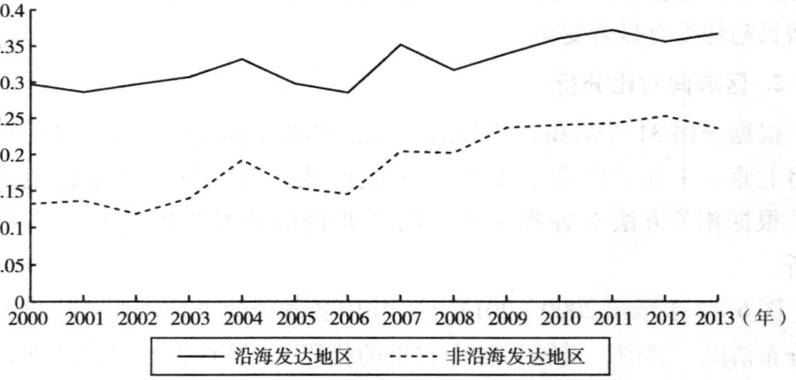

图6-3　不同地区产业价值链平均参与程度变化趋势

2001年，中国加入WTO，基于土地、劳动力的方面的资源优势，迅速参与到全球性的产业分工之中。同时，随着国家一系列外贸政策的支持，企业“出海”的难度大大降低，积极性迅速提升，在一批大企业的带动下，众多中小企业迅速跟随，快速抢占国外市场，深度嵌入全球价值链分工。而且，加入WTO后也促使外资银行、外资医院以及外资企业在中国投资不断增加①，

① 据统计，在中国加入WTO后的两年内，世界500强在华投资企业数量较之于以往10年增长了一倍。

大量境外资本的涌入，为资本相对贫乏的我国提供了充足且稳定的外汇来源。最直接的表现便是沿海率先开放的地区，全球产业价值链参与度稳步提升。外贸依存度较高的国家或地区虽然在短时间内能够参与到全球价值链分工，但同样容易受到国际经济形势的影响。例如，2008年全球金融危机引发全球市场陷入疲软，国际需求降低，高替代性产品出口萎缩，企业国际价值链分工参与受到影响。2009年之后，世界上大部分国家经受了国际金融危机冲击并逐步恢复，需求端被逐步打开。同时中国政府在金融危机后对贸易政策进行了系列调整①，推动出口稳步增长。

同期，随着我国经济的高速发展，地区人力成本、土地成本等不断攀升，原本基于廉价生产要素资源而建立起的优势正在逐步丧失。于是，部分企业将相关生产环境转移到了成本优势更为明显的越南、泰国等国家或地区。生产要素比较优势的轮换，推动我国外贸逐步倾向于“以质取胜”，并逐步转型倒逼各地区参与国际价值链高端竞争。

从各省份国际价值链水平变化的空间分布来看，沿海地区依据其区位优势，和便利的市场条件，成为国家对外开放的前沿阵地，尤其是广东等地区，更是改革开放的试验田和“排头兵”。各种劳动密集型产业及资源密集型产业逐步由欧美、日本以及我国港澳台等发达国家和地区转移过来，并对国家经济发展和产业结构变化产生重要影响。但随着大批量的产业转移，沿海地区在劳动力资源和土地资源方面的比较优势相对于内地逐步丧失，尤其在生产要素资源流动受限的条件下，部分产业由沿海向内地转移，中部及西部地区成为东部沿海发达地区劳动密集型产业转移的承接者。

6.3 实证分析

6.3.1 模型设定与变量选择

参考以往文献的研究方法，本章设立如下模型：

① 在经历了国际金融危机对中国出口贸易的全面冲击后，2009年及2010年的《政府工作报告》中连续两次强调“坚持出口市场多元化和以质取胜的外贸战略，巩固传统出口市场，大力开拓新兴市场”。随后，在国家“十二五”规划中也指出，“要积极开拓新兴市场，推进出口市场多元化”。

$$IVC_{it} = \beta_0 + \beta_1 open_{it} + \beta_2 gov_{it} + \beta_3 RD_{it} + \beta_4 ind_{it} + \beta_5 market_{it} + \varepsilon_{it} \quad (6-2)$$

其中，IVC_{it}为被解释变量，如前文所测算。本模型的核心解释变量为对外开放（$open_{it}$），用地区进出口总额占 GDP 的比重度量。

控制变量包括：政府支出规模（gov_{it}），地区研发支出占比（RD_{it}），第三产业占比（ind_{it}），市场规模（market），以地区总人口来进行度量。

6.3.2 数据来源

本章数据主要来自两个方面：一方面来自 2000～2013 年中国海关数据库和中国工业企业数据库，相关变量均以此为基础计算所得；另一方面来自《中国统计年鉴》《中国科技统计年鉴》。相关变量描述性统计见表 6－1。

表 6－1　　变量描述性统计

变量	均值	标准差	最小值	最大值
IVC	0.2337	0.1147	0.0340	0.6371
open	0.3305	0.4269	0.0366	1.8429
gov	20.9905	15.8676	6.8894	129.1443
RD	0.4204	0.7858	0.0280	6.1416
market	8.0605	0.8708	5.5683	9.2728
ind	40.2392	7.6946	28.6000	76.9000

6.3.3 基础模型分析

基础回归结果见表 6－2。除了在回归中增减不同的控制变量外，本章还通过不同回归方式进行稳健性验证，其中（1）～（2）使用 OLS 估计，（3）～（4）和（5）～（6）分别使用固定效应模型和随机效应模型进行回归计算。从相关回归结果可以看出，对外开放（open）项对地区产业价值链参与度（IVC）的影响显著为正，无论是更换回归模型还是增减回归变量，回归结果均较为稳定。说明，随着对外开放程度的不断提升，地区参与国际价值链分工程度越深。也就是说对外开放将有利于地区参与国际分工，这与既定事实和历史发展相符。

表 6－2　基础回归结果

变量	(1)	(2)	(3)	(4)	(5)	(6)
open	0.0907*** (0.0126)	0.0940*** (0.0143)	0.0091 (0.0263)	0.0527** (0.0252)	0.0319* (0.0229)	0.0369* (0.0207)
gov		0.0096*** (0.0017)		0.0043*** (0.0016)		0.0062*** (0.0014)
RD		－0.0321*** (0.0049)		0.0150 (0.0121)		－0.0062 (0.0089)
ind		0.0010 (0.0007)		0.0036** (0.0018)		0.0032*** (0.0011)
market		－0.0077 (0.0100)		0.1397** (0.0653)		0.0118 (0.0217)
常数项	0.2711*** (0.0144)	0.1730* (0.1019)	0.3312*** (0.0198)	－1.0715** (0.5065)	0.3144*** (0.0276)	－0.0095 (0.1901)
样本数	154	154	154	154	154	154
R^2	0.0838	0.5474	0.2304	0.2813	0.0008	0.2518

注：表中系数右上角 ***、** 和 * 分别表示 1%、5% 和 10% 的显著性水平。

6.4　稳健性与内生性检验

6.4.1　稳健性检验

为防止因为解释变量计算方法不同对回归结果产生影响，本章对解释变量进行了重新计算，用进出口量和外商直接投资占 GDP 比值，作为对外开放的替代变量，并纳入回归模型中；为保障前后回归的一致性，在此继续分别采用 OLS 回归（7）~（8）、固定效应模型（9）~（10）和随机效应模型（11）~（12）进行分别回归。回归结果见表 6－3。从回归结果来看，新的解释变量回归结果仍然显著为正，与前述回归结果相符，说明对外开放与地区产业价值链参与度之间存在正向相关性。

表 6-3　　核心解释变量敏感性检验

变量	(7)	(8)	(9)	(10)	(11)	(12)
open2	0.0902 *** (0.0125)	0.0930 *** (0.0138)	0.0017 (0.0261)	0.0519 ** (0.0253)	0.0271 (0.0226)	0.0354 * (0.0206)
gov		0.0097 *** (0.0017)		0.0043 *** (0.0016)		0.0063 *** (0.0014)
RD		-0.0325 *** (0.0050)		0.0168 (0.0125)		-0.0062 (0.0090)
ind		-0.0056 (0.0100)		0.1500 ** (0.0666)		0.0127 (0.0219)
market		0.0012 * (0.0007)		0.0038 ** (0.0018)		0.0033 *** (0.0011)
常数项	0.2667 *** (0.0148)	0.1450 (0.1033)	0.3359 *** (0.0208)	-1.1671 ** (0.5224)	0.3163 *** (0.0280)	-0.0203 (0.1936)
样本数	153	153	153	153	153	153
R^2	0.2345	0.5492	0.0001	0.2802	0.0001	0.2481

6.4.2　内生性分析

内生性是导致伪回归的主要因素之一。在此，本章参考既有做法，采用 GMM 广义矩估计对可能存在的内生性问题进行处理，并将 open 和 open2 的滞后项作为工具变量纳入模型之中进行回归（结果见表 6-4）。从回归结果来看，在考虑了内生性问题后，回归结果与基础回归之间并无显著变化，说明基础回归结果是稳健的。

表 6-4　　GMM 回归结果

变量	(13)	(14)	(15)	(16)
open	0.0936 *** (0.0134)	0.0957 *** (0.0154)		

续表

变量	(13)	(14)	(15)	(16)
open2			0.0935*** (0.0132)	0.0957*** (0.0151)
gov		0.0099*** (0.0018)		0.0101*** (0.0018)
RD		−0.0319*** (0.0056)		−0.0323*** (0.0058)
ind		−0.0068 (0.0110)		−0.0048 (0.0110)
market		0.0009 (0.0008)		0.0010 (0.0008)
常数项	0.2710*** (0.0154)	0.1631 (0.1125)	0.2663*** (0.0158)	0.1357 (0.1142)
样本数	143	143	142	142
R^2	0.2265	0.5452	0.2304	0.5465

6.4.3 地区之间的对比分析

为进一步探究地区之间可能存在的差异，本章按照空间分布对样本进行了划分。其中，(17)～(19) 是基于全国样本的回归结果，(20)～(22) 是基于非东部沿海地区样本的回归结果。从回归结果来看，无论是整体数据还是划分后的数据，open 变量系数均为正显著，与前述回归结果整体相符。但通过进一步对比回归系数后发现，非东部沿海地区 open 变量回归系数更大，表明当下对外开放对于非东部沿海地区价值链参与程度促进作用较强。这可能是因为沿海地区对外开放较早，对外开放对于地区价值链参与程度作用较为充分，在当下的边际效能有所降低。而非东部沿海地区对外开放较晚，仍有较强的作用空间，故边际作用较强。

表 6-5　　分地区回归检验

变量	(17)	(18)	(19)	(20)	(21)	(22)
	全国所有地区			非东部沿海地区		
open	0.1641*** (0.0116)	0.0644** (0.0307)	0.1364*** (0.0207)	0.1861* (0.0971)	0.3473*** (0.1194)	0.2155** (0.0892)
gov	0.0001 (0.0004)	0.0039*** (0.0006)	0.0027*** (0.0005)	0.0025*** (0.0005)	0.0021*** (0.0008)	0.0026*** (0.0005)
RD	-0.0439*** (0.0062)	-0.0142 (0.0125)	-0.0225** (0.0093)	-0.0464*** (0.0089)	-0.1330*** (0.0323)	-0.0525*** (0.0138)
ind	0.0045*** (0.0008)	0.0011 (0.0011)	0.0032*** (0.0009)	0.0015 (0.0012)	0.0013 (0.0015)	0.0013 (0.0012)
market	0.0128 (0.0082)	0.1493** (0.0619)	0.0473*** (0.0133)	0.0554*** (0.0063)	0.1825 (0.1361)	0.0576*** (0.0081)
常数项	-0.0884 (0.0780)	-1.1117** (0.4972)	-0.3676*** (0.1201)	-0.3926*** (0.0734)	-1.3907 (1.1063)	-0.4049*** (0.0837)
样本数	425	425	425	271	271	271
R^2	0.5005	0.1851	—	0.2536	0.2264	—

6.5 对外开放与企业价值链攀升

6.5.1 理论分析

上述回归结果显示，对外开放有利于推动地区参与国际价值链分工并提升其分工地位。其作用机制可以分为两个阶段，首先随着关税壁垒及非关税壁垒的降低，沿海地区开始大规模承接海外产业转移，相关企业参与到国际竞争，并嵌入国际价值链。其次，随着对外开放程度的增加，和地区产业承接力度的增强，要素资源比较优势发生动态变化，原本向廉价生产要素要利润的发展模式，转为通过创新提升产品附加值和竞争力。靠近国际技术前沿的企业能够通过技术创新构筑起行业“防火墙”，而远离国际技术前沿面的企业则面临被竞争挤压的命运（刘晓宁和刘磊，2015）。

从历史性标志事件来看，我国在加入WTO以后，世界经济政治环境趋于稳定，各国都将促进本国经济发展作为重中之重。例如，在1980年之后，中国在相当一段时间内能够享受到美国的“最惠国关税待遇”，两国之间的贸易在当时呈现出了较强增长，美国也一度成为中国最大外贸伙伴。但这种“最惠国关税待遇”是暂时性的，每年美国会对中国享受外贸优惠情况进行评估，如果评估不通过，则面临税率非常高的“斯姆特－霍利”关税①。“斯姆特－霍利”关税税率较高且具有不稳定性，因此在加入WTO前，“斯姆特－霍利”关税税率与最惠国关税税率之间的差距衡量了外贸政策的不确定性（苏理梅等，2016）。而在加入WTO后，出口产品则可以永久性享受最惠国待遇关税。

企业出口是具有成本的，当企业在决定当期是否进入国际市场时，会进行收益比较并据此作出相关的行为选择。在这种比较中，产生了决定出口与否的生产效率临界点。临界点的两端便是企业参与出口与否的决策依据，当企业生产率高于临界点，那么企业有充足实力和动力参与出口。而对于生产率较低的企业来说，面临同等关税壁垒和非关税壁垒条件下，企业预期收益不确定性大，出口收益难以完全弥补贸易成本，企业出口动力和能力受限，出口参与度较低。但随着对外开放程度的提升，关税壁垒和非关税壁垒降低，原本那些处于出口生产率临界值左侧的企业，面临的贸易成本降低，收入不确定性减弱，出口积极性在一定程度上有所提升。也就是说，对外开放程度的提升，在一定程度上有助于处于生产率临界值左侧的企业参与出口贸易。

在对外开放程度不断提升的条件下，外贸成本逐步降低，出口门槛下降，大量企业能够参与到国际市场之中。在市场容量有限的情况下，国际市场主体的增加必然引起竞争程度的加剧，优胜劣汰市场机制作用下，生产率较低的企业被淘汰，生产率较高的企业倒逼创新，并向价值链高端环

① “斯姆特－霍利”关税的税率是依据1930年的“*The Smot – Hawley Tariff Act*”形成的，虽然中国从未失去这种暂时性的最惠国关税待遇，但出口商始终面临着关税上涨的风险。以1990～2001年美国众议院就关于中国是否继续享受最惠国关税待遇投票为例，投票反对给予中国关税豁免的比例平均达到38%。可见，对于企业来说，关税上涨的不确定性仍然非常高。

境迁移，实现产业价值链的高度化。而在较低水平开放程度下，企业面临政策不确定性较高，低生产率企业创新成本较大，受益能力有限，难以通过创新提升价值链地位继而参与到国际竞争中。例如，Kee 和 Tang (2016) 的研究发现中间品关税减免有利于提升企业出口附加值。因此，综合来看对外开放在一定程度上能够促进企业价值链地位的提升。

6.5.2 模型设定

为进一步验证上述分析，本文构造了新的估计模型：

$$IVA_{jt} = \beta_0 + \beta_1 open_{jt} + \beta_2 open_{jt}^2 + \beta_3 tfp_{jt} + \beta_4 size_{jt} + \beta_5 age_{jt} + \beta_6 inov_{jt} + \beta_7 lk_{jt} + \beta_8 sub_{jt} + year + ind + place + \mu_{jt} \quad (6-3)$$

其中，IVA_{jt}为被解释变量，是对企业价值链位置的度量。$open_{jt}$为核心解释变量，本章仍以行业产品平均进口关税税率的变化作为对外开放的代理变量，相关系数是本模型所关心的核心。同时，根据机制分析，为进一步挖掘以关税变化为特征的对外开放水平的改变与企业产业价值链地位之间的关系，还引入了关税的平方项。tfp_{jt}、$size_{jt}$、age_{jt}、$inov_{jt}$、lk_{jt}以及sub_{jt}为控制变量，对回归中样本企业相关特征等进行控制。year、ind 以及 place 分别表示时间、行业及地区效应。μ_{jt}为随机扰动项。

被解释变量的测度。本章借鉴张杰等（2013）的计算方法对价值链升级进行刻画。但基于现实情况，我国参与国际贸易的企业中，有相当大的比例属于贸易代理商，对此参考张杰等（2013）的处理方式，构造如下模型进行处理：

$$IMP^{all} = IMP^{inter} + IMP^{custom} \quad (6-4)$$

其中，IMP^{all}表示企业实际使用的进口中间产品额，其由两部分构成：IMP^{custom}表示海关记录的企业进口中间产品额；IMP^{inter}表示企业可能从中间贸易代理商所购买的间接进口的中间产品额。IMP^{all}是需要估算出的企业实际总进口额，IMP^{custom}是可从海关数据库中得到的数值。由上述恒等式可知，关键问题在于对IMP^{inter}数值的估算。这一问题则转化为对代理进口产品比例$\frac{IMP^{inter}}{IMP^{all}}$的估算。最终，本章计算得到了企业实际使用的进口中间产品额IMP^{all}。

同时，考虑到资本的折旧所得因素的影响（唐东波，2012）。本章参考单豪杰（2008）的研究成果，在估算企业出口 DVA 过程中对进口资本品的累计折旧进行扣除。具体计算如下：

其中，企业进口的资本品为cap^{all}，资本折旧累积额用 capital 表示：

$$DVA = 1 - \frac{IMP^{all} + capital}{Y} \tag{6-5}$$

其中：

$$IMP^{all} = \frac{IMP^{custom}}{1 - share} \tag{6-6}$$

$$share = \frac{IMP^{inter}}{IMP^{prov}} \tag{6-7}$$

$$capital = \sum \sigma * cap^{all} \tag{6-8}$$

控制变量的选取。为排除其他相关因素的干扰，本章选取了企业层面的控制变量，具体包括：企业全要素生产率（TFP）、企业年龄（age）、企业规模（size）、企业创新（inov）、人均固定资产（lk）和政府补贴（sub）。其中，全要素生产率采用 LP 法（Levinsohn 和 Petrin，2003）进行估计；企业年龄以统计年份与企业成立年限之差的对数来衡量；企业规模以企业员工数的对数来衡量；本章以企业是否存在新产品产出来反映企业创新水平，若企业当年新产品产值大于 0，赋值为 1，否则，赋值为 0；人均固定资产采用企业固定资产净值与企业年末人数之比来衡量；政府补贴以企业是否享受政府补贴的虚拟变量表示，若企业当年政府补贴收入项大于 0，则赋值为 1，否则，赋值为 0。

图 6－4 刻画了我国 2000～2013 年企业平均出口附加值的波动情况，从中不难发现，我国自加入 WTO 以来，出口附加值呈现出逐年上升趋势，平均出口附加值由 2000 年的 0.7 上升至 2013 年的 0.8，这表明国内企业通过参与全球竞争，有效提升了我国企业的出口附加值。

6.5.3　对外开放对产业价值链攀升的影响结果分析

为检验对外开放与产业价值链攀升的影响效应，对模型（6－4）进行回归检验，其结果如表 6－6 所示。其中，第一列和第二列分别表示未加控

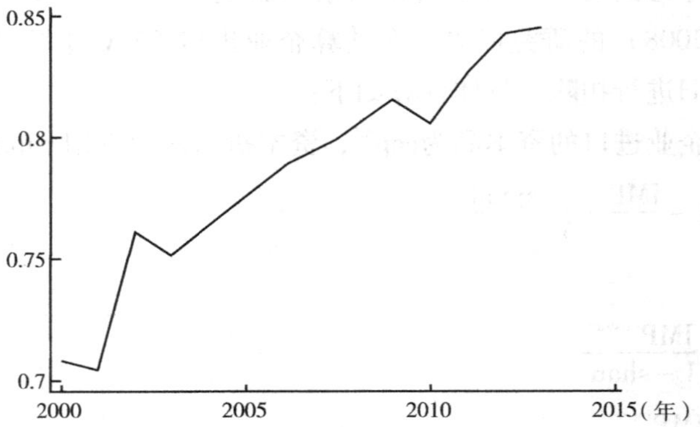

图6-4 平均DVA变动

制变量和加入控制变量的最小二乘回归结果，第三列和第四列分别表示未加控制变量和加入控制变量的固定效应回归结果，第五列和第六列分别表示未加控制变量和加入控制变量的随机效应回归结果。结果显示，不论采取何种估计模型，总体上平均关税税率的回归系数基本显著为正，平均关税税率平方项的回归系数在1%水平下显著为负，表明对外开放与我国沿海地区产业价值链攀升呈现出明显的倒“U”形关系，即随着我国对外开放程度的不断推进，沿海地区企业出口附加值呈现出先升后降的变化特征，由此带来我国出口企业参与国际市场的价值链攀升也呈现先增后降的趋势。

另外，估计模型不论是否加入控制变量，核心解释变量的显著性和影响方向都较为稳健，并且控制变量的回归结果也基本符合预期。总体上，对外开放对我国产业价值链地位攀升的影响呈现先增后降的趋势，一定程度上取决于我国沿海地区对国际产业转移的承接和发展。改革开放初期，沿海地区依靠先天交通优势、劳动力成本优势和政策倾斜，优先承接了大量发达国家及地区资本密集型行业的转移，此时，沿海发达地区产业价值链得到了飞速提升。而随着中国加入WTO，贸易自由化程度不断提升，市场竞争程度也不断加剧，此时国内企业继续依赖国外先进技术和管理经验，来提升其国际价值链地位。但由于国内企业长期深耕于制造业低端环节，沿海地区产业价值链总体偏低的特征并没有发生实质改变。在国际价值链嵌入环节未发生改变前，低端环节的附加值汲取极其有限，最终使得一定时期后产业价值链地位呈现出下降趋势①。

表 6－6　　对外开放与全球价值链攀升

变量	(1)	(2)	(3)	(4)	(5)	(6)
tax	0.7319*** (0.0529)	0.8575*** (0.0679)	−0.3397*** (0.0467)	0.1234* (0.0696)	0.1053*** (0.0408)	0.5978*** (0.0538)
tax^2	−3.2326*** (0.2128)	−3.1246*** (0.2566)	−0.4696*** (0.1720)	−0.9056*** (0.2223)	−1.4358*** (0.1536)	−2.2153*** (0.1875)
tfp		0.0066*** (0.0008)		0.0248*** (0.0010)		0.0141*** (0.0007)
size		−0.0157*** (0.0008)		−0.0292*** (0.0016)		−0.0195*** (0.0009)
age		0.0036*** (0.0012)		0.0535*** (0.0023)		0.0214*** (0.0014)
inov		−0.0074*** (0.0018)		0.0028 (0.0021)		−0.0072*** (0.0016)
lk		−0.0008*** (0.0003)		0.0003 (0.0006)		−0.0006* (0.0003)
sub		0.0657*** (0.0018)		0.0015 (0.0021)		0.0261*** (0.0017)
常数项	0.7541*** (0.0030)	0.7365*** (0.0067)	0.8334*** (0.0030)	0.6410*** (0.0119)	0.8069*** (0.0027)	0.7017*** (0.0071)
样本数	210260	106150	210260	106150	210260	106150
R^2	0.1019	0.1162	0.1052	0.1273	0.1044	0.1194

注：***、**、* 分别表示 $p<0.01$、$p<0.05$、$p<0.1$ 的显著性水平。同时模型中均控制了行业、年份和地区的固定效应。

① 本书相关研究亦如刘晓宁和刘磊（2015）研究发现的那样，靠近世界质量前沿的高质量产品企业会进行技术创新和质量升级以阻止国外竞争者的进入，即贸易自由化对企业产品质量升级产生“规避竞争效应”；而远离世界质量前沿的低质量产品企业即使进行升级也无法阻止国外企业的进入和市场份额的流失，因此会放弃技术创新和质量升级，即贸易自由化对企业产品质量升级产生“气馁效应”。

为进一步考察对外开放对我国沿海地区产业价值链攀升影响的内在差异，我们将沿海地区企业按照所有制性质划分为国有企业（nation）、外资企业（for）和私有企业（prv），再重新进行回归检验，结果见表6-7前三列。

表6-7　　按照企业性质和行业类型划分后的回归结果

变量	按企业性质划分			按行业类型划分		
	(1)	(2)	(3)	(1)	(2)	(3)
	nation	for	prv	labour	capital	knowledge
tax	0.8402*	0.8381***	0.7463***	0.6200***	1.0040***	4.3238***
	(0.5060)	(0.0931)	(0.1691)	(0.1252)	(0.1136)	(0.2717)
tax^2	-2.9580*	-2.8968***	-2.2775***	-5.5125***	-2.1507***	-18.7017***
	(1.7475)	(0.3398)	(0.6489)	(0.4882)	(0.3465)	(1.3828)
tfp	-0.0147**	0.0105***	-0.0063***	0.0389***	0.0026	-0.0135***
	(0.0072)	(0.0012)	(0.0021)	(0.0015)	(0.0018)	(0.0012)
size	0.0152*	-0.0257***	-0.0002	-0.0294***	-0.0004	-0.0079***
	(0.0080)	(0.0012)	(0.0020)	(0.0015)	(0.0019)	(0.0013)
age	0.0103	-0.0134***	0.0064***	-0.0195***	0.0006	0.0202***
	(0.0099)	(0.0019)	(0.0024)	(0.0021)	(0.0029)	(0.0019)
inov	-0.0189	-0.0223***	-0.0010	0.0396***	-0.0210***	-0.0016
	(0.0163)	(0.0026)	(0.0035)	(0.0038)	(0.0044)	(0.0029)
lk	0.1102**	-0.0009	-0.0000	-0.0010	-0.0017	0.0004
	(0.0435)	(0.0018)	(0.0007)	(0.0007)	(0.0014)	(0.0024)
sub	0.0021	0.0565***	0.0176***	0.0676***	0.0345***	0.0665***
	(0.0155)	(0.0026)	(0.0033)	(0.0033)	(0.0043)	(0.0029)
常数项	0.7660***	0.7986***	0.8593***	0.7219***	0.6972***	0.6219***
	(0.0654)	(0.0100)	(0.0154)	(0.0121)	(0.0153)	(0.0151)
样本数	872	52275	15204	32506	17980	40833
R^2	0.0144	0.0213	0.0056	0.0679	0.0118	0.0332

从回归结果中不难发现，不论何种类型的企业，行业平均关税税率的系数均显著为正，平均关税税率平方项的系数显著为负，意味着对外开放

与产业价值链的倒"U"形关系并不随企业所有制的差异而发生变化。无论具有海外背景的外资企业还是本土企业，在对外开放程度不断提升的趋势下，国内企业在全球市场中的产业价值链地位都将经历先增后减的趋势。但仍需指出的是，国有企业和外资企业在产业价值链攀升阶段的正向促进作用要明显高于私人企业，这可能的原因在于，对外开放初期，外资企业的涌入和国有企业的前瞻性使得产业价值链提升效应更加明显。

尽管前文已经证实了对外开放与沿海地区产业价值链攀升呈现出明显的倒"U"形关系，但由于沿海地区在产业分布上依然存在明显的差异，因此，本章进一步将沿海发达地区的企业按照行业性质划分为劳动密集型企业（labour）、资本密集型企业（capital）以及知识密集型企业（knowledge）①，并对三个子样本分别进行回归，其结果如表6－7后三列所示。从中可以看出，不论劳动密集型、资本密集型企业，抑或知识密集型企业，其行业平均关税税率与出口附加值依然呈现出倒"U"形的关系，说明对外开放对产业价值链攀升的倒"U"形关系并不随产业性质的变动而发生改变。另外，我们还发现，在知识密集型产业中，平均关税变动对出口附加值的提升作用要明显高于劳动密集型和资本密集型行业。这是由于改革开放初期，发达国家将大量劳动密集型产业或高技术领域中的加工环节转移至沿海发达地区，短期内对产业价值链提升确实具有一定的推动作用，但随着对外开放程度不断扩大和市场竞争逐步加剧，原本承接产业转移所带来的低端锁定效应逐渐凸显，长此以往，对外开放对国内产业价值链攀升反而存在抑制作用。

6.6 小　结

本部分探讨了对外开放和产业价值链升级之间的关系并进行了相应的

① 行业划分中，劳动密集型行业包括：纺织业、纺织服装（鞋、帽）制造业、木材加工（木、竹、藤、棕、草）制品业。资本密集型行业包括：农副食品加工业、食品制造业、饮料制造业、烟草制品业、造纸及纸制品业、印刷业和记录媒介的复制、石油加工、炼焦及核燃料加工业、非金属矿物制品业、黑色金属冶炼及压延加工业、有色金属冶炼及压延加工业以及金属制品业。知识密集型产业包括：化学原料及化学制品制造业、医药制造业、通用设备制造业、专用设备制造业、交通运输设备制造业、电气机械及器材制造业、通信设备和计算机及其他电子设备制造业以及仪器仪表及文化、办公用机械制造业。

实证检验。首先，本章从较为宏观的角度探讨了对外开放和地区产业价值链参与度之间的关系。整体来看，各地区产业价值链参与度随着对外开放水平的逐步扩大呈现持续上升的趋势，但从地理分布来看仍呈现“东高西低”的地理分布格局。其次，本章进一步通过计量分析检验了对外开放与地区产业价值链参与度之间的关系，发现对外开放与地区产业价值链参与度之间呈现显著的正向关系，即对外开放有助于地区产业价值链参与度的提升，且东部沿海经济发达地区对外开放对于地区产业价值链参与度的边际促进作用要弱于其他地区。最后，本章进一步细化分析维度，探讨了对外开放与企业产业价值链地位提升之间的关系。发现对外开放与企业价值链地位升级之间整体上呈现倒“U”形的关系。这主要与中国在对外开放过程中对国际产业转移的承接及发展特征有关。

第7章 “逆全球化”背景下如何应对产业转型升级

7.1 “逆全球化”兴起、具体表现及根源

7.1.1 “逆全球化”兴起

自2008年金融危机以来，全球范围内经济持续衰退，各个国家都相继收紧开放力度。西方主要资本主义国家的国际战略出现较大幅度的调整，“逆全球化”浪潮在兴起并全球蔓延。当初极力推崇“全球化”的英美等资本主义国家一反常态，表现出极强的“逆全球化”动向，尤其在2016年英国脱欧公投事件、2017年美国特朗普政府上台后，“逆全球化”公然成为一种思潮，时至今日，甚至成为西方资本主义国家常态化的对外政策。当前百年未有之大变局与新冠疫情全球大流行交织叠加，世界已全面进入动荡变革期，全球化日益走向重塑阶段，从“超级全球化”走向“有限的全球化”。

事实上，纵观近代史，这已经不是第一次出现“逆全球化”思潮了。早在19世纪末，随着第二次工业革命的蓬勃兴起，英国凭借大力发展电力工业、汽车制造、飞机制造、石油化工等新兴产业，率先完成工业革命并迅速成为全球经济第一大强国。与此同时，英国依靠便捷的海上运输方式，主导了第一次全球化进程，并迅速奠定了全球“世界工厂”的大国地位，由此享受了一大波全球化所带来的经济福利。这种全球范围内的国际

贸易和要素资源大迁徙直到第一次世界大战和经济大萧条才得以终止。1929 年金融危机导致了美国经济遭受重创，其影响迅速扩散至欧洲和亚洲地区，全球金融秩序和国际贸易市场遭到严重破坏。在此背景下，以美国罗斯福总统为首的西方国家纷纷开始收紧贸易政策，逐渐加征进口关税，"以邻为壑"的国际贸易战和货币战愈演愈烈，第一次"逆全球化"思潮开始正式兴起。

回头看近年来盛行的"逆全球化"，我们就能看出此次"逆全球化"的过程存在诸多相似之处。第一次"逆全球化"受战争和经济危机的双重影响，遭受重创的国际金融秩序难以保障国际贸易的顺利运行，第二次世界大战后，为了保障国际贸易和国际货币的正常运转，全球主要国家倡议并成立了世界银行和国际货币基金组织，形成了以美元为中心的国际货币体系，同时也签订了《关税与贸易总协定》，后来又被世界贸易组织取代，这一系列的贸易机构调整显然加快推动了国际技术人才和商品的跨国流通。随着全球专业化分工和国家间经济依赖程度的日益加深，世界经济出现多极化发展，亚太经合组织、欧盟、北美自由贸易区相继成立，将第二次全球化进程推向了新一轮高峰。正当全球化的概念开始被越来越多国家推崇和接纳时，2008 年的次贷危机再次打破了这一美好愿景，美国经济遭受沉重打击，而后美国便开始调转方向实施贸易保护政策，截至 2009 年底，美国对各个国家发起的各类贸易救济案件多达 50 余起。与此同时，为了扭转对外贸易过程中逆差问题，美国利用手中美元的世界霸权地位，开始实行量化宽松的货币政策，试图将经济危机所带来的影响转移给全球各国，以此缓解美国国内的经济压力。2016 年以来，各种黑天鹅事件给原本动荡不安的国际经济秩序又增加了更多的不确定性，比如坚持"美国优先"原则的美国特朗普政府上台后，签署废除 TPP 的行政令、修建"美墨"边境墙、退出巴黎协定和联合国教科文组织等一系列措施，均带有浓厚的贸易保护主义色彩。再加上不断恶化的局部地缘冲突，世界贸易对全球经济的影响日益疲软，"逆全球化"已然客观存在。

7.1.2 当代"逆全球化"的具体表现

2008 年，美国次贷危机引发金融危机并迅速席卷全球，各国经济逐渐出现停滞甚至衰退迹象，一些国家将其归因于全球化的影响，并纷纷开始实施“逆全球化”的贸易政策。目前，在全球新冠肺炎疫情大流行和国际格局大调整的交织时代，全球化进程遇到前所未有的阻碍，为“逆全球化”思潮的“合法化”、国家化和极端化提供可乘之机。从近些年西方国家贸易政策的调整看，当前“逆全球化”思潮的具体表现可归纳为三个方面：新型贸易保护主义兴起、英国公投脱欧和美国伪多边主义。这些政策之间存在着密切的关系，并起到互相激发的作用。

1. 新型贸易保护主义兴起

2008 年金融危机爆发后，尽管很多国家的经济都遭受了巨大冲击，但全球化仍然受到大多国家的追捧，“逆全球化”并没有构成时代主流，因此，加征关税、许可证和贸易配额等传统贸易保护手段受到了世界各国和世贸组织的强烈谴责，具体的实施过程受到了一定约束。但遗憾的是，贸易保护主义思潮并没有随之消减，新型贸易保护手段层出不穷，并且相比传统贸易保护手段更加隐蔽和复杂，譬如反补贴、反倾销调查。据 WTO 统计数据显示，2016 年全球新发起反倾销调查和反补贴调查分别为 298 起和 24 起，均创历史新高，相比 2015 年分别增长 30.13% 和 60%，显然，反补贴和反倾销调查已经成为很多国家常用的贸易保护手段。图 7－1 刻画了全球主要国家发起的贸易反倾销数及美国反倾销数的全球占比，从中不难发现，自 2008 年后美国反倾销调查数呈现出明显的逐年上涨趋势，2017 年美国反倾销调查数量的全球占比更是超过了 20%；印度一直是反倾销调查大国，基本属于滥用反倾销程序；而中国和欧洲六国的反倾销调查数在

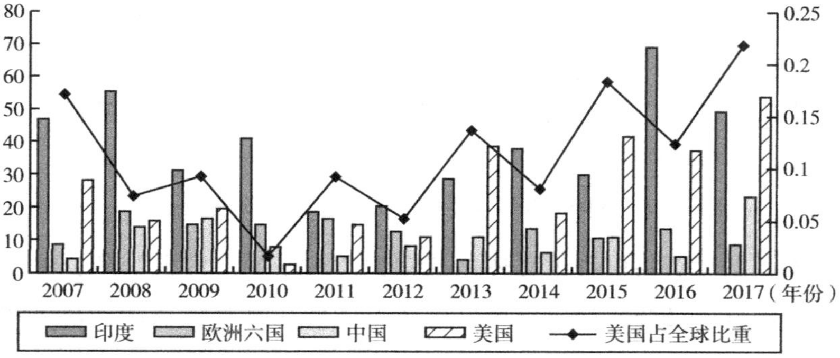

图 7－1 世界主要贸易国家的反倾销数及全球占比

2015年前基本保持平稳状态，随后欧洲为了追随美国的步伐，中国随即采取了一些反制措施，2015年后中国和欧洲六国的反倾销调查数出现了一定的增幅。由此看出，以美国为主导的“逆全球化”对全球贸易和世界格局都产生极为深远的影响，据统计，自特朗普上台至2017年7月，美国对G20贸易伙伴商业利益的贸易打击数多达189次，远超奥巴马时期的平均打击次数。

由于过去很长一段时间全球化浪潮为世界各国经济带来了飞速增长，关税税率这一显性贸易壁垒逐渐消除，技术密集型产品在全球贸易中的比重日益增加，随着知识产权保护意识的增强，加之西方发达国家意识到前所未有的赶超危机，西方发达国家开始借助技术贸易壁垒来限制竞争对手。与此同时，一些工业发达国家以环境保护、绿色发展为借口，凭借其经济和技术的垄断地位，通过制定一些严苛的环保措施和质量标准，构建一道绿色屏障，称之为绿色壁垒。由于技术壁垒和绿色壁垒具有一定的合理性、隐蔽性和不易监督性，因此，这些隐性贸易壁垒成为很多国家在经济低迷期常用的贸易保护手段。如图7－2所示，在世界非关税壁垒中，技术性贸易壁垒实施的次数要明显高于其他非关税壁垒，并且总体上非关税壁垒呈现出逐年上升的趋势，说明近些年全球采取非关税壁垒的贸易保护主义手段逐渐成为阻碍经济全球化的重要因素。

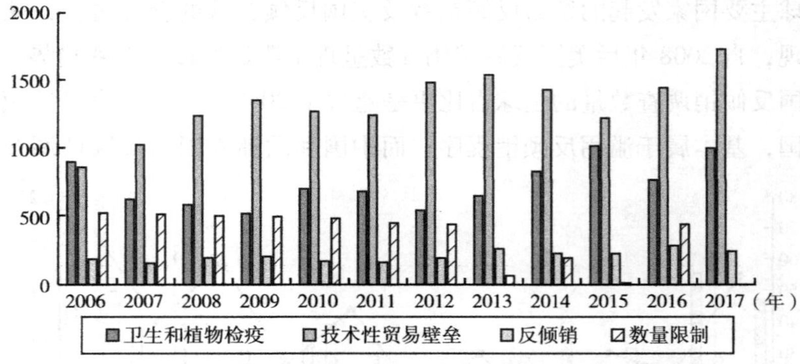

图7－2　2006～2017年世界启动的非关税贸易壁垒数①

另外，新型贸易保护主义还包括知识产权壁垒、贸易管理、关税配额和出口补贴等，这些新型贸易保护主义手段更加具有隐蔽性，在实际贸易

① 数据来源：http：//i－tip. wto. org/goods/Forms/GraphView. aspx？period＝y&scale＝ln。

过程很难识别。比如一些工业发达国家为避免本国核心技术外流，对本国高技术产品实行限制出口政策，而通过加征高昂的知识产权保护费来限制来自发展中国家的产品。又比如劳工标准、区域性协议、限制性援助等贸易管理措施，均带有浓烈的贸易保护主义色彩。

2. 英国公投脱欧

2016年6月23日，英国针对是否脱离欧盟举行全民公投，最终以51.89%的微弱优势完成脱欧。国内学者都普遍认为，英国脱欧是当今世界“逆全球化”的一个典型案例，这不仅对英国的政治、经济产生重大影响，也将对欧盟经济一体化产生巨大的离心力。欧盟作为全球第一大经济实体，是引领全球区域经济一体化的排头兵，英国脱欧打破了区域一体化发展的原则，实则就是对全球化的一种背离。作为曾经的全球经济霸主，英国在融入全球化和区域经济一体化过程中，并没有获得太多优越感和归属感，反而频频被其他国家分割更多的福利和“蛋糕”，英国人则用投票退出欧盟来表达自己民粹主义的主张，以此宣泄对移民过度涌入、就业机会紧张、外来商品激增等方面的不满情绪，因此，英国脱欧反映了全球化利益分割模式与传统优越的国家意识的激烈冲突，以及全球化过程中瓜分更多“蛋糕”的上层阶级与遭受就业危机和福利损失的基层民众的冲突。细究英国脱欧的选票数据就不难发现，高比例选择脱欧的选民大多出现于教育水平较低的地区，而高比例选择继续留欧的选民更多来自教育水平更高的地区，基于选票的统计也发现，接受中等教育及以下选民支持脱欧的比例高达70%，接受高等教育以上的选民支持脱欧的比例为32%，这意味着英国加入欧盟和推进全球化进程中，高级技术人才往往是其中最大的获益者，而普通的基层民众则获益极少，甚至沦为经济一体化的受害者，这也就不难理解英国大部分民众产生抵制欧盟抵制全球化的心理。另外，在全球化和经济一体化过程中，相比其他国家，英国所得贸易福利比例逐渐缩减，由此不免产生不平衡心态和危机意识，为了扭转这种全球化利益分配不均和维持自身的优越感，英国便最终选择背离全球化的道路。

3. 美国伪多边主义

当今世界以大国局势演变和集群竞合博弈为主的全球局势特征日益加强，尤其是以美国为主的西方霸权不遗余力地粉饰民主人权价值理念，将西方价值观凌驾于其他国家意识之上，并美其名曰站在重构国际秩序规则和重塑民主自由形象的制高点，大搞俱乐部式、小圈子式的民主国家联盟，并肆意制裁其他国家，企图重振排他性、歧视性和的等级性的小阵营联盟体系，这一系列操作无疑暴露了美霸权试图重返多边主义、重建价值权威和重拾盟友体系的野心，其“以多边主义之名，行单边霸权之实”的伪多边主义昭然若揭。尤其在特朗普宣誓就任美国总统以来，全面实施以“美国优先”“创造就业”为目标的内政外交政策，无一不是民粹主义的集中体现，将“以邻为壑”单边主义等“逆全球化”举措奉行到底，比如退出 TPP、退出事关全球气候变化的《巴黎协定》、退出联合国人权组织、退出伊朗核协定等频频“退群”行为，无疑给世界未来走向带来更多不确定性，既一定程度上损害美国人民的利益，也阻碍了经济全球化进程。2021 年初，拜登击败特朗普当选为美国第 46 任总统，自此逐步调整美国价值观外交政策，不断加大四方对话、五眼联盟、七国集团等“包围圈”的合作力度和协作水平。在基础设施领域，以“B3W”基建计划作为着力点企图遏制中国“一带一路”倡议，凸显基建战略竞争的泛意识形态化倾向，为稳固全球化领导权争取缓冲空间。尽管拜登上台后，美国的战略重心有所调整，与前任特朗普政府消极的发动关税战等惩罚性竞争不同，更多是拉拢盟友采取科技竞争和意识形态竞争来博弈，但推动大国冲突对抗、奉行“逆全球化”的根本主线并没有发生改变。

7.1.3 “逆全球化”的根源

进入 21 世纪以来，国际局势风云诡谲，“全球化”进程中一系列严重挑战接踵而至，“逆全球化”思潮频频登上历史舞台，其背后必然有着深刻原因。从根本上讲，由于近年来全球经济持续疲软，各国就业压力不减反增，内外矛盾层出不穷，世界经济尚未从全球金融危机漩涡中彻底挣脱出来。与此同时，以中国为主的发展中国家经济表现和国家治理较为亮眼，发达国家日益感到其全球地位遭到严重威胁，加之发达国家内部收入分配不均加剧，社会不稳定和不安全感不断增强，普通民众开始偏向于民族民粹主义，并高举“逆全球化”大旗。尤其是不期而遇的全球新冠肺炎疫情大暴发再次将全球经济陷入持续动荡和衰退中，“逆全球化”声浪更是甚嚣尘上。具体包括以下几方面：

1. 金融危机余波未散

逆全球化”的呼声在2008年金融危机后渐起，根源在于全球经济整体疲软。一方面，正如图7－3所示，自2008年后，全球主要国家经济全面下滑，2009年甚至出现负增长，尽管2010年后经济有所复苏，但总体增长速度与经济形势依然较为严峻，发展前景不容乐观。在此环境下，一些国家以维护本国企业利益为由，为了给本土产业创造更多的国内市场份额，纷纷采取反倾销、反补贴等各类贸易保护措施，试图将金融危机引发的国内经济矛盾转移至外部。从另一方面来看，在加入WTO后，利用劳动力成本优势和制造业规模效应迅速打入国际市场，中国经济增长势头强劲，即使在金融危机时期，中国GDP也保持近10%的增长增速，这对于负增长的美日英等发达国家，无疑是巨大的心理冲击。发达国家也意识到中国快速增长对其国际地位构成一定威胁，因此，发达国家开始频繁对中国实施的贸易保护措施，比如发动贸易战、限制中国出口等。自2008年美国次贷危机引起国际金融危机后，美国对华调查频率和涉案金额之高，达到了自1980年来对华贸易救济调查立案数量的最高值，这在世界贸易救济史上也非常罕见。

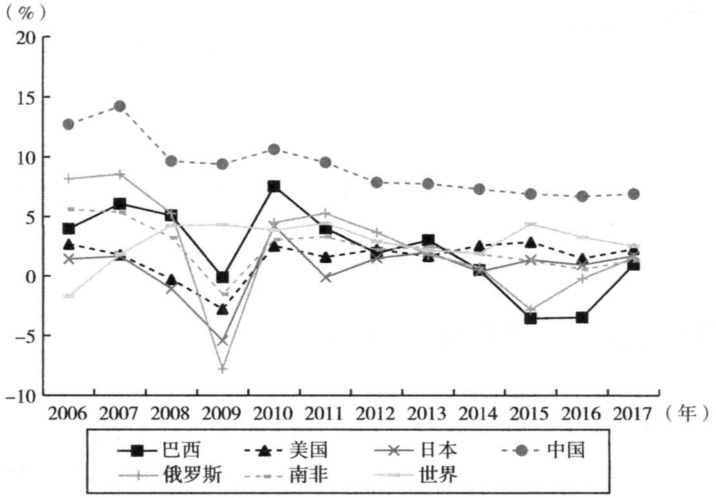

图7－3 世界及主要国家经济增长趋势（GDP增长率）①

① 数据来源：http：//finance. sina. com. cn/worldmac/indicator_NY. GDP. MKTP. KD. ZG. shtml。

由于金融危机爆发后世界各国经济陷入了衰退期，工厂为应对产品需求骤减所引起的成本压力，开始纷纷减产并缩减相关工作岗位，由此导致国内失业率迅速攀升。从图7－4不难看出，美国、日本、俄罗斯等国家在2008年金融危机后的失业率显著增加，尽管2010年后失业率有所好转，但依然处于世界平均失业率之上，直至2017年前后才恢复到金融危机爆发初期水平。而中国通过实施各类提振经济和增加各类就业举措，使得总体失业率一直保持相对稳定的状态，并处于世界平均失业率以下。但从英美等西方发达的情况看，普通民众对国家提振经济缺乏信心，对自己现有工作并不满意，甚至担心随时可能失去工作。正是在此背景下，特朗普凭借“创造就业，让美国更强大”等一系列承诺获得基层民众的广泛青睐，在美国总统竞选过程中一举获胜。特朗普上台后，便以“制造业回归”及“创造就业”为由，大力实施进口限制加征关税，对华企业发起“301调查”，疯狂对华发动贸易战，这些都是美国打着保证就业、再工业化和维护国家利益的名义，发起的“逆全球化”行为。

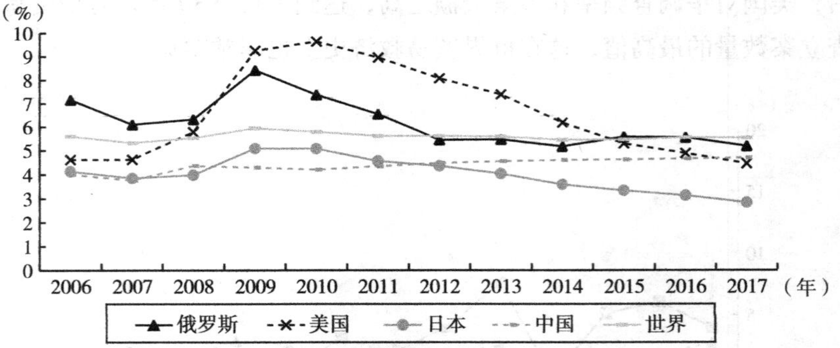

图7－4　世界及部分国家失业率趋势①

2. 利益分配不均，贫富差距拉大

“全球化”是一个充满矛盾对立的动态进程，伴随着机遇与挑战、融合与冲突。20世纪末，全球化开始逐步在世界范围内完成体系构建，并且成为世界经济发展的主流，国际贸易和跨国投资也逐渐被广泛应用。在此过程中，随着全球化的不断推进，资本、劳动力要素的全球性转移和国际

① 数据来源：http：//finance. sina. com. cn/worldmac/indicator_NY. GDP. MKTP. KD. ZG. shtml。

分工的重构必然引发全球产业链和经济利益格局的调整，少数西方大国及其跨国公司成为经济全球化的最大获益者，瓜分了全球化所带来“蛋糕”极大部分，部分发展中国家在经济、政治和社会等各方面都要受制于人，只能收获全球化带来的“残羹剩汁”，甚至有些发展中国家因此造成政局动荡和经济衰退，因此，全球化在一定程度上造成了国家间利益分配不均的现象。与此同时，全球化引致的产业转移还可能压缩产业转出国的就业和收入空间，对产业转入国的传统产业较大的冲击作用，导致落后产能的企业被挤垮、员工收入下降甚至丢掉饭碗，最终都加剧国内收入不平等和贫富差距。除此之外，不论发达国家还是发展中国家，获益更多往往都是上层“精英阶层”，而底层民众获益都只是“杯水车薪”，甚至对其就业和收入造成不小的冲击。因此，全球化往往会造成精英阶层和普通民众的贫富差距加大。

图7－5报告了1930～2015年全球部分国家收入在前1%的人口占社会总收入的比例。我们可以看出，绝大部分的国家财富基本都掌握在精英阶层手里，两次全球化都增加了上层精英阶层的财富比例，意味着全球化加剧了收入不平等现象，穷则越穷，富则越富，在美国为首的发达国家，收入分配不均这一现象尤为突出。正是由于这一原因，使得精英阶层与普通民众的矛盾日益尖锐化，从而造成发达国家的普通民众开始纷纷抵制全球化。

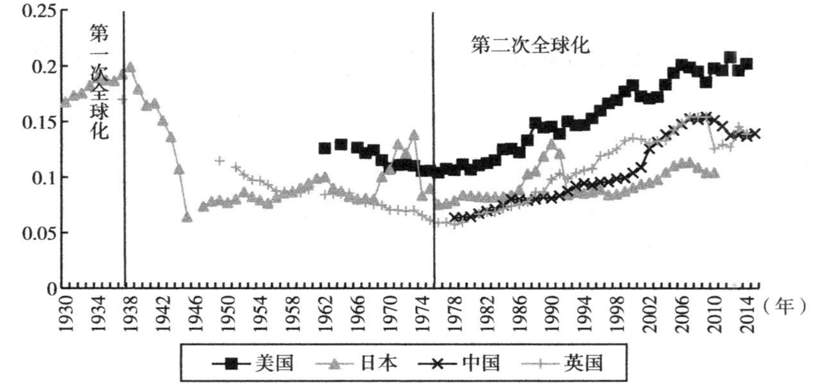

图7－5 世界部分国家收入在前1%的人口占社会总收入的比例

3. 发达国家赤字严重，发展中大国的地位不断提高

在全球经济一体化进程中，全球各个国家依托本国比较优势，大量劳动密集型和资本密集型产业出现了大规模跨国转移的现象，以中国、印度和马来西亚等为代表的新兴经济体依靠本国的劳动力低成本优势和资源优势，在国际市场逐渐崭露头角，出口规模不断增加，并迅速展现一定的国际竞争力，逐渐取代西方发达国家原有的市场份额，发展中国家逐步成为世界制成品的主要供应商。由于产品国际市场份额的替代效应，发达国家的贸易赤字不断加剧，这种外部贸易失衡使得部分发达国家开始萌生贸易保护主义的想法。尤其在2008年金融危机爆发后，西方发达国家的经济全面衰减，国内失业率激增，而发展中国家凭借自身强劲的经济韧性和制度优势，展现出较好的经济复苏能力和持续竞争力，由此加剧发达国家和发展中国家之间的贸易不平衡性。根据国际基金货币组织发布的全球29个经济体的《外部风险报告》，自金融危机以来，英美等发达经济体国际经常账户的贸易逆差正在不断加剧，德、韩等国依然是国际经常账户大规模顺差的大户，而新兴经济体和发展中国家的外部贸失衡问题有所改善。西方发达国家正是意识到贸易偏差使得发展中国家的国际地位不断增强，对自身的国际地位造成一定威胁，由此引发其贸易保护主义情绪，譬如美国对中国贸然发动的贸易战，就是企图以此缓解自身贸易赤字问题。但遗憾的是，这样非但不能自身贸易失衡问题，还会损害美国本国民众福利，同时也会加剧世界贸易紧张局势。

7.2 “逆全球化”对产业升级的冲击作用

“逆全球化”思潮的抬头，直接减少了双边国家贸易投资，无法发挥各国产业比较优势，降低全球各国整体社会福利，尽管全球化是不可逆的，但受政治格局、全球宏观经济因素的制约影响，“逆全球化”对全球贸易与产业升级势必将产生深远影响。

7.2.1 “逆全球化”倒逼企业自主创新

“逆全球化”实质在于为扭转东道国在国际贸易中的主动地位而采取

的一种贸易保护政策，短期内直接的表现形式为双边贸易投资额的降低；长期来看，由于贸易壁垒强度的增加，“逆全球化”引起我国国内贸易制度调整，并引导企业积极培育自主创新能力，进而对国内产业升级产生一定的倒逼促进作用。比如欧美国家对中国高端技术进行技术封锁，然而这种壁垒行为造就了中国航空航天技术、高铁等领域的全球领先。

从宏观层面看，我国已然成为全球第二大经济体、第一大工业产品制造国、第一大货物贸易国及第一大外汇储备国。完备的工业体系、超大的经济体量都使得中国具有较强的风险抵御能力。尽管当前国际局势风起云涌，美国为首的西方国家逐渐增加贸易壁垒，频繁对我国对外贸易发起无端制裁，贸易保护主义渐有盛行之势，但我国凭借强大的贸易网络和内需市场，完全有能力应对一切国际环境的冲击。如2017年中国经济增长内需贡献超过90%，贸易依存度下降到33%，为应对国际贸易环境的日益恶化，中国适时调整发展战略，积极扩大内需，有效提升内循环经济发展模式，避免过度依赖西方国家而陷入产业发展僵局。从企业层面看，中国已经深度融入世界产业链和价值链，并逐步形成你中有我、我中有你的贸易网络关系。经过40年卓有成效的改革开放，中国企业遭遇过多次贸易摩擦，经过两次世界金融危机，培育了较强的抗压能力，具有充分的活力与韧劲。美国发起的贸易摩擦，非但不能限制我国产业发展，一定程度上反而倒逼我国企业强化自主创新能力，突破国外关键技术“卡脖子”，成为诱发我国产业转型升级的源动力。从供给侧结构看，美国对我国部分出口商品加征关税，甚至限制特定产品出口至我国，并逐步延伸至产业链和价值链上下游，显然，这一定时期内可能造成我国产业供应紧张的局面，但在长期，反而增强我国企业应对国际贸易摩擦的抵御能力，提升产业链供应链韧性。面对“逆全球化”的兴起，依靠我国特有的制度优势和风险防范意识，国家和企业对其应对都会游刃有余，并体现出良好的“逆境优势”，企业通过提升自主研发能力摆脱西方国家对我国核心技术的封锁，进而实现我国产业转型升级。

7.2.2 平衡虚实产业结构，防范产业空心化

由于发达国家内部劳动力成本提升和国内市场日趋饱和，于是他们试

图将传统产业的发展拓展到海外市场，而由于庞大的市场空间和廉价劳动力，发展中国家便成为最佳选择。随着经济全球化与信息全球化的深入蔓延与普及，诞生了一大批以信息技术为支撑的跨国企业，为加快产业全球化转移和生产要素流动搭建稳定的平台。而且发达国家通过跨国企业这一平台实现传统产业向发展中国家转移，一方面，推动了发展中国家的工业化进程和产业发展，另一方面，导致发达国家国内以信息技术产业、金融产业及互联网等虚拟经济为主，造成产业发展由实向虚转换，甚至虚实产业失衡。

中国改革开放以后，高速经济发展及工业化进程的持续推进、产业创新能力的快速提升，在一定程度上都得益于对国际产业转移的承接。在改革开放初期，我国主要依靠庞大的市场规模和廉价的劳动力成本优势成为全球产业转移的接收主体。伴随着开放进程的推进及资本、技术等高端要素资源的积累，我国产业结构高度化与合理化都得到了快速提升，我国在全球产业转移中的角色开始由接收主体向转移主体转变，通过合理调节我国产业海外转移和资源要素配置，达到优化我国产业结构的目的。随着工业化进程的完成，沿海经济发达地区也必然要经历由工业经济向知识经济转变的产业升级，从而造成实体经济与虚拟经济的失衡。

"逆全球化"思潮的出现，一定程度上阻碍了生产要素资源在国际区域间流动，进而限制我国沿海经济发达地区传统制造业等实体经济向海外转移，抑或推动沿海经济发达地区实体经济回潮。但从长期来看，"逆全球化"反而能够平衡地区虚实经济发展，防止经济发达地区在产业升级的影响下造成实体经济外流而产生产业空心化。

7.2.3 "逆全球化"与产业结构重建及转移

随着信息社会、后工业化社会及经济全球化的全面蔓延与发展，技术已经逐渐成为传统生产要素中最重要的一员。经济全球化的重点在于合理整合全球要素资源，发挥各自比较优势，最终实现世界产业结构的重构（restructure）与转移（shift）。"逆全球化"一方面限制了要素资源在全球范围内的自由转移，进而阻碍我国向海外寻求低成本生产市场而形成的产业转移。另一方面，降低了生产要素在全球范围内的自由流动，进而减缓全球产业结构重构速度。如果在全球传统产业大举转移之时不能及时跟上全球产业高度化的步伐，传统制造业的技术含量提高不快，就可能落入产业空心化的陷阱，导致经济发展的长期衰退。

中国沿海地区是这场国际产业转移接力赛中的重要一环，在吸收产业转移中获得了近20年的高速经济增长。从我国产业布局来看，沿海发达地区主要以金融业、服务业、高端制造业为主，其他依赖资源或劳动力的产业逐步转移至中西部地区或海外，国内跨地区产业转移有利于充分发挥地区比较优势，但也可能造成资本和技术全部流向东部沿海地区，区域差距反而更大；国际产业转移虽然可以避免国内资源不足和劳动力成本上升的问题，为国内发展高端制造业、信息技术、服务业腾出巨大的生产和研发空间，但也有学者提出一定的担忧，传统产业过度向海外转移可能造成国内实体经济空心化问题，一旦国际经济发生动荡起伏，会使国内陷入实体经济难以为继的危机。总之，“逆全球化”思潮对我国产业转移和国际产业重建造成一定负面影响，但出于产业转移的双向效应，沿海发达地区可将产业海外转移向跨地区转移转变。

7.2.4 阻碍我国制造业全球价值链地位提升

一国对于贸易开放的心态与政策归根结底取决于贸易福利的得失计算，在当今各国经济紧密联系的全球化时期，经济开放的时代潮流很难为个别国家的政府言行或是政策干预所左右。有别于传统的国与国之间的分工格局与贸易行为，当前全球化具有以下突出特征：以全球价值链分工体系为基础，以微观企业跨国经营活动为载体，以供应链不同环节的增加值核算为依托，以中间投入品贸易为主要贸易方式。在这种以微观企业跨国活动为基础的全球价值链分工网络中，各国经济之间逐渐形成“一荣俱荣、一损俱损”的国际贸易风险共担机制。在这一深度融合的价值链分工体系中，国与国之间划分的国际分工边界已经被极大弱化，也决定了单个国家难以凭借单边国家主义行为来实现自身利益最大化。从全球价值链视角看，一旦供应链的任何一个环节受到外部冲击，都会通过放大效应作用于整条供应链引发贸易额的大幅缩减。价值链通过研发、设计、生产、销售、交货和售后服务等各个环节将来自不同国家与地区的企业通过上下游产业分工关系紧密联系在一起，形成了“一损俱损”的风险共担现象。

既然价值链分工已经将来自世界各地的不同国家企业通过复杂的供应链关系紧密联结在一起，此时就很难像传统国际贸易那般凭借个别国家的贸易干预政策来达到预期目的。与此相反，新型全球化格局下一国企业重点考虑的问题从专业化分工生产何种商品转变为应该位于价值链条何种位置。从产品生产流程中研发、原材料供应、零配件生产、深度组装最终品到市场销售的价值链序贯分工特征来看，不同价值链分工环节不仅决定了一国企业从全球化生产所能获取的收益多少，而且对一国企业在贸易危机时期的风险防御能力具有关键影响，这一点对发展中国家企业参与全球化尤为重要。

毋庸置疑，在过去几十年时间里，我国在国际产业分工中的地位在逐年提升，产业价值链的全球地位也由微笑曲线的低端生产加工向高端深加工、高附加值生产转移。而“逆全球化”则是西方各国保护自身产业发展，减少全球各国在生产要素或产品的贸易合作交流，增加双边投资贸易壁垒，对于正处于全球产业分工地位逐年上升阶段的中国而言，西方发达国家则正是以贸易保护主义为实质阻碍我国在全球贸易中获得优势及产业价值链的提升。

7.3 “逆全球化”的应对措施

新型贸易保护主义的层出不穷、英国脱欧的猝不及防再加上民粹主义的步步紧逼，这些“逆全球化”趋势是会愈演愈烈还是会逐渐消退，本书认为现阶段不论是“逆全球化”还是“全球化”都将继续存在，并且会形成一个相互制衡相互博弈的状态。只有出台行之有效的应对措施才能避免我国在复杂的国际环境中蒙受巨大贸易损失，同时又不会影响我国产业转型升级的速度和方向。

7.3.1 转变贸易增长方式

随着近年来我国对外贸易总量的不断增长，对外贸易的质量提升问题也迫在眉睫。通过优化出口商品结构、提高产品技术含量和附加值来转变我国贸易增长方式，由此实现我国从贸易大国到贸易强国的转变，提升我国应对国际贸易局势的不确定性，同时更好地赋能国内产业升级。

1. 增加劳动密集型产业的竞争力

我国的传统出口优势产业是劳动密集型产业，这主要得益于我国丰富的劳动力资源和偏低的劳动力成本，可以使出口商品维持在一个较低的价格水平，有着巨大的出口优势。但另一方面，我国的劳动力也呈现出低技术性和低价值的特点，一旦遇到贸易保护措施，我国的劳动密集型产业便会面临重重压力，例如我国沿海发达地区主要经营的加工贸易以初级要素专业化为特征，参与的只是低技术，低质量的生产加工制造环节。这种单一的产业结构在面临通货膨胀、人民币升值、出口限制等外部压力时，会出现出口大幅度下降，出口企业大幅度减产、停产乃至倒闭的情况。因此这就要求积极推进高水平制造业的发展，在要求沿海地区的制造业发展高科技产业、新兴产业的同时，还要求在现有制造业的基础上更多地引入国外先进技术，进一步提高产品的工艺附加值。要转变目前以价格取胜的出口模式，以产品技术和产品品质作为出口商品的核心竞争力，从而在减少贸易保护主义所带来冲击的同时提升产品的利润空间。而要完成出口模式的转变，势必离不开政府的政策支持和引导，必须加大科研投入力度和企业职工的专业培训，可以在东部沿海发达地区较好的加工贸易模式的基础之上，进一步加大对高端产品加工生产的鼓励和引导，与此同时向中西部地区转移一部分中低端的产业，这样在东部地区进行产业转型升级的同时，中西部的就业问题也可以得到一定程度的改善，最终推动我国的资源配置不断优化。

2. 大力扶持技术密集型企业的发展

产业结构的升级其本质就是从消费资料的生产转向生产资料的生产，或由轻工业转向重化工业，再转向技术密集型产业，最终实现国际产业转移。因此，在技术性贸易壁垒愈演愈烈的环境下，我国必须重视高新技术对经济贸易增长的带动作用，加快落实增长方式由粗放型向精细化的转变，大力发展战略性新兴产业。目前我国的新兴产业仍然处于技术水平低、自主创新能力不足的阶段，但随着我国资本存量的增加和综合国力的不断上升，大力发展技术密集型企业是从贸易大国向贸易强国转变的必经之路。因此要发展新兴产业、增强自主创新能力，深入研发核心技术，利用高新技术对原有低技术、低附加值产业进行改造创新，提高产品质量和附加价值，增强企业产品的核心竞争力。着力于最具活力和优势的领域进行技术创新和技术突破，加强与研究院、高校等研究机构的联系，建立人才孵化器，为提高企业自主创新能力提供原动力。开发具有生命力能代表自身实力的品牌形象，形成若干著名品牌集聚、具有国际市场竞争力的产业或产业集群，只有这样才不至于在国际竞争中处于被动地位。

7.3.2　虚实经济协同发展，优化产业升级

“逆全球化”已然成为当前很多西方发达国家的主流对外贸易手段，并且很长一段时间内都可能维持这一状态。为避免国内产业发展持续遭受过度冲击，首先要强化国内产业结构的稳定性，注重实体经济和虚拟经济协调发展，以此实现从要素驱动、投资驱动向创新驱动升级的动力转换，最终实现国内产业转型升级。党的十九大报告提出，“建设现代化经济体系，必须把发展经济的着力点放在实体经济上”。面对金融危机等外部冲击和国际贸易环境的紧张局势，制造业等实体经济仍然是确保经济稳定增长的中坚力量，只有融入新技术、“互联网+”思想，将数字化、网络化、智能化与制造产业相结合，在设计、生产、销售等环节加强集成创新，提高制造业等实体经济产出效率，最终达到提高实体经济产出质量和优化实体经济结构的目的。与此同时，加快推进制造业与新兴产业协同发展、实体经济与虚拟经济协同发展，通过跨国合作引进先进生产技术，孵化更具创新意识和产出价值的新型商业模式，有效提升实体经济韧性和创新迭代能力。

制造业等实体经济的发展壮大与服务业的支持密不可分，虚拟经济的快速发展为实体经济提供充足的资金保障和技术支持，因此，在大力发展实体经济的同时，也要注重高技术服务业、金融、物流、电商等虚拟经济的发展，二者相辅相成，缺一不可。然而当前我国金融与实体经济之间出现脱节现象，实体经济融资渠道难、融资成本高，而金融资源却大量配置到产能过剩的一些领域，甚至存在资金空转现象。因此，必须坚持资本市

场服务于实体经济的原则，引导并监督资金流入实体经济，保证实体经济的正常运转能够获得充足的资金。结合国内产业发展的需要，实现直接融资与间接融资双轮驱动，壮大各类金融机构的规模，提高金融机构的效率，提升金融服务实体经济和风险抵御能力，实施创新驱动发展战略，为经济高质量发展保驾护航。

7.3.3 政府积极引导，内外双循环发展

在当今世界新型贸易保护措施骤增的国际大背景下，我国政府应当积极协调对外贸易政策，对内采用积极的产业政策，通过内外双循环联动机制来有效缓解"逆全球化"的负面影响。一方面，政府要积极与对我国采取贸易保护措施的国家进行协商，建立固定构建固定双边或多边磋商与协调机制，努力恪守"共商共建"的多边立场，凝聚多元主体合力，避免贸易争端扩大化，构建互利共赢的全球贸易发展理念，同时，积极参与国际贸易谈判，争取符合本国贸易优势的多边贸易规则，提高我国在国际贸易市场中的话语权。此外，也要及时建立贸易保护预警机制和规范标准化体系，为出口企业应对多变的国际形势及时调整自身出口战略，以及提高出口产品质量和绿色标准，提供可参考的技术保障和政策保障。另一方面，受贸易摩擦和贸易保护主义等影响，由对外贸易单擎引领产业升级已经难以为继，在此情形下，我国政府需要积极调整战略方向，以扩大内需为主线，通过内循环模式和创新驱动引领带动国内产业升级。

总而言之，全球化依然是大势所趋，虽然近年来"逆全球化"的呼声起伏不断，但其本质是由于全球化过程中的一些消极后果所导致，因此，应当从政策角度采取有力措施来弥补和消除全球化所带来的不良影响，协调好全球化的"蛋糕"分配关系，以及国内收入不平等等一系列问题，这就需要通过内外双循环联动机制来有效化解，也是面对"逆全球化"的应有之策。

第8章 对外开放与产业转型升级：上海自贸区的案例研究

8.1 引 言

改革开放四十多年来，我国取得了举世瞩目的经济成就，已成为世界第二大经济体、第一大出口国、第二大贸易国，世界经济格局也发生日新月异的深刻变化。但长期以来我国出口劳动或资源密集型商品、进口资本技术密集型产品，国际投资依靠廉价要素或政策优惠等吸引外部外资流入，这种过于依赖国际市场的外生型经济增长道路使得我国在很长时间内对生产要素的使用和积累都处于中低端层次，难以摆脱经济运行过程中的资源锁定效应（陈飞翔等，2010），导致整个产业结构出现相对的固定化和僵硬化现象。换言之，初始开放模式下中低端国际外向需求增加与国内高质量要求的需求极不协调，长此以往，国内经济将面临严重的结构滞后问题。因此，如何积极调整开放模式，以开放进一步促进产业结构优化升级是中国经济发展中亟待解决的一个重大战略课题，也是一个具有高度挑战性的难题。

为快速融入全球经济圈体系和进一步释放改革红利，2013年9月29日，我国首个自主选择的区域性FTZ——中国（上海）自由贸易试验区正式成立，标志着我国新一轮深化改革进程拉开帷幕。这是党的十八大提出的“必须实行更加积极主动的开放战略”的标志性事件和实质性举措，党的十八届三中全会明确提出上海自贸区要“为全面深化改革和扩大开放探索新途径、积累新经验”，为全国性的改革提供巨大的示范效应。我国新一轮对外开放的实质是从边境开放向境内体制性开放过渡，即如何使国内体制、经济与社会、环境保护政策与国际规则接轨（裴长洪，2013），以制度创新刺激国内经济活力，为我国经济转型升级营造良好的发展环境。截至2017年，我国已签订15个自贸区协定，涉及23个国家或地区①。自贸区的建设不断增强经济融合，实现双边互利共赢，成为中国加入WTO后，以开放促改革、以开放促发展的新平台和新方式。国内自贸区的建设主要涉及投资、金融、贸易等众多领域，其主要开放的核心内容包括推动服务业开放、加快金融改革、促进对外贸易的转型升级与实现简政放权等。自贸区通过实施金融创新、制度改革等措施，在一定程度上对国内产业转型升级产生积极影响，相比2013年第三季度前，之后上海市第三/第二产业增加值增长幅度较快，而由于第一产业增加值自身基数较小，第三/第一产业增加值更具有周期性波动特征，说明上海自贸区的建立加快了产业结构由低级向高级转变的进程（见图8－1）。

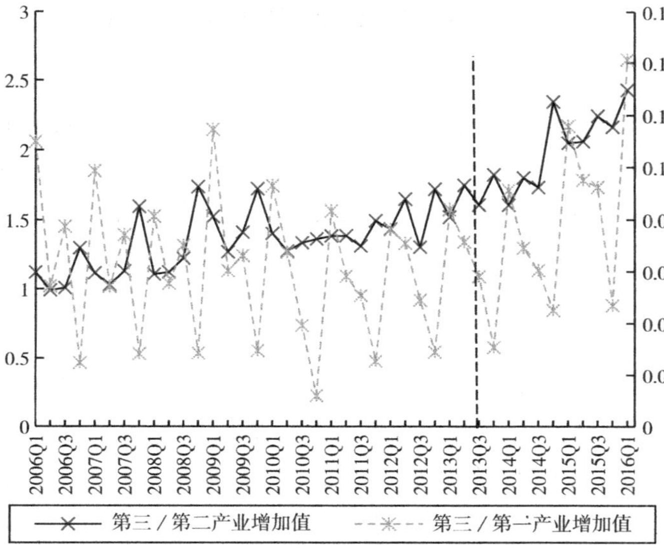

图8－1　上海市产业结构增长比例

① 15个自贸区协定具体包括中国—格鲁吉亚、中国—韩国、中国—冰岛、中国—秘鲁、中国—新西兰、中国—巴基斯坦、中国—澳大利亚、中国—瑞士、中国—哥斯达黎加、中国—新加坡、中国—智利、中国—东盟十国以及中国的港澳台地区。

自贸区的设立是国家推行的重要政策试验，本章从产业结构高度化、加工程度高度化两个维度采用合成控制法重点考察上海自贸区建立对产业结构转型升级的净政策效应。本章的边际贡献在于：以上海自贸区设立作为新一轮开放的政策节点，从理论上客观评价了对产业结构升级带来的促进机制和可能存在的抑制机制，并通过实证检验上海自贸区设立的政策效应，丰富了以开放促发展的文献基础；以往众多学者采用双重差分模型（DID）、得分匹配等准实验方法评估经济政策效应，但双重差分法必须严格遵循处理组与控制组共同趋势的假定，事实上控制组由于自身差异性难以保持与实验组变幅趋势一致。于是放宽假设的基于“反事实估计框架”的合成控制法在经济政策评估领域越来越受到青睐（刘甲炎、范子英，2013；苏治、胡迪，2015）。基于此，本章以上海自贸区作为案例，采用合成控制法研究上海自贸区设立的净政策效应。

8.2 国际主要自贸区概况

自由贸易区通过减少贸易壁垒（例如减免关税、简化海关行政流程、实施特定优惠政策）实现跨国或者跨区域贸易、海关、服务、投资、金融等自由化贸易。2013年上海自贸区正式成立，作为我国自由贸易区的试验田。具有先试先行、改革创新的意义，我们选择国际上比较典型的几个自贸区中国香港自由贸易区、美国纽约港自贸易区、新加坡自由贸易区，进行比较分析。

新加坡自由贸易区：19世纪初期，英国人看中新加坡优越的港口位置特点，将新加坡开辟成一个可容外商自由运输货物的完全自由港，1969年，新加坡在裕廊工业区的裕廊码头设立了国内第一个自由贸易区，当时新加坡设立自由贸易区的目的是为转口贸易提供一个免税区，以便再出口企业对产品进行转运、改造、分拣等。新加坡为了形成国际货物集散基地，成为亚太地区货物进口的中转窗口，在海关、及出口商品管理方面都加入了自由贸易区的相关法律法规。如今新加坡已经逐渐发展成为一个高度开放的贸易自由港，并进一步向高水平综合型自由贸易区发展。目前新加坡有7个自由贸易区，其中樟宜航空货运中心是唯一一个以空运货物为主的自由贸易区，其余6个都是以海运货物为主的海运自由贸易区。新加坡所有的自贸区都设置着四面围墙与外界相隔离，由海关对进出自贸区的人员和车辆进行相关检查。新加坡为了形成国际货物集散基地，成为亚太地区货物进口的中转窗口，在海关、及出口商品管理方面都加入了自由贸易区的相关法律法规。

中国香港自贸区：香港位于亚太地区的要塞，是欧洲、非洲、美洲向东南亚货物运输的重要通道，是欧美、日本、东南亚海运到中国的重要港口，也是为国际与中国内地搭建其经济联通的桥梁。香港绵延800多公里的海岸线再加上超过5000公顷的维多利亚港，是航运业不可多得的优越海港。香港国际机场作为亚洲主要国际和地区航空航运枢纽，拥有超过1000家航空公司，货运量多年高居全球榜首，2017年客运量达到7200万人次位列全球第五，是世界上最繁忙的航空港之一。由此形成得天独厚的地理优势，以及香港实施港口区域一体化的贸易模式，此外，香港没有特意划分港口区域和出台特别自由贸易区政策，而是把整个香港特别行政区打造成为一个自由贸易港区。

香港发展成为全球最大的贸易中心之一还得益于香港始终坚持自由贸易政策，努力实现贸易自由化。实施一般进出口货物零关税、零增值税政策，一般货物无进口配额与进口证限制，只需遵守相关进出口规定即可。无论是内地商人还是来港投资的外商都与本地企业一视同仁，避免出现政府补贴和扶持行为，力图形成一个自由公平的行业竞争环境。另外，香港实行的是自由汇兑制度，实现外汇和黄金市场的彻底开放，境内外资金可自由出入流通。因此香港的金融业发展活跃，素有“亚洲瑞士”之称，吸引了大波资金和金融机构入驻。

美国纽约港自由贸易区：1936年，美国成立第一个自由贸易区。目前，美国自由贸易区数量增长迅速，境内遍布自由贸易区，活跃的自由贸易区就有200多个，其中，活跃的制造业有324项，聚集了3300家企业，提供了约42万个就业岗位，是当今全球自由贸易区为数最多的国家，呈现出强大的经济竞争力。美国纽约港自由贸易区于1979年成立，也被称为纽约港第49号对外贸易区，是美国最大的贸易区之一。美国纽约港自由贸易区，主要从事对外贸易，货物进出口，发展加工业等。

上海自由贸易区：上海自贸区位于上海市浦东新区内，位于长江三角洲东部。包含上海市外高桥保税区、外高桥保税物流园区、洋山保税港区和上海浦东机场综合保税区等4个海关特殊监管区域。扩展区域包括陆家嘴金融片区、金桥开发片区和张江高科技片区。作为我国大陆地区第一个自由贸易区，顺应了全球化经济发展的大趋势，为中国对外开放开辟了一种新的发展模式。上海自贸区以服务业为核心产业，它的发展目标与新加坡和中国香港地区那种包含加工、贸易、金融、服务各项业务的综合自由贸易港不同，也不是想成为美国纽约自由贸易港那样以货物进出口，制造加工业为主的贸工结合型贸易区。建设上海自由贸易区的目的主要是为了探索新型管理模式、实现服务业的开放以及进行金融领域的优化创新。

上海自贸区的发展应该以贸易和投资便利化为原则，学习借鉴国际上其他自由贸易区的发展模式，在实现贸易拓展、出口加工和保税仓储等基本功能后，应该加强管理制度创新，发展金融领域服务等。作为大陆第一个自由贸易区，上海自贸区更强调的是对外开放的示范效应，起到一个带动周边地区经济增长、实现对外开放的制度创新、政策试验的作用。

8.3 理论梳理

上海自由贸易试验区的建立是我国新一轮继续扩大开放、深化改革的前沿窗口，对于进一步释放改革红利、形成新的经济增长点，乃至塑造全国性的示范溢出效应，均具有积极深远的影响，但不可否认的是，任何经济决策都存在两面性。以赫希曼为代表的乐观论者认为，自贸区可以打破贸易壁垒，通过生产要素、商品及服务自由流动，充分利用世界资源，便利商品生产、交换，同时降低贸易成本，显著影响区域内产业分工及区位选择，刺激全球经济发展，推动世界经济一体化（Krugman，1979），进而自贸区建设有效提高产业生产效率，在经济转型期跨越产业转型升级瓶颈。国内学者陈爱贞和刘志彪（2014）提出，上海自贸区的建设有助于中国从产品市场开放转变为要素市场开放，从内部分权改革转变为减权改革，从制造业全球化转变为服务业全球化。自贸区的设立进一步加快了上海市国际资本的流通，Yao 和 Whalley（2015）研究发现上海自贸区实施的浮动汇率与资本自由化政策显著降低了资本管控程度，有效促进了我国资本市场的发展。

另外，自贸区设立也能够有效改善地区对外贸易投资环境，发挥良好的制度溢出效应。就上层机制、开放程度及良性互动机制而言，自贸区需与产业发展相协调，方能实现国内产业转型优化升级（袁波等 2014）。殷华和高维和（2017）利用地区间经济发展的相关性构造上海市的反事实经济绩效，并对比上海市的真实经济绩效，发现上海自贸区确实存在“制度红利”效应，并随着制度创新的进一步深化和扩大，扩区后的自贸区建设对上海市经济的促进效应更加显著；而以缪尔达尔“回浪效应”理论为主的悲观论者认为，认为自贸区的设立会阻碍区内外的资源与贸易流通，导致地区间的发展不平衡，造成社会的不稳定。叶文娅等（2016）认为自贸区内各项创新措施为国内产业转型升级带来了机遇，但政策背后的风险也不容忽视，比如自贸区的建立引起大量外资企业的进入，外国资本长驱而入，会使得国内本土企业受到很大冲击，导致本土企业的竞争力下降，可能会导致本土产业失去经济主权和控制权，不利于本土产业的优化升级。与此同时，全国各项优惠政策倾斜于自贸区，引发产业“挤出效应”，地区产业发展不平衡等问题更加凸显。因此，我们要积极正视自贸区建设所带来的由具有比较优势的产业扩大规模而提高整个产业的技术效率、拉动GDP增长的正向效应，也要积极面对由比较劣势产业冲击作用与产业“挤出效应”带来的负面影响（岳文和陈飞翔，2014）。

深入推进自贸区建设，并通过加大开放程度反哺国内消费与产业经济发展，实现产业转型升级。作为中国渐进式改革开放的起点，经济特区率先大胆尝试新的经济制度与管理体制，在推动地区经济发展中取得了显著的经济成效。尽管关于自贸区建设产业效应的观点众说纷纭，莫衷一是，但基本都停留于定性分析。近年来关于上海自贸区的定量研究主要集中采用“反事实框架”下的准自然方法。谭娜等（2015）运用反事实分析方法对上海自贸区的经济增长效应进行了评估，发现自贸区成立对上海经济增长具有显著的正效应，分别提升上海市工业增加值和进出口总额月同比增长率2.69和6.73个百分点。杨向东（2014）从国民待遇的视角探索上海自贸区的经济和政治效应，上海自贸区采取“准入前国民待遇”和“负面清单”模式可以降低国内税费和交易成本，塑造竞争环境，实现区内经济效益的增加。项后军和何康（2016）基于双重差分模型估计发现，自贸区对上海资本流动有显著影响，表现为对对外投资的影响力度要远大于实际利用外资。王利辉和刘志红（2017）运用面板数据政策效应评估方法与合成控制法，对比自贸区成立前后经济变量的实际值与“反事实”值之差，发现上海自贸区对上海地区实际人均GDP、固定资产投资及进出口总额的净政策效应分别为 -0.42%、0.20%、-0.21%和0.11%。刘秉镰和吕程（2018）进一步对上海、天津、广东、福建四个自贸区成立的经济影响进行评估，结果发现四大自贸区设立均对地区经济运行产生了不同程度的显著正向影响，且不同自贸区的经济影响存在明显的差异化特征。

综合以往研究，自贸区成立主要通过知识外溢而提升国内企业对先进技术进步的吸收能力，即内生增长理论（Romer，1986），及扩大要素在国际自由流通而产生规模经济效应两种途径促进国内产业转型升级；而又通过外来企业对本土企业的冲击效应和政策在地区间的“挤出效应”降低国内产业转型升级平衡化发展，具体上海自贸区设立与产业转型升级影响机制效应如图8-2所示。以往学者关于自由贸易区建设产业效应研究主要还是停留于理论定性分析，现有文献仍有可拓展之处：第一，现有文献主要集中于研究自贸区对宏观经济因素的影响效应，而对产业结构升级的影响研究相对较少；第二，实验的双重差分模型也存在一些缺陷，如在选择控制对象时可能存在着选择偏误等，本章选择合成控制法较好规避了控制组与实验组难以匹配的问题；第三，以往研究重点关注于上海自贸区对上海市产生的经济效益，而忽略上海自贸区对周边的溢出效应，即检验上海自贸区对周边省市的示范溢出效应是否高于政策挤出效应。

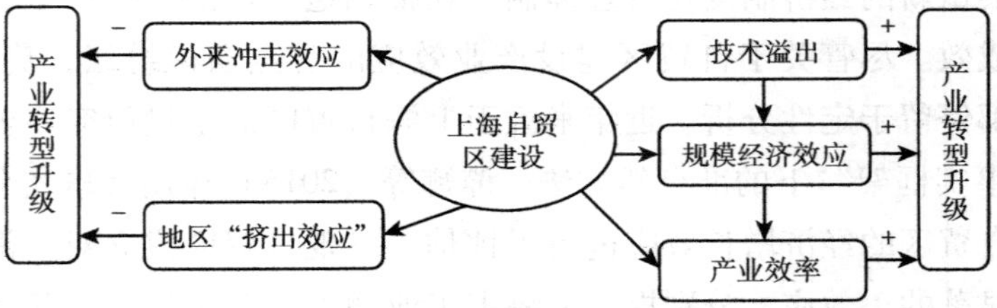

图8-2　上海自贸区建设与产业转型升级互动关系

鉴于此，本章采用合成控制法研究上海自贸区对上海市的产业效应及对周边省份的溢出效应。以期对上海自贸区的政策效应做一个更加全面精确性的评价。

8.4 研究设计

目前国内适用于研究政策效应的方法主要有倾向指数匹配法（Propensity Score Matching，PSM）、双重差分法（Difference in Difference，DID）及合成控制法（Synthetic Control Methods，SCM）等自然实验方法。鉴于合成控制法存在一定优越性，本章选取了合成控制法作为主要回归方法。合成控制法首次是由 Abaide and Gardeazabal（2003）在研究西班牙的恐怖活动对其经济增长所造成的影响中提出的，随后 Abadie et al.（2010）又通过使用合成控制法，拟合了加州实施烟酒法案之前人均香烟的销售的变动趋势，构造出一个“反事实”效果，从而估计出加州烟酒法案实施对其香烟消费所产生的影响。该方法主要是通过为每个控制组的个体赋予权重，加权平均后构造合成控制组，再通过权重的选取，构造出与干预组受政策干预前的行为相似的控制组，干预组与控制组的差值即为净政策效应。该方法很好地解决了其他传统自然实验方法所存在的控制组选择的主观性以及相似性的问题，因此被广泛运用于政策效应的研究中。

8.4.1 合成控制法

假设我们能观测到 N+1 个地区的产业结构升级的数据情况，其中地区 1（试点城市）在T_0期受到自由贸易试验区政策的影响，而其他未推行该政策的 N 个地区作为实验的控制组。Y_{1it}表示地区 i 在 t 时期受到自贸区政策影响的产业结构升级数据，Y_{0it}表示地区 i 在 t 时期没有受到自贸区政策影响的产业结构升级数据，因此地区 i 的因果效应为：

$$\tau_{it} = Y_{1it} - Y_{0it},\ i=1,\ \cdots,\ N+1,\ t=1 \qquad (8-1)$$

如果地区 i 在 t 时期受到自贸区政策的干预，则$D_{it}=1$，否则$D_{it}=0$，所以地区 i 在 t 时期的观测结果为：

$$Y_{it} = D_{it}Y_{1it} + (1-D_{it})Y_{0it} = Y_{0it} + \tau_{it}D_{it} \qquad (8-2)$$

由于本章只有地区 1 在T_0时期开始受到自贸区政策的影响，因此我们得到的目标方程为：

$$\tau_{1t} = Y_{11t} - Y_{01t} = Y_{1t} - Y_{01t} \tag{8-3}$$

由于地区 1 在 $t > T_0$ 时刻受到了自贸区政策的影响，所以我们可以直接观测到 Y_{1t} 的结果，但是 Y_{01t} 我们无法直接观测到，所以我们需要就构造一个“反事实”的变量来估计 Y_{01t}：

$$Y_{0it} = \delta_t + \theta_t Z_i + \gamma_t \mu_i + \epsilon_{it},\ i=1,\ \cdots,\ N+1,\ t=1,\ \cdots,\ T \tag{8-4}$$

其中，式（8－4）表示潜在结果的决定方程，δ_t 表示时间趋势，Z_i 表示（K×1）维不受自由贸易区政策的控制变量，θ_t 是（1×K）未知系数向量，γ_t 是（1×F）维观测不到的共同因子，μ_i 是（F×1）维观测不到的地区固定效应误差项，ϵ_{it} 是观测不到的瞬时性冲击，其中假设 $E(\epsilon_{it})=0$。

为了能够构造出一个“反事实”结果，我们还需要假设存在一个 N×1 维的权重向量 $W=(w_2,\cdots,w_{N+1})$ 满足 $w_j \geqslant 0$，$j=2$，…，$N+1$，并且 $w_2+\cdots+w_{N+1}=1$。向量 W 表示潜在的合成组合，w_j 表示控制组中的地区对政策干预地区的合成所占的比重，因此，该合成控制模型为：

$$\sum_{j=2}^{N+1} w_j Y_{jt} = \delta_t + \theta_t \sum_{j=2}^{N+1} w_j Z_i + \gamma_t \sum_{j=2}^{N+1} w_j \mu_i + \sum_{j=2}^{N+1} \epsilon_{it} \tag{8-5}$$

假定存在权重向量 $W^* = (W_2^*,\cdots,W_{N+1}^*)$，使得

$$\sum_{j=2}^{N+1} w_j^* Y_{j1} = Y_{11}, \sum_{j=2}^{N+1} w_j^* Y_{j2} = Y_{12}, \sum_{j=2}^{N+1} w_j^* Y_{jT_0} = Y_{1T_0}, \sum_{j=2}^{N+1} w_j^* Z_j = Z_1 \tag{8-6}$$

$$Y_{01t} - \sum_{j=2}^{N+1} w_j^* Y_{jt} = \sum_{j=2}^{N+1} w_j^* \sum_{s=1}^{T_0} \left(\sum_{t=1}^{T_0} \gamma_t' \gamma_t \right)^{-1} \gamma_t' (\epsilon_{js} - \epsilon_{1s}) - \sum_{j=1}^{N+1} w_j^* \tag{8-7}$$

而 Abadie et al.（2010）就已证明，式（8－3）的左边趋近于 0，因此在自由贸易区政策实施期间，反事实结果近似可用 $\sum_{j=2}^{N+1} w_j^* Y_{jt}$ 来表示。对于受政策影响的试点城市而言，政策带来的影响可以表示为：

$$\tau^* = Y_{1t} - \sum_{j=2}^{N+1} w_j^* Y_{jt}, t = T_0 + 1, \cdots, T \tag{8-8}$$

为了能够得到 τ^* 的无偏估计，我们需要确定满足假设条件的向量 $W^* = (W_2^*,\ \cdots,\ W_{N+1}^*)'$。Abadie et al.（2010）提出，利用 $\| X_1 - X_0 W \|$

的距离最小化来计算最优权重。其中 X_1 表示地区 1 设立自贸区之前的 $M \times 1$ 维向量，X_0 为其他地区的事前特征，为 $M \times N$ 的矩阵。最小化的函数为：

$$\| X_1 - X_0 W \| = \sqrt{(X_1 - X_0 W)' V (X_1 - X_0 W)} \quad (8-9)$$

其中 V 是一个 $M \times M$ 的对称正定矩阵。虽然对于任意 V 函数均成立，但是向量 W^* 的选择将依赖于 V，不同的 V 将得到不同的向量 W^*，Abadie et al.（2010）证明，当矩阵 V 满足事前均方预测误差（Mean Squared Predicted Error，MSPE）最小时，能够使合成路径更优拟合实际路径。即 V 满足以下方程：

$$\sum_{t=1}^{T_0} \left(Y_{1t} - \sum_{j=2}^{N+1} W_j(V) Y_{jt} \right)^2 \quad (8-10)$$

8.4.2 变量说明和数据来源

本章主要考察 2013 年 9 月上海自贸区设立对上海产业结构升级所带来的政策效应。根据配第－克拉克定律可知，随着经济的发展，国民经济和劳动力的分布将从第一产业逐渐转移到第二、第三产业。而在信息化的推动下，经济结构的“服务化”程度也越来越明显，且经济服务化的明显特征就在于第三产业的增长速率要快于第二产业（吴敬琏，2008）。本书借鉴干春晖（2011）的做法，采用第三产业与第二产业比值来衡量产业结构高度化，采用工业增加值作为代理变量衡量地区加工程度高度化水平。沿用樊秀峰（2015）、蔡伟宏（2016）、孙海波（2017）等的做法，选取对外开放程度、政府财政支出、金融发展水平等为影响评估变量的主要因素。具体如下：外开放程度用各地区进出口贸易总额与 GDP 比值表示；固定资产投资用固定资产投资额与 GDP 的比值表示；金融发展水平用社会融资规模与 GDP 的比值表示；政府财政支出用政府财政支出与 GDP 的比值来表示；工业增加值用规模以上工业增加值当期同比实际增速来表示；劳动生产率用按总产值计算的劳动生产率来表示。其中，除劳动生产率直接采用季度值外，其他控制变量均为对月度数据采取平均值的方式作为季度值。

本书数据采用 2007 第一季度至 2016 年第一季度的季度数据，数据均来源于各省市统计局。为消除季节因素的影响，所有变量均采用了

X12 做了季节调整①，在计算过程中个别的缺失数据，通过移动平均法补齐。

8.5 实证结果分析

8.5.1 对产业结构升级的影响效应

上海自贸区重点着力于货物贸易转型、服务业扩大开放、金融开放等，并最终提升国内本土产业高度化、国际化发展水平。本章首先采取合成控制法，并借鉴 Abadie et al.（2010）开发的 snyth 程序包来估计上海自贸区的设立对其产业结构高度化的影响。为避免多重共线性，采用逐步回归法对合成上海的其他省市进行筛选，从全国其他省市特征变量构建的合成上海权重看，除了北京、天津、广东 3 个省市之外，其余省市的权重均为 0。其北京、天津、广东权重分别为 0.223、0.308、0.469，三者权重之和为 1。本章采用第三/二产业增加值衡量上海市产业结构高度化程度，其比值越高，表明地区产业结构高度化水平越强。

图 8－3 展示了 2007 年第一季度至 2016 年第一季度上海市产业结构高度化的真实值及利用合成控制法得到的合成上海的产业结构高度化合成值的拟合情况及变化趋势，其中垂直线表示上海自贸区设立的时间节点，即 2013 年 9 月。不难发现，自贸区设立前（2007Q1～2013Q3）真实上海与合成上海的变化趋势基本保持一致，拟合程度较好，这就说明合成上海很好地吻合了自贸区设立前产业结构高度化的变化规律，即通过控制组与实验组的对比能够准确体现自贸区设立的政策效应。上海自贸区设立后（2013Q3～2016Q1），真实上海的产业结构高度化要明显高于合成上海，并随着时间推移，其真实值与“反事实”值的差距越来越大，表明上海自贸区的设立有效提升了第三/二产业增加值，换言之，上海自贸区对产业结构高度化的确存在明显的正向政策效应。但仍需注意的是，在上海自贸区

① 由于工业增加值变量存在负数，我们使用指数平滑法对其进行调整。

设立后三个季度左右，其政策效应不是特别明显，出现明显的影响时滞性。可能原因在于实现市场一体化后产业结构调整体现出的产业效应需历经一段时间，即所谓的“中期动态效应”，自贸区的中期动态效应本质上是市场一体化之后生产资源配置效率改善的结果，是来源于社会生产过程中的总量和结构变动所引起的变化，因而是比短期静态效应层次更深的一种变化（岳文、陈飞翔，2014）。从长期看，上海自贸区设立在以第三产业占优势地位的演进过程中发挥了积极作用，这得益于自贸区的设立不断吸引外来投资资本内流、提升高端服务业科技含量、增加产品服务附加值。

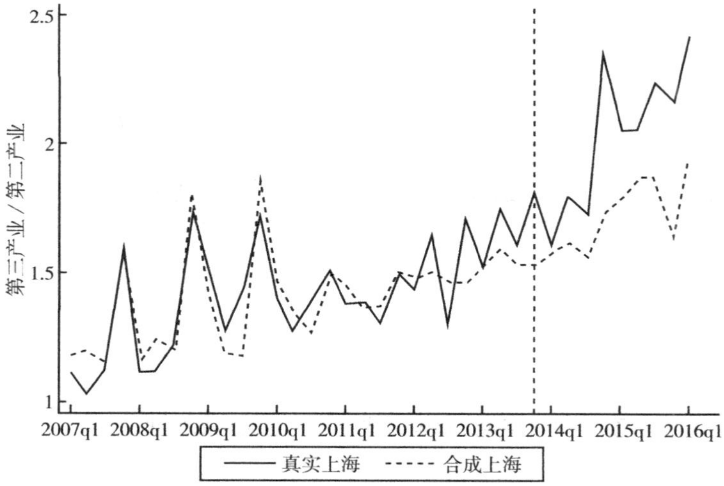

图8－3　真实上海与合成上海的产业结构高度化对比

为了更加直观展示上海自贸区对产业结构高度化的政策效应，本章还报告了上海产业结构高度化的处理效应，即真实值与“反事实”值之间的差距，如图8－4所示，其中水平虚线表示0值参考线，垂直线表示政策节点。理论上讲，政策节点前处理效应越接近水平线表明合成控制方法拟合程度越高，政策节点后处理效应偏离水平线程度就代表上海自贸区的政策效应。从图中可看出，2013年第三季度之前实线（处理效应）在0值附近波动幅度较小，并无明显的正负变化趋势；而2013年第三季度后实线（处理效应）均高于0值，即上海产业结构高度化的真实值高于“反事实”值，表明上海自贸区对上海产业结构高度化的政策效应显著为正，尽管存在一定幅度的波动性，但整体呈上升趋势，2016 年第一季度真实值与“反事实”值之间的差距达到将近 25。整体而言，上海自贸区的设立能够有效提升上海产业结构高度化，由低生产要素、低附加值产业转向高生产要素、高附加值产业，从而实现产业结构优化升级。上海自贸区设立旨在通过制度创新培育我国面向全球的竞争新优势，并构建了与各国合作发展的新平台。

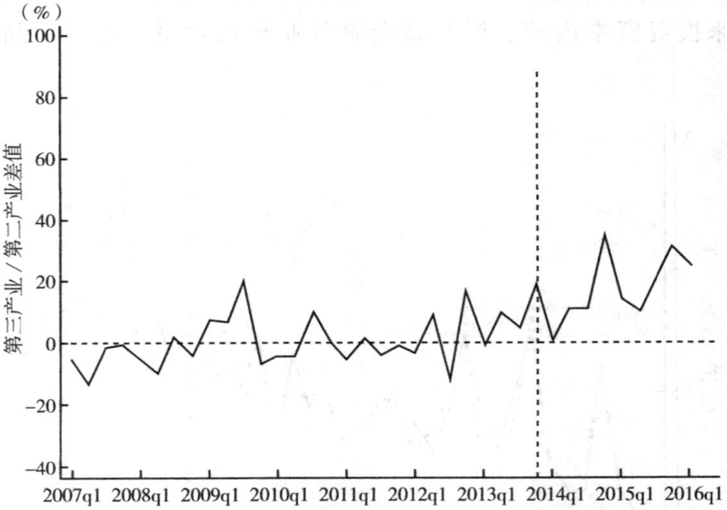

图 8－4　真实上海与合成上海产业结构高度化差额

8. 5. 2　对加工程度高度化的影响效应

我们接下来从产业结构升级的另一个维度，即加工程度高度化，考察上海自贸区的政策效应。考虑到加工程度高度化主要涉及制造业，本章以工业增加值同比增长率作为代理变量采用同样的方法分析上海自贸区设立对加工程度高度化的影响效应。图 8－5 报告了真实上海与合成上海工业增加值同比增长率的拟合情况和变化趋势。2013 年第三季度之前真实上海与合成上海的拟合程度呈现由强变弱的渐变过程，而且 2013 年第三季度之后真实上海与合成上海并无明显的突变趋势，表明上海自贸区设立对工业增加值的影响较小。其原因可能是：上海本身第三产业比较发达，2007 年之后第三产业增加值明显高于第二产业，且制造业服务化趋势凸显，另外上海自贸区设立其中一个主要目的是扩大服务业开放程度，相对地对工业加工程度的影响效应较弱。

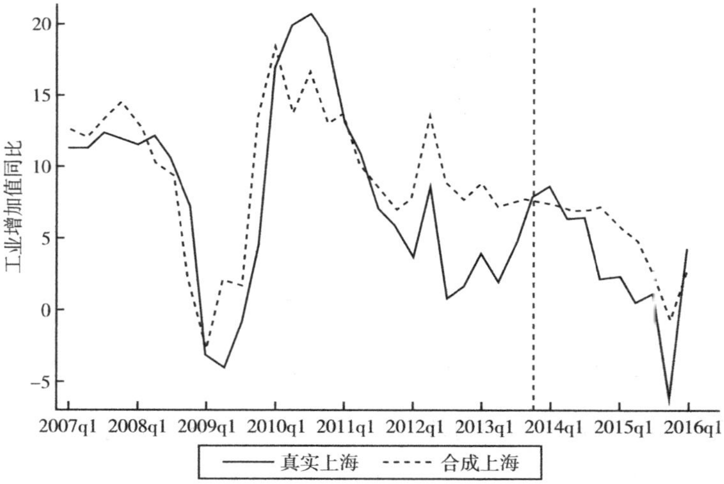

图 8－5　真实上海与合成上海工业增加值同比增长率对比

图 8－6 进一步报告了真实上海与合成上海工业增加值同比增长率对应的处理效应。上海自贸区设立后上海工业增加值同比增长率的真实值与"反事实"值之间的差距都很小，短期看，上海自贸区设立对上海加工程度高度化产生小幅度正向影响，但随着时间推移，这种政策效应逐渐转变为负向效应。整体而言，上海自贸区设立对上海工业增加值的影响较小，其处理效应基本在 0 值以下。

此外，我们计算了上海自贸区设立后各个季度产业结构高度化和加工程度高度化的政策处理效应。从表 8－1 可以看出，上海自贸区设立对产业结构高度化的处理效应整体呈现持续正向影响，其平均处理效应为 30.61，在 2014 年第一季度处理效应最小，仅为 1.46，2014 年第四季度处理效应为 60.35，达到峰值水平，则表示这一时期受到上海自贸区设立的政策影响最大，从 2015 年第一季度开始政策影响效应逐渐增强。在 2013 年第四季度和 2014 年第一季度上海自贸区设立对加工程度高度化的处理效应分别为 0.17 和 1.15，则表示在设立初期上海自贸区能够有效提升上海加工程

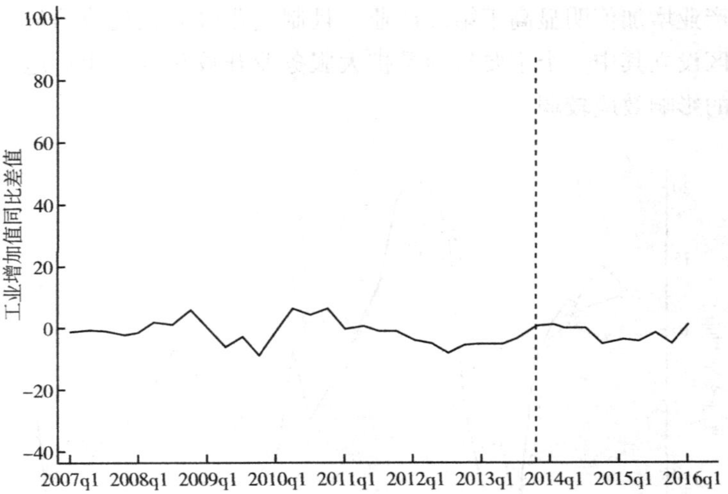

图8－6　真实上海与合成上海工业增加值同比增长率差额

度高度化，而后处理效应均为负，在2015年第四季度达到－5.59，表明从2014年第二季度开始，上海自贸区设立对加工程度高度化产生负向影响，但整体上政策效应影响较小，其平均处理效应为－1.84。由此看出，上海自贸区对产业结构高度化的政策效应要明显高于对加工程度高度化，上海自贸区设立更侧重于地区服务业的开放与发展。

表8－1　　　　　　上海市产业结构升级处理效应对比

季度	处理效应	
	产业结构高度化	加工程度高度化
2013Q4	28.3835	0.1671
2014Q1	1.4582	1.1506
2014Q2	17.6148	－0.4315
2014Q3	17.0484	－0.4521
2014Q4	60.3492	－5.1762
2015Q1	25.4246	－3.5897
2015Q2	18.5664	－4.3853
2015Q3	37.5513	－1.3786

续表

季度	处理效应	
	产业结构高度化	加工程度高度化
2015Q4	51.6716	-5.5936
2016Q1	48.0656	1.2892
均值	30.6134	-1.8400

8.5.3　稳健性检验

1. 邻近省份的政策替代效应

以上合成控制法基准结果检验了上海自贸区对产业结构高度化的确存在促进作用，我们不禁会问，上海自贸区的设立对周边省市的产业结构升级是否存在外溢效应，上海自贸区是否同样对周边省份的产业结构高度化具有促进作用？鉴于此，本章将用合成控制法探讨上海自贸区设立对浙江和江苏的政策效应。

图 8-7、图 8-8 分别展示了浙江省、江苏省产业结构高度化的真实值与合成值拟合情况及变化趋势。上海自贸区设立后（2013Q3～2016Q1）

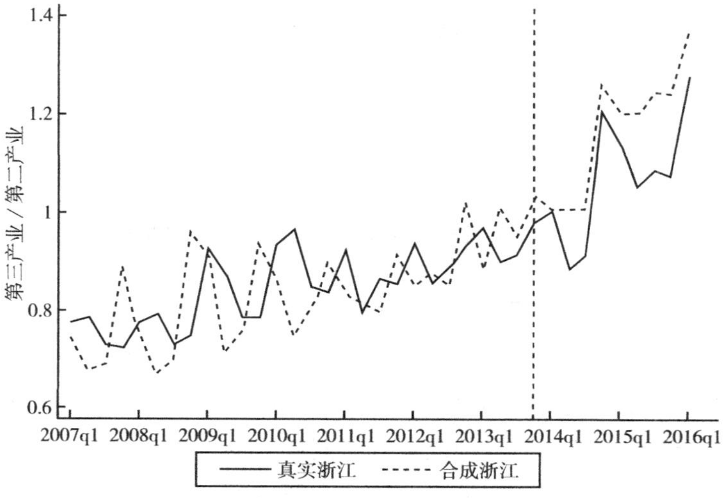

图 8-7　真实浙江与合成浙江第三/二产业对比

浙江省产业结构高度化与合成值之间存在一定差距，并呈现不同幅度的变化趋势，但合成浙江的“反事实”值要高于真实值，表明上海自贸区设立对浙江省产业结构高度化存在小幅度的负向影响，由于自贸区政策的优越性，使得投资资本、高端产业技术不断向上海内流，从而对其他地区产生挤出效应，短期内上海自贸区设立的挤出效应高于政策区域辐射效应。而在上海自贸区设立前后江苏省产业结构高度化与合成值拟合效果都比较接近，尤其政策后的变化趋势基本保持一致，波动幅度不是特别明显，则表明上海自贸区对江苏省产业结构高度化的政策效应不显著。因此，以产业开放、制度创新为主要形式的新一轮开放政策试点——上海自贸区的设立首先受益的是上海本地产业结构升级，目前自贸区示范效应或辐射效应还不是很明显，甚至存在一定的挤出效应。

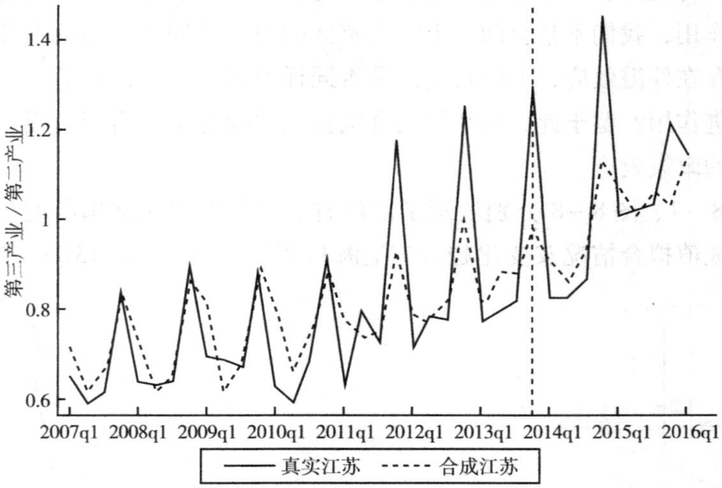

图8-8　真实江苏与合成江苏第三/二产业结构对比

2. 事件节点检验（提前至2011Q1）

产业结构升级就是经济增长方式的转变与经济发展模式的转轨，也是产业升级从量变到质变的结果，自主创新、产业政策扶持等均可对现有产业结构进行调整。为排除其他政策、时间趋势变化等的干扰，检验上海产业结构高度化是否唯一受上海自贸区的政策效应影响。考虑到上海自贸区产业效应存在一定时滞性，接下来将上海自贸区设立时间提前至2011年第一季度，采用合成控制法对上海市产业结构的政策效应进行分析。

图8－9报告了政策节点提前后上海市产业结构高度化的真实值与合成值拟合情况及变化趋势。明显可以看出，2011年第一季度之前真实上海与合成上海的变化趋势基本一致，拟合程度较好，而2011年第一季度至2013年第三季度上海市产业结构高度化的真实值与"反事实"值变化差距依然较小，从2014年第一季度开始，上海市产业结构高度化的真实值显著高于合成值，且差距呈现出逐渐扩大的趋势。以上检验结果表明上海市产业结构高度化的变动的确是由于上海自贸区设立的净政策效应引起，而非其他政策因素或时间趋势。

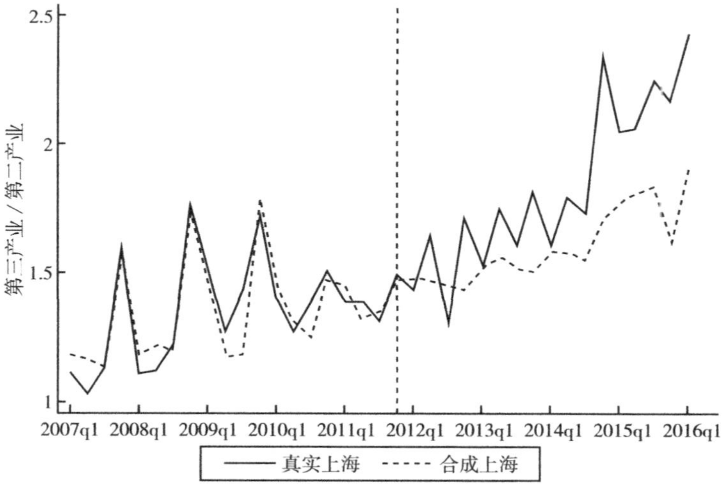

图8－9 政策节点提前的真实上海与合成上海的第三/二产业结构对比

3. 安慰剂检验

为进一步检验以上实证结果的稳健性和有效性，检验上海市自贸区设立前后各项经济指标的差异并非源于其他未观测到的外在因素影响或上海的特殊性，且保证合成控制方法的"处理效果"在统计意义上具有显著性，本章借鉴Abadie et al.（2010）采用的安慰剂检验（PlaceboTest）方法，根据"反事实"框架下的合成控制法，并利用其他潜在对照组构造各省市对应的合成控制对象，考察除上海市外5个东部沿海省市在上海自贸区设立情形下所带来的产业效应，这里同样以2013年第三季度作为政策节点。

图 8 - 10 展示了上海自贸区设立对上海与东部沿海省市产业结构高度化处理效应的对比。2013 年第三季度之前除个别省市的处理效应波动幅度较大外，上海和其他省市的处理效应基本接近于 0 值，说明上海自贸区设立前，真实值与“反事实”值拟合较好；而 2013 年第三季度之后上海市的处理效应明显高于浙江、江苏、山东、广东、天津，表明上海自贸区设立对上海产业结构高度化的政策效应要明显高于东部沿海其他省市，目前自贸区更多地服务于本地产业优化升级，并呈现显著正向影响。需要特别指出的是，上海自贸区设立对其他东部沿海省市处理效应主要呈负向影响，进一步表明上海自贸区对东部沿海省市的产业结构高度化存在负向效应，即“挤出效应”。通过安慰剂检验更加佐证了上海自贸区对上海市产业结构高度化的政策效应显著高于东部沿海其他省市。

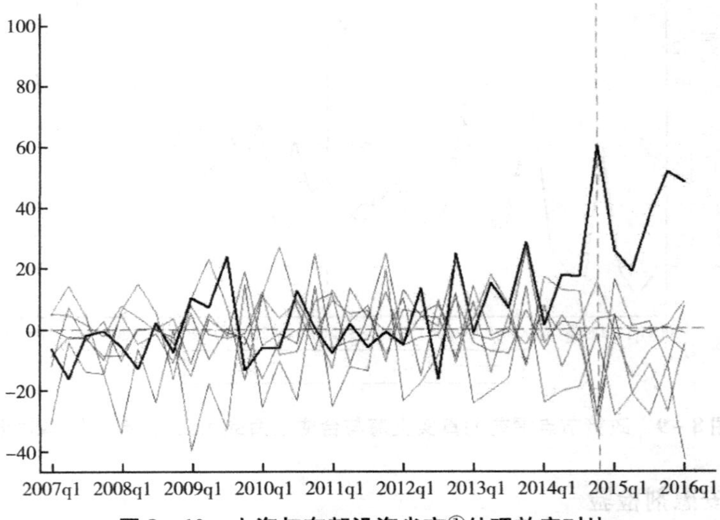

图 8 - 10　上海与东部沿海省市[①]处理效应对比

4. DID 平均效应检验

前文讲到合成控制法在选取控制组时更加科学，为验证合成控制法更优于 DID 方法，我们在本节按照 DID 的识别估计上海自贸区设立对产业结构升级的政策影响，并将之与合成控制法的结果进行对比。DID 模型设定

① 这里东部沿海省市主要取浙江、江苏、山东、广东、天津。

如下：

$$indus_{it} = \beta_0 + \beta_1 refore_i \times quarter + \gamma X + \delta_i + \chi_t + \varepsilon \quad (8-11)$$

其中，indus 表示地区产业结构升级水平，我们将控制组省市赋值 refore =0，实验组上海赋值 refore =1，同时将2013 年第三季度起赋值 quarter = 1，2013 年第三季赋值 quarter =0，refore 与 quarter 交互项的系数则反映上海自贸区设立对上海产业结构升级水平的政策净效应。X 为控制变量，分别包括各地区进出口贸易总额占 GDP 比重 Trade、政府财政支出占 GDP 比重 Gover、社会融资规模占 GDP 比重 Finance、劳动生产率 Labor、固定资产投资额占 GDP 比重 Capital。δ_i、χ_t分别表示个体固定效应和时间固定效应。数据仍然选择 2007 年第一季度至 2016 年第二季度，并利用 X12 方法对各个指标进行季节调整。

从表 8 -2 可以看出，第二列、第三列的 Refore * quarter 系数显著为正，上海自贸区设立对产业结构高度化的 DID 平均效应分别为 1.09 和 0.77，DID 的结果与合成控制法的符号一致，进一步验证了以上实证结果的稳健性。第四列、第五列的 Refore * quarter 系数不显著，但符号方向依然与合成控制法一致，同样验证了上海自贸区对上海工业增加值的政策效应不是特别明显。进一步表明上海自贸区设立对上海产业结构高度化产生显著正向的净政策效应，即有效地提升上海市产业结构由低级向高级转变的进程，这与上海自贸区致力于加大金融服务业开放程度、促进国际资本自由流通的事实相符，在这方面上海自贸区设立的政策效应依然很显著。

表 8 -2　　DID 平均效应结果

变量	第三/二产业增加值		工业增加值	
	控制组：北京、天津、广东	控制组：全国省市	控制组：北京、海南、广东	控制组：全国省市
Refore * quarter	1.09 ***	0.77 ***	-0.54	-1.68
Trade	-0.23 (-0.39)	0.34 (0.67)	-0.035 (-0.06)	0.34 (0.67)
Gover	39.49 (3.5)	2.79 (1.23)	27.96 (2.66)	2.79 (1.23)
Finance	-3.05 (-1.58)	-1.13 (-1.43)	0.17 (0.11)	-1.13 (-1.43)

续表

变量	第三/二产业增加值		工业增加值	
	控制组：北京、天津、广东	控制组：全国省市	控制组：北京、海南、广东	控制组：全国省市
Labor	5.62e-07 (0.21)	3.35e-06 (1.43)	2.49e-06 (0.86)	3.35e-06 (1.43)
Capital	-17.18 (-2.47)	-15.50 (-4.02)	-20.58 (-3.20)	-15.50 (-4.02)
观测值	1147	1147	1147	1147

注：***、**、*分别表示在1%、5%和10%置信度水平下显著，括号内表示z统计值。

8.6 小　结

自由贸易试验区的设立是国家推行的重要政策试验，作为中央政府做出的关于中国经济改革、转型和升级的战略决策，其意义不仅在于推动区域经济发展，促进区域产业内结构优化升级，并形成跨区域示范效应，更要通过先行先试的模式来探索可在全国范围内推广和复制的经验，而作为国第一个成立的区域性自由贸易试验区，上海自贸区自成立至今已有多年，研究其对地区产业结构升级的政策效应及对其他省市的溢出效应，不仅有利于区域产业结构快速平衡发展，也能为其他自贸区的发展模式提供借鉴指导。基于此，本章利用2007年第一季度至2016年第一季度的省级面板数据，采用学术界前沿“反事实”框架下的合成控制法，从产业结构高度化和加工程度高度化两个维度分析上海自贸区设立对产业结构升级水平的政策效应。

实证结果发现，上海自贸区设立对上海市产业结构高度化存在显著的正向效应，而对加工程度高度化的政策效应相对较小，通过真实值与“反事实”值的差额对比，其平均处理效应分别为30.61和-1.84，显然，上海市产业结构高度化的政策效应要明显高于加工程度高度化。通过自贸区成立时点变化、安慰剂检验及DID平均效应检验等稳健性检验进一步验证了合成控制法检验结果的准确性和有效性。而且进一步研究发现，上海自贸区对产业结构高度化的政策效应要显著高于其他省市，短期内对其他省市产业结构升级效应影响不明显，甚至存在一定的负向效应。由于政策的优越性，上海自贸区短期内还是更倾向于服务本地产业结构水平升级，在长期如何对周边省市产生政策正向溢出效应，抑或对全国形成示范效应，还有待进一步深入探究。

当前中国转型期面临区域经济发展不平衡、产业结构水平不协调等严重问题，未来在关注自贸区对本地产业结构升级水平带来正向促进作用的同时，也应积极着力于研究如何扩大自贸区对周边区域乃至全国的正向溢出效应，共享由扩大开放所带来的经济成果，并有效化解地区产业发展不平衡等问题。

第9章　结论与政策建议

1978年以来，我国率先从东部沿海地区实行对外开放，通过外向型发展模式在经济发展上取得了“中国奇迹”。东部沿海地区也依托开放带来的资本、先进技术以及廉价劳动力优势，在经济上取得了长足发展。但是在2008年，由美国次贷危机所引起的全球性经济衰退同样给我国经济发展带来较大的冲击，由此引发了学者和专家对中国经济发展前进道路的思考和讨论。大多数学者认为，想要实现经济长期可持续发展，中国需要转变经济发展方式，推动产业结构转型和升级，积极发展高附加值的制造业和现代服务业。但是在对外开放与产业结构转型关系的认识上，专家们则存在不同的看法，不少专家认为，由于现有对外开放模式的缺陷，中国在国际分工中处于低端价值链的位置，分属于“打工经济”，这不仅使我国在国际分工中处于不利地位，而且容易受国际经济波动的影响，不利于经济持续发展。

因此，优化产业结构，加快产业结构升级是我国解决经济发展问题的关键所在，同时也具有高度的挑战性。我们必须认识到，当前我国的产业结构是在扩大对外开放的过程中逐步演化的，因此在特定时期所形成的对外开放模式对产业结构具有深远影响。为了从根本上拓展未来中国经济的发展空间，需要从对外开放的角度思考我国产业转型升级的可能路径和政策选择，提高对外开放水平加快产业结构升级，尽快形成以国内大循环为主体、国内国际双循环相互促进的新发展格局。目前我国在产业结构上存在的各种不合理问题，都与初始的改革开放模式有着密切的关系，产业结构不合理成为制约我国经济发展的重要问题。比如，大量的过剩产能以及粗放型发展方式，在国际市场需求的诱导下，一些低附加值、资源消耗大的低端加工产业迅速发展，国际金融危机的爆发对我国造成严重的冲击，从侧面显示出现有产业结构对外部市场的过度依赖性。

总的来说，我国现行的对外开放模式具有典型的发展中国家特征，在社会生产力低下时期形成的初始开放模式，至今仍没有发生根本性变化。一方面，初始的开放模式使我国尽快融入全球经济体系中，推动了我国经济发展，但另一方面，初始开放模式使社会的资源配置受到国际市场机制的自发调节，由此形成的资源锁定效应越发明显，产业结构不合理的矛盾更加突出。面对当前处境，我国只有不断提升经济发展水平、加快开放模式转型，才能真正有效地启动和加速产业转型升级的步伐。

中国经济发展正在进入一个重要的战略机遇期。作为一个发展中的经济大国，我国已初步摆脱全球金融危机带来的损失，率先走向复苏，为实现下一步经济发展的战略目标，我国应加快产业转型的步伐，实现经济发展方式的根本转换。无论是从国内还是从国际的环境来考虑，现有经济发展方式都难以维持，未来必须通过产业转型升级来支撑经济总量的增长，协调各方利益。应当重视和协调好开放模式转型与产业转型升级之间的关系，通过构建新型开放模式来推动产业转型升级。相对于初始开放模式，新型开放模式的目标是要努力增进国民福利水平，表现在需要尽快改革开放初期以来形成的偏重GDP增长的习惯性开放思路，优先考虑能否给国民带来真正的实惠，协调促进各方利益关系。只有真正以国民福利的改进为目的，才能有效地实现对外开放与经济结构升级两者之间的融合，形成两者之间的良性互动。

9.1 主要结论

持续扩大对外开放、积极响应全球贸易自由化历史潮流是我国创造“经济增长”奇迹的历史经验。本书主要探讨对外开放与东部沿海发达地区产业转型升级的内在关系，并从国际贸易理论、全球价值链理论及产业升级理论梳理了对外开放与产业转型升级的内在影响，以产业结构高度化、加工程度高度化、全球价值链高度化衡量我国东部沿海发达地区产业转型升级水平，实证检验了对外开放对其产生的内在影响效应。本书核心章节的主要结论有如下几点：

第一，在经济转型期我国产业结构依然面临着结构质量较低、区域差异显著等严重问题，相较于西方发达国家，我国产业结构高度化水平仍然存在较大差距。本书主要采用2000~2017年地级市面板数据通过构建计量模型检验对外开放程度对我国沿海发达地区产业结构高度化的升级效应。另外，由于我国地区之间产业结构高度化差异明显，本书又采用2006~2016年省级季度数据通过社会网络分析方法探究我国产业结构高度化的空间关联效应。实证研究发现，对外开放对东部沿海经济发达地区产业结构高度化产生显著正向促进作用，且非东部沿海发达地区对外开放程度对产业结构高度化的促进效应更明显，即扩大对外开放程度，对非东部沿海发达地区的边际贡献更大。通过社会网络分析发现我国各省之间产业结构存在明显的空间关联性及板块集聚特征，构成了“双溢出”“经纪人”“主受益”“净受益”四大板块，各个板块并非独立，通过空间溢出与其他板块建立交互联系，形成内外融通的产业结构高度化区域升级发展模式。

第二，我国企业对外开放对加工程度高度化的边际效应呈现倒“U”形，即对外开放对加工程度高度化存在阶段性效应。对外开放初期，制度优化、市场竞争、技术溢出效应的加强，使得加工程度高度化效应显著提升。但是随着对外开放加深，我国工业企业由于长期处于加工生产环节的从属地位，面临市场过度竞争，加工度高度化的边际效应出现下降的情况。因此对东部沿海发达地区的所有制造业企业而言（总样本），过度对外开放反而会对目前我国企业加工程度高度化产生抑制作用。企业自身全要素生产率的提升、研发强度的加大、存续时间的延长均对加工程度高度化存在显著的正向促进作用，企业规模的盲目扩大对加工程度高度化呈现负效应；资本密集度的提升对于加工程度高度化的促进作用效果并不明显；由于地理位置和对外开放先后差异，我国非东部沿海发达地区企业对外开放程度对加工程度高度化影响的显著性低于东部沿海发达地区企业；国有企业样本中二者的关系仍然为显著倒“U”形，外资企业样本一次和二次项系数均并不显著，而私营企业仅呈现显著线性关系；劳动密集型与资本密集型企业的加工程度高度化与对外开放程度仍然表现为显著的倒“U”形关系，但是知识密集型企业样本系数仅一项显著为正。我国当前应在不断加快对外开放进程的前提下，通过准入清单、申请审核、关税调整等合理制度设计，提升对外开放层次。同时根据不同行业与企业性质有针对性地控制对外开放节奏，保持国内市场合理适度竞争，谨防过度开放导致国内市场的无序竞争。加大对国内企业创新投入的支持力度，通过知识产权保护，优化市场的外部环境；通过高端人才供给、产学研合作，加强企业技术升级、效率提升的内部动力。优化沿海经济发达地区与非沿海经济发达地区协调发展，引导国外资本、国内资本在区域间、产业间、企业内的合理配置，通过负面清单、政策引导、产业转移，优化对外开放资本的区域和产业布局，促进各个区域和产业的协调发展。

第三，积极扩大对外开放，实现出口产品由数量型向质量型转变，整体改善我国对外贸易产品在全球价值链体系中的地位。本书通过对外开放和产业价值链升级之间的关系并进行了相应的实证检验。研究发现，随着对外开放水平的逐步扩大，各地区产业价值链参与度呈现持续上升的趋势，然而在地理位置分布上仍然保持着“东高西低”的分布格局。本书进一步通过计量分析检验了对外开放与地区产业价值链参与度之间的关系，发现对外开放与地区产业价值链参与度之间呈现显著的正向关系，即对外开放有助于地区产业价值链参与度的提升，且沿海经济发达地区对外开放对于地区产业价值链参与度的边际促进作用要弱于其他地区。然后，本书进一步细化分析维度，探讨了对外开放与企业价值链地位提升之间的关系。发现对外开放与企业价值链地位升级之间整体上呈现出倒“U”形的关系。这主要与中国在对外开放过程中对国际产业转移的承接及发展特征有关。随着对外开放水平的不断提高，众多企业和产品进入国际市场，导致国际市场竞争程度提高，此时优胜劣汰的市场选择机制便发挥着更重要的作用。在激烈的市场竞争中，生产力较高、综合实力较强的企业通过创新产品研发等促进产品质量的上升和产品附加值的提高，逐步进行生产结构升级向“微笑曲线”两端具备高附加值的生产区域移动，实现国际价值链的高度化。

第四，对外开放四十年来，我国经历了不同的发展阶段并取得了卓越成就。在经济转型期，我国依然坚定不移深化改革，力求以开放促改革。上海自贸区作为新一轮对外开放的政策窗口，本书检验了自贸区成立对产业转型升级的政策效应。作为中央政府做出的关于中国经济改革、转型和升级的战略决策，自由贸易试验区的意义不仅在于推动区域经济发展、促进区域内产业结构优化升级并形成跨区示范效应，更重要的是要总结自贸区的发展经验，因地制宜在全国范围内进行推广和复制。上海自贸区作为我国第一个成立的区域性自由贸易试验区，研究其对地区产业转型升级的政策效应及对其他省市的溢出效应，不仅有利于区域产业结构快速平衡发展，也能为其他自贸区的发展模式提供借鉴指导。基于此，本书利用2007年第一季度至2016年第一季度的省级面板数据，采用学术界前沿“反事实”框架下的合成控制法，从产业结构高度化和加工程度高度化两个维度分析上海自贸区设立对产业转型升级水平的政策效应。研究发现，上海自贸区设立对上海市产业结构高度化存在显著的正向效应，而对加工程度高度化的政策效应相对较小，即上海市产业结构高度化的政策效应要明显高于加工程度高度化。通过自贸区成立时点变化、安慰剂检验及DID平均效应检验等稳健性检验进一步验证了合成控制法检验结果的准确性和有性。而且进一步研究发现，上海自贸区对产业结构高度化的政策效应要显著高于其他省市，短期内对其他省市产业结构升级效应影响不明显，甚至存在一定的负向效应。由于政策的优越性，上海自贸区短期内还是更倾向于服务本地产业转型升级，在长期如何对周边省市产生政策正向溢出效应，抑或对全国形成示范效应，还有待进一步深入探究。当前中国转型期面临区域经济发展不平衡、产业结构水平不协调等严重问题，未来在关注自贸区对本地产业转型升级水平带来正向促进作用的同时，也应积极着力于研究如何扩大自贸区对周边区域乃至全国的正向溢出效应，共享由扩大开放所带来的经济成果，并有效化解地区产业发展不平衡等问题。

第五，本书对我国对外贸易制度变迁和东部沿海发达地区产业转型升级的历史时间变化特征进行了详细刻画，我国东部沿海发达地区实现了由“畸重畸轻”的发展模式阶段向产业间均衡化发展阶段的过渡，并逐步转向区域间协调发展阶段。改革开放几十年来，沿海经济发达地区成为领衔中国经济发展的先驱者。对沿海地区对外贸易发展和产业结构升级的经验合理吸收和运用，对我国中、西部地区的发展起着重要的借鉴作用。正确处理沿海发达地区“先富”与中西部地区“后富”之间的关系，使东部沿海发达地区在产业结构升级上发挥引领带动效应；正确处理产品核心竞争力和提升贸易利益问题，我国虽然是世界第一贸易大国，但是在对外贸易过程中的利益相对是较少的，由于在国际贸易中的分工中的地位不高，仍处在价值链的低端环节，虽然沿海发达地区对外贸易规模不断扩大，但是所获得的利益却较少。因此如何提高产品的核心竞争力，提升沿海发达地区在贸易中的利益获取能力，也是其所需要面临的问题；既要紧抓国际机遇，也要规避潜在风险，由于国际环境的复杂性和多变性，在实行对外开放时，东部沿海发达地区需要正确认识经济全球化带来的机遇与挑战，推动沿海发达地区的对外贸易发展和产业结构的优化升级。

9.2 政策建议

自1978年实行改革开放以来，沿海地区的经济得到了长足的发展并成为带动中国经济增长的引擎。随着改革开放的进一步扩大以及国内要素禀赋的动态调整，当前应当努力调整、适应国内资源格局变化，适时地摆脱对低生产要素的过度依赖而导致的国际分工“低端锁定”；通过抓住进一步对外开放带来的发展机遇，构建起以新型开放模式为支撑和引领的产业转型升级发展格局。在深度对外开放的背景下，如何有效促进沿海经济发达地区产业转型升级直接关系着未来经济发展的好坏，亦是未来很长时间内亟待解决的关键问题之一。本书结合自身研究内容对东部沿海经济发达地区的产业转型升级提出以下几点政策建议：

第一，以持续发展为目标，加大开放力度，促进产业转型升级。

多年来我国始终以优惠政策推动对外开放，对产业转型升级的不利影响也逐渐显现。因此当前应当把深化对外开放的重心转移到制度创新上来，以良好的制度环境激发产业转型升级的活力，以健全的产业政策为基础扩大对外开放力度。比如，要充分统筹不同区域之间的经济发展水平，根据区域实际情况考虑产业转型升级和实现可持续发展的具体要求，将对外经济政策进行重整改造使其更加完善，严格约束地方政府在外资吸引方面形成的恶性竞争，把重点从鼓励外商投资转向对本土企业创新的激励。

首先，对外开放的扩大可以从优化政策工具、激励企业发展、健全制度环境、协调区域发展四个方面着手。一是在政策工具优化上，要充分利用财税政策、金融工具、进一步简化和完善负面清单项目；二是在企业发展层面，推动国企混合所有制改革，并支持行业龙头民营企业进行产业兼并重组，通过民营企业债券融资支持计划以及股权融资支持计划等进一步促进、鼓励民营企业发展；三是在制度环境上，推动上海、海南等地自贸区改革试点的进一步扩大，加强对银行业、证券业以及保险业等领域的对外开放；四是在区域协调发展上，扩大对中西部地区的开放和投入，通过加强区域间产业分工合作，促进资源区域间协调配置，并通过发挥沿海经济发达地区对其他地区的产业转型升级的空间溢出效应，从而减小区域产业发展的重复建设和结构失衡问题。

其次，还要对外汇管理制度做出适当调整，促进产业转型升级动力机制的转换。当前的汇率政策应在鼓励出口之外，更多考虑如何促进国内产业转型升级和改善国民福利。尤其是在经济“新常态”背景下，外需依赖型的产业发展模式日益疲软，要想实现进一步发展就必须要构建以内需驱动为主要动力的发展模式。在对外开放进一步扩大的背景下，脱离本土需求融入全球产业分工之中，难以继续对经济增长和产业转型升级发挥驱动作用，且难以通过贸易部门与本土产业部门的广泛关联带动国内生产率的整体改进，同时也会偏离外贸发展作为“增长引擎”的本质作用（易先忠和高凌云，2018）[218]。

第二，以内外均衡发展为支撑，构建全方位开放体系，以此拓展我国产业转型升级的空间。

对外开放需要把重心从赚取外汇和引入外部资本转向扩大内需，逐步形成以外需带动内需，内需外需相互促进、相互融合的良性循环，促使国民经济尽快转型为以内需拉动为主，为产业转型升级提供强劲动力和内部支撑。为此，一方面应当大力加快国内企业走出去的步伐，利用企业海外投资把部分国内产能转移出去，以“腾笼换鸟”的方式为先进企业的发展提供充足的空间和资源。同时，促使企业以对外投资的方式“走出去”，以此获得更优质的外部资源，吸收国际先进技术和经验。在对外经济政策的引导下，由外资推动的产业转型较少带来价值链“低端锁定”和“浮萍经济”的结果，反而会成为产业转型升级和本地竞争力提升的基础和重要推动力。另一方面，要大力推进人民币国际化的进程，使我国企业在国际经济交往中获得更有力的竞争优势和市场效益，从根本上提高我国企业在全球国际分工体系中的地位。

第三，提升我国产业的全球资源配置能力，促进国际产业链分工地位提升。

在对外开放进程中，我国产业的国际产业链分工地位提升作为我国产业转型升级的重要维度，对于产业转型升级目标的实现具有不可忽视的作用。要促进我国产业所参与的国际产业链分工升级，关键在于提升我国产业的全球资源配置能力，通过优化生产资源在全球范围内不同技术层次、不同生产环节以及不同时空范围的配置，从而深化我国产业参与国际产业链的分工程度，以及提高我国产业参与国际产业链的分工地位。

我国产业进行全球资源配置是指在当前经济全球化的时代背景下，运用开放性的战略思维和全球化的战略眼光，在要素和资源优化配置过程中放眼全球，基于生产的非一体化模式在全球范围内和各个产业中通过网络技术和全球金融体系，将产业内和产业间的资源配置方式从国内拓展至国外。在全球范围内寻求产业链中要素的最佳组合和资源的最优利用，即在全球范围内实现资源配置的帕累托最优，在具备要素比较优势的地方开发、生产和提供最优质的产品或服务。

提升我国产业的全球资源配置能力，促进我国产业参与的国际产业链分工，是指在我国各产业内的企业在我国对外开放不断深化的进程中，意识到全球范围内资源配置的战略作用，借助经济全球化大趋势，主动融入全球价值链生产过程中，成为全球价值链中的重要一环。我国企业应该利用生产的非一体化模式，除了继续利用我国自身要素和资源之外，还应该充分挖掘利用国外各个国家的生产要素、资金、信息、人才、中间品进行产品生产和服务供应，并将国内外的要素资源统筹兼顾，在不同国家、地区和不同产业中配置重组。这将促使我国产业更加积极主动地融入经济全球化的进程中。

提升我国产业的全球资源配置能力，具体而言，首先应充分发挥好我国作为制造业大国在加工贸易生产中的传统优势，通过财税政策等政策工具，鼓励我国企业引进、吸收先进技术，强化自主研发创新能力，深化产品加工程度和技术复杂度，从而提升出口产品的附加值。并且，要进一步培养企业研发设计能力，力争从加工生产转型为在能够承担部分研发设计方面工作的创新型企业。其次，鼓励和引导处于我国优势产业内的企业通过直接的对外投资以获取更广阔的国内外市场，促进处于我国成长产业的内的企业通过直接的对外投资以寻求发达国家的先进技术和人才支持，从而在全球范围内实现产业合理布局和产业转型升级。

第四，发挥沿海发达地区产业转型升级溢出效应，引领、带动中西部产业转型升级，实现区域产业协调发展。

自改革开放以来，我国东部地区与中西部地区的经济发展水平差异逐渐拉大，促进区域间的协调发展已然成为当前我国经济发展的重要工作。要缩小东中西部的经济发展差异就要实现东中西部的产业协调发展，而产业转型升级是东中西部产业协调发展的重要前提。从我国产业转型升级的历史特征看，东部沿海发达地区较早积累了低端产业向高端产业转变的实力，由前工业化时期快速发展至后工业化时期。但由于差异化发展政策的作用，造成了中西部地区长期处于工业化发展初期水平，导致我国目前产业区域发展不均衡、不协调的问题突出。为了实现东中西部区域间的产业结构协调发展，首先，中西部地区要结合自身的资源禀赋优势，发展具有比较优势的产业，积极承接东部沿海经济发达地区产业转移。当地政府要适当进行资源调控，将资源配置到相应的具有比较优势的产业中，促进地区产业发展。此外，中西部地区也要做好基础设施建设和交通运输设施建设，为东部地区的产业转移创造好良好条件。其次，未来在积极发挥东部沿海发达地区产业结构升级优势的同时，应当适当引导带动中西部产业结构协同升级。通过发挥沿海地区产业升级的辐射带动效应，促进中西部地区实现工业化发展。对此，政府部门要做出适当的政策倾斜，比如财政部门要扩大对中西部地区的转移支付额度，鼓励外商投资向中西部地区转移，对投资于中西部地区的项目给予资金融通上的支持。同时，要进一步对中西部地区的政府行为加以规范，营造良好的招商环境，建立完善工业园区体系，为产业集群化发展提供基础。最后，加强产业分类指导，提升产业发展水平和升级能力。由于当前我国市场化制度建设尚不完善，产业升级和产业转移会受到不完善市场机制的约束。因此，东部地区作为产业转出地，其政府部门应当加强对产业调整的指导，为东部地区的产业转移到中西部地区提供必要的信息服务和技术支持。

9.3 未来展望

1. “放雀引凤”与未来的产业结构高度化

首先，积极引导沿海发达地区做好产业外迁工作，向中西部地区和欠发达国家转移低端生产要素依赖型产业。就目前而言，沿海发达地区的资源和环境已经受到较大影响，产业生产成本优势和政策优势逐渐削弱。要素禀赋的动态转换原理迫使沿海发达地区急需进行一次产业的“新陈代谢”，那些仅依赖低端生产要素的企业必须有序的从沿海发达地区迁移出去，到中西部地区和欠发达国家去寻找适宜其生存的产业环境，从而为引进高端生产要素型企业做好充分准备，即所谓的“放雀引凤”（王月琴等，2009）[219]。政府应积极引导沿海发达地区的产业外迁转移，做好牵线搭桥的准备工作，并在实施过程中及时总结经验，为低端生产要素依赖型企业转移提供政策保障以及信贷支持。

其次，在“放雀”之后应积极做好“引凤”计划，要加强与经济发达地区和国家的产业合作，高端产业的引进。具体措施可以由以下两个方面展开。

（1）扩大对外开放，加强与和发达国家之间的产业合作。

沿海发达地区的产业发展受益于发达国家的产业转移，它推进了沿海发达地区的产业发展进程，使得沿海发达地区迅速进入了后工业化时期。但是沿海发达地区不能因此而故步自封，应该要以更开放的姿态去承接发达国家和地区的新一轮产业转移。当前，美、德、日等发达国家正在向外转移金融、保险、咨询等现代服务业以及汽车制造、钢铁、通讯器材等先进制造业，对此沿海发达地区需进一步扩大对外开放，加强与发达国家和地区的产业合作，为引进现代服务业和先进制造业创造良好的环境。

（2）积极引进现代服务业和高科技产业，促进沿海发达地区向产业价值链高端攀升。

政府应重点加强对金融、文化创意等现代服务业以及电子信息、新材料、生物等高科技产业的引进和扶持，在原有的发展基础上进一步改善投资环境，吸引国外大公司前来设立区域总部、研发机构和采购中心等。在对技术进行引进的同时结合沿海发达地区的技术现状，针对实际情况对引进方式进行相应改革，重点引进核心技术，加强对专利、技术许可证等软技术的引进，促进企业形成自主研发技术，提高服务业的现代化水平和高新技术产业的发展水平。

2. “资源替代”与未来加工程度高度化

随着资源、土地等要素成本不断上升，沿海发达地区的制造业已经逐渐形成“资源替代”型产业升级模式，即企业通过利用自动化程度更高、生产效率更快的机器设备代替部分劳动力。“资源替代”的模式，使得自然资源的整个产业在既定产品和生产链条上提高了附加值和加工度，促进加工程度高度化的产业升级，会成为今后沿海发达地区产业升级的主要模式。

另外，除了在制造行业进行“资源替代”外，也可以在产业发展的过程中尽量减少对有形物质资源的利用量，如土地、煤和石油等自然资源以及水、电等可再生能源等。同时，将传统的原材料加工、纺织等高能耗低效率的实体经济形态向金融、旅游、保险、信息等现代服务业转变，后者相对于前者而言，对有形物质资源的依赖程度较低。

3. “链条升级”与未来价值链高度化

所谓“链条升级”，指的是在产业价值链视角，从低端要素环节向高端要素环节攀升的升级路径。对于处在制造业环节的产业来说，就是由工艺升级到产品升级再到功能升级的转变，比如企业由 OEM（贴牌生产）到 ODM（自行设计生产）再到 OBM（自有品牌生产）。“链条升级”的产业模式要求企业必须具备完善的科技研发能力和良好的运营管理能力，而从目前来看，中国沿海发达区域的许多国际知名品牌制造业的出口产品还是以贴牌生产为主，汽车行业也因科技研发能力不足而依旧只能走在规模扩张的老路上。“链条升级”的模式不仅仅与现实的市场环境息息相关，也取决于企业的努力以及公共政策的支持。因此，在制定产业发展政策的同时，还应该立足于需求视角，通过对制造业与服务业的相互关联程度的维护和巩固以形成制造业对服务业发展的市场支撑。

参 考 文 献

[1] 夏杰长，倪红福．中国经济增长的主导产业：服务业还是工业？[J]．南京大学学报（哲学·人文科学·社会科学），2016，53（03）：43－52.

[2] 胡立君，薛福根，王宇．后工业化阶段的产业空心化机理及治理——以日本和美国为例［J］．中国工业经济，2013（08）：122－134.

[3] Audretsch D B. Industrial Organization and the Organization of Industries：Linking Industry Structure to Economic Performance [J]. Review of Industrial Organization，2018（1）：1－18.

[4] 刘伟，蔡志洲．我国工业化进程中产业结构升级与新常态下的经济增长［J］．北京大学学报（哲学社会科学版），2015（03）：5－19.

[5] 胡鞍钢．中国进入后工业化时代［J］．北京交通大学学报（社会科学版），2017，16（01）：1－16.

[6] 曲如晓．经济开放度指标新探［J］．经济学家，1997（05）：75－81.

[7] 小岛清．对外贸易论［M］．南开大学出版社，1987.

[8] Dollars，D. Outward－oriented Developing Economies Really Do Grow More Rapidly：Evidence From 95 LDCs 1976－1985 [J]. Economic Development and Cultural Change，1992，523－544.

[9] Sachs，J. and A. Warner. Economic Reform and the Process of Global Integration [J]. Brookings Papers of Economic Activity，1995（01）：1－118.

[10] Edwards. Openness Productivity and Growth：What do We Really Know [J]. Journal of Development Economics，1998（3）.

[11] Leamer，E. Measuring of Openness，Trade Policy and Empirical Analysis [M]. Chicago：University of hicago Press，1988.

[12] JW Lee：International Trade，Distortion and Long－Run Economic

Growth [J]. International Monetary Fund StaffPapers, 40 (02) 299 - 328.

[13] Harrison A. Openness and Growth: a Time Series. Cross - country Analysis for Developing Countries [J]. Journal of Development Economics. 1996, 48: 419 - 147.

[14] Patrick L, marcelo O & Javier S. Does Globalization Cause a Higher Concentration of International Trade and Investment Flow ? WTO Working Paper 1998 (8).

[15] Francisco, R. and D. Rodrik. Trade Policy and Economic Growth: A Skeptic Guide to the Cross - National Evidence. NBER Working Paper, 1999, No. 7081.

[16] Stewart W. Institutional Quality and its Effect on Trade: An Empirical Analysis [J]. UBC Economic Honors Thesis, 1999.

[17] Martin Feldstein and Charles Horioka. Domestic Saving and InternationalCapital Flows [J]. The Economic Journal. 1980, (90): 314 - 329.

[18] 解念慈，魏宁．浅论对外开放及其定量评价 [J]. 国际贸易，1988 (04): 29 - 32 + 64.

[19] 黄繁华．中国经济开放度及其国际比较研究 [J]. 国际贸易问题，2001 (1): 19 - 23.

[20] 李翀．我国对外开放程度的度量与比较 [J]. 经济研究，1998 (01): 26 - 29.

[21] 胡智，刘志雄．中国经济开放度的测算与国际比较 [J]. 世界经济研究，2005 (7): 10 - 17.

[22] 胡立法．中国贸易开放度的重新估计 [J]. 世界经济研究，2004 (05): 37 - 41.

[23] 沈利生．论外贸依存度——兼论计算外贸依存度的新公式 [J]. 数量经济技术经济研究，2005 (07): 15 - 24.

[24] 毛其淋，盛斌．贸易自由化与中国制造业企业出口行为：“入世”是否促进了出口参与？[J]. 经济学（季刊），2014, 13 (02): 647 - 674.

[25] 田巍，余淼杰．中间品贸易自由化和企业研发：基于中国数据的经验分析 [J]. 世界经济，2014, 37 (06): 90 - 112.

[26] 毛其淋，许家云．中间品贸易自由化与制造业就业变动——来

自中国加入 WTO 的微观证据 [J]. 经济研究，2016，51 (01)：69 - 83.

[27] Krugman P. and E Helpman. Market Structure and Foreign Trade [M]. MITPress, Cambridge, MA. 1985.

[28] Rodrik D. Closing the Technology Gap: Does Trade Liberalization Really Help? [J]. Cambridge NBER Working Paper, 1988, No. 2654.

[29] Okafor L E.; Bhattacharya M.; Bloch H. Imported Intermediates, Absorptive Capacity and Productivity: Evidence from Ghanaian Manufacturing Firms [J]. The World Economy, 2017 (2): 369 - 392.

[30] Romer P. Increasing Returns and Long - Run Growth [J]. Journal of Political Economy, 1994 (5): 1002 - 1037.

[31] Lucas R., On the Mechanism of Economic Development [J]. Journal of Monetary Economics, 1998 (1): 3 - 42.

[32] 丁一兵，宋畅. 中间品进口转换能否促进中国企业出口转型升级 [J]. 国际贸易问题，2021 (09)：17 - 32.

[33] 黄蔚，方齐云. 对外开放与我国经济增长的实证分析 [J]. 国际贸易问题，2006 (06)：5 - 9.

[34] 沈坤荣，李剑. 中国贸易发展与经济增长影响机制的经验研究 [J]. 经济研究，2003 (05)：32 - 40.

[35] 邓创，李雨林. 新常态时期中国对外贸易仍能促进经济增长吗——基于分类进出口贸易的动态计量分析 [J]. 国际经贸探索，2016 (06)：4 - 16.

[36] 张汉东，胡朝麟. 浙江省对外贸易与经济增长、产业结构之间的关系研究——基于投入产出模型的实证分析 [J]. 国际贸易问题，2012 (11)：74 - 82.

[37] 陈太明. 改革开放与中国增长奇迹：效应评估、贡献测算与机理研究 [J]. 当代经济管理，2020，42 (12)：1 - 7.

[38] 简新华，余江. 改革开放以来中国经济增长的起伏波动和理性应对 [J]. 政治经济学研究，2020 (01)：132 - 140.

[39] 包群. 贸易开放与经济增长：只是线性关系吗 [J]. 世界经济，2008 (09)：3 - 18.

[40] 张帆. 建立中国 - 东盟自由贸易区贸易与投资效应分析 [J].

国际经贸探索，2002（05）：63-66.

[41] 李元媛，张捷．中国对越南直接投资分析——基于要素禀赋互补的发展中国家 FDI 理论［J］．经济问题探索，2012（12）：22-28.

[42] 周毓萍，桑杰尔·拉尔．中国吸引外资对东南亚国家吸引外资影响的实证研究［J］．国际贸易问题，2005（12）：48-54+66.

[43] 赵亮．自贸试验区驱动区域产业结构升级的机理探讨［J］．经济体制改革，2021（03）：122-127.

[44] 余振，陈继勇，邱珊．中国-俄罗斯 FTA 的贸易、关税及福利效应——基于 WITS-SMART 的模拟分析［J］．华东经济管理，2014（06）：63-69.

[45] 谢涓．对外开放与我国区域产业结构调整研究［D］．湖南大学，2012.

[46] Porter. The Competitive Advantage of Nations [M]. FreePress, NewYork, 1990.

[47] Schmitz H and Knorringa P. Learning from global buyers [J]. Journal of Development Studies, 2000, 37 (2): 177-205.

[48] Ernst D. Global Production Network and Industrial Upgrading: A Knowledge-Centered Approach [J]. Eastwest Center, Working Paper. 2001.

[49] 刘志彪：产业升级的发展效应及其动因分析［J］．南京师大学报（社会科学版）．2000（02）：3-10.

[50] 靖学青．产业结构高级化与经济增长——对长三角地区的实证分析［J］．南通大学学报（社会科学版）．2005（03）：45-49.

[51] 朱卫平，陈林．产业升级的内涵与模式研究——以广东产业升级为例［J］．经济学家，2011（02）：60-66.

[52] 吕铁，周叔莲．中国的产业结构升级与经济增长方式转变［J］．管理世界．1999（01）：13.

[53] 唐东波．贸易开放、垂直专业化分工与产业升级［J］．世界经济，2013（04）：47-68.

[54] 钱纳里，鲁宾逊，赛尔奎因．工业化和经济增长的比较研究［M］．上海三联书店 1989：234-266.

[55] Cantwell J, Tolentino P E. Technological Accumulation and Third

World Multinationals. Discussion Paper in International Investment and Business Studies [J]. 1990.

[56] 苏杭，郑磊，牟逸飞．要素禀赋与中国制造业产业升级——基于WIOD和中国工业企业数据库的分析 [J]．管理世界．2017 (04)：70 – 79.

[57] 付宏，毛蕴诗，宋来胜．创新对产业结构高级化影响的实证研究——基于2000～2011年的省际面板数据 [J]．中国工业经济．2013 (9)：56 – 68.

[58] 周叔莲，王伟光：科技创新与产业结构优化升级 [J]．管理世界，2001 (05)：12 – 26.

[59] 潘素昆，袁然．不同投资动机OFDI促进产业升级的理论与实证研究 [J]．经济学家，2014 (09)：69 – 76.

[60] 孙薇，李建琴．电子商务促进了产业升级吗——基于世界银行2012年中国企业调查的证据 [J]．中国经济问题，2021 (03)：62 – 75.

[61] 戴翔，张雨．开放条件下我国本土企业升级能力的影响因素研究——基于昆山制造业企业问卷的分析 [J]．经济学（季刊），2013 (04)：1387 – 1412.

[62] 刘秉镰，刘勇．我国区域产业结构升级能力研究 [J]．开放导报，2006 (06)：82 – 85.

[63] 杨丹萍，杨丽华．对外贸易、技术进步与产业结构升级：经验、机理与实证 [J]．管理世界，2016 (11)：172 – 173.

[64] 孙晓华，王昀．对外贸易结构带动了产业结构升级吗？——基于半对数模型和结构效应的实证检验 [J]．世界经济研究，2013 (01)：15 – 21.

[65] 李佳，闵悦，王晓．中欧班列开通能否推动产业结构升级？——来自中国285个地级市的准自然实验研究 [J]．产业经济研究，2021 (03)：69 – 83.

[66] 肖云．我国产业结构的演进及对外经济的战略选择 [J]．贵州社会科学，1994 (05)：15 – 18.

[67] 范爱军，李菲菲．产品内贸易和一般贸易的差异性研究——基于对我国产业结构升级影响的视角 [J]．国际经贸探索，2011 (04)：4 – 8.

[68] 王锋正，孙玥，赵宇霞．全球价值链嵌入、开放式创新与资源

型产业升级 [J]. 科学学研究，2020，38 (09)：1706 - 1718.

[69] 谭清文. 我国产业结构调整的问题与对策 [J]. 经济体制改革，1997 (4)：67 - 72.

[70] 林毅夫，蔡日方，李周. 比较优势与发展战略一对“东亚奇迹”的再解释 [J]. 中国社会科学 1999 (5)：4 - 20.

[71] 袁欣. 中国对外贸易结构与产业结构：“镜像”与“原像”的背离 [J]. 经济学家，2010 (06)：67 - 73.

[72] 黄庆波，范厚明. 对外贸易、经济增长与产业结构升级——基于中国、印度和亚洲“四小龙”的实证检验 [J]. 国际贸易问题，2010 (02)：38 - 44.

[73] 郭晴. “双循环”新发展格局的现实逻辑与实现路径 [J]. 求索，2020 (06)：100 - 107.

[74] Kose, Prasad, Rogoff, Wei. Financial Globalization: a Reappraisal [J]. NBER Working Paper, August, 2006.

[75] Maurice Obstfeld. International Finance and Growth in Developing Countries: What Have We Learned? [J]. NBER Working Paper 14691, January, 2009.

[76] Assanie, N. Singleton, B. The Quality of Foreign Direct Investment: Does it Matter for Economic Growth [R]. Vancouver: Asia Pacific Foundation of Canada, 2002.

[77] Mathews. J. A. Dragon Multinationals: New Players in 21st Century Globalization [J]. Asia Pacific Journal of Management, 2006, 23, 5 - 27.

[78] 汪琦. 对外直接投资对投资国的产业结构调整效应及其传导机制 [J]. 国际贸易问题，2004 (05)：73 - 77.

[79] 黄先海，郑亚莉. 利用外贸外资推动浙江产业升级研究 [J]. 浙江大学学报（人文社会科学版），2000 (12)：149 - 155.

[80] 王军. FDI 在我国产业结构优化升级中的作用 [J]. 国际经济合作，2006 (09)：34 - 36.

[81] 傅元海，林剑威. FDI 和 OFDI 的互动机制与经济增长质量提升——基于狭义技术进步效应和资源配置效应的分析 [J]. 中国软科学，2021 (02)：133 - 150.

[82] 贾妮莎，韩永辉，邹建华．中国双向FDI的产业结构升级效应：理论机制与实证检验 [J]. 国际贸易问题 . 2014 (11): 109 - 120.

[83] 才国伟，杨豪．外商直接投资能否改善中国要素市场扭曲 [J]. 中国工业经济，2019 (10): 42 - 60.

[84] 徐鑫，蒋毅一．外商直接投资对我国产业结构升级的羁绊和纠正途径 [J]. 特区经济，2012 (10): 182 - 184.

[85] 黄永明，陈宏．外商直接投资对中国产业升级影响的研究 [J]. 管理现代化，2018, 38 (04): 22 - 25.

[86] 戴宴清．产业结构转型中的外商直接投资效应研究 [J]. 统计与决策，2012 (24): 146 - 148.

[87] 苏理梅，彭冬冬，谢汶莉．负面清单管理模式对服务业国际竞争力的影响研究 [J]. 上海财经大学学报，2017 (04): 41 - 51.

[88] 郭克莎．外商直接投资对我国产业结构的影响研究 [J]. 管理世界，2002 (02): 34 - 45.

[89] 海闻，P. 林德特，王新奎．国际贸易 [M]. 上海人民出版社，2005.

[90] Verdoorn P J. The Intra - Bloc Trade of Benelux [M]. Economic Consequences of the Size of Nations. Palgrave Macmillan UK, 1960.

[91] Balassa B. Tariff Reductions and Trade in Manufacturers among the Industrial Countries [J]. American Economic Review, 1966, 56 (3): 466 - 473.

[92] Grubel H G, Lloyd P J. Intra - Industry Trade: The Theory and Measurement of International Trade in Differential Products [J]. Economic Journal, 1975, 85 (339).

[93] Dixit A K, Stiglitz J E. Monopolistic Competition and Optimum Product Diversity [J]. American Economic Review, 1977, 67 (3): 297 - 308.

[94] Krugman P R. Increasing Returns, Monopolistic Competition, and International Trade [J]. Journal of International Economics, 1979, 9 (4): 469 - 479.

[95] Krugman P. Scale Economies, Product Differentiation, and the Pattern of Trade [J]. American Economic Review, 1980, 70 (5): 950 - 959.

[96] Lancaster K. Intra - Industry Trade Under Perfect Monopolistic Competition [J]. Journal of International Economics, 1980, 10 (2): 151 - 175.

[97] Norman, Dixit V. Theory of international trade [M]. J. Nisbet, 1980.

[98] Brander J A. Intra - industry trade in identical commodities [J]. Journal of International Economics, 1981, 11 (1): 1 - 14.

[99] Helpman E. International Trade in The Presence of Product Differentiation, Economies of Scale and Monopolistic Competition: A Chamberlin - Heckscher - Ohlin approach [J]. Journal of International Economics, 1981, 11 (03): 305 - 340.

[100] Eaton J, Grossman G M. Optimal Trade and Industrial Policy Under Oligopoly [J]. Quarterly Journal of Economics, 1986, 101 (02): 383 - 406.

[101] Bernard A B, Jensen J B, Lawrence R Z. Exporters, Jobs, and Wages in U. S. Manufacturing: 1976 - 1987 [J]. Microeconomics, 1995: 67 - 119.

[102] Bernard A B, Schott P K. Comparative Advantage and Heterogeneous Firms [J]. Review of Economic Studies, 2007, 74 (01): 31 - 66.

[103] Bernard A B, Jensen J B, Lawrence R Z. Exporters, Jobs, and Wages in U. S. Manufacturing: 1976 - 1987 [J]. Brookings Papers on Economic Activity Microeconomics, 1995: 67 - 119.

[104] Bernard A B, Wagner J. Export Entry and Exit by German Firms [J]. Weltwirtschaftliches Archiv, 2001, 137 (01): 105 - 123.

[105] Wagner J. The Causal Effects of Exports on Firm Size and Labor Productivity: First Evidence from A Matching Approach [J]. Economics Letters, 2002 (02): 287 - 292.

[106] Jens Arnold, Katrin Hussinger. Export Behavior and Firm Productivity in German Manufacturing: A Firm - Level Analysis [J]. Review of World Economics, 2005 (141): 219 - 243.

[107] Fukunari Kimura and Kozo Kiyota. Exports, FDI, and Productivity: Dynamic Evidence from Japanese Firms [J]. Review of World Economics 2016 (04): 695 - 719.

[108] Aw B Y, Hwang A R. Productivity and the Export Market: A Firm - level Analysis [J]. Journal of Development Economics, 1993 (02): 313 - 332.

[109] Aw B Y, Roberts M J, Winston T. Export Market Participation, Investments in R&D and Worker Training, and the Evolution of Firm Productivity

[J]. World Economy, 2010 (01): 83 - 104.

[110] Clerides S K, Lach S, Tybout J R. Is Learning by Exporting Important? Micro - Dynamic Evidence from Colombia, Mexico, and Morocco [J]. Quarterly Journal of Economics, 1998 (03): 903 - 947.

[111] Kasahara H, Lapham B. Productivity and the Decision to Import and Export: Theory and Evidence [J]. Journal of International Economics, 2013 (02): 297 - 316.

[112] Mengistae T, Pattillo C. Export Orientation and Productivity in Sub - Saharan Africa [J]. Imf Staff Papers, 2004 (02): 327 - 353.

[113] Arne B, Mulu G. Firm Productivity and Exports: Evidence from Ethiopian Manufacturing [J]. Journal of Development Studies, 2009, 45 (10): 1594 - 1614.

[114] Melitz M J. The Impact of Trade on Intra - Industry Reallocations and AggregateIndustry Productivity [J]. Econometrica. 2003 (06): 1695 - 1725.

[115] 崔凡，邓兴华．异质性企业贸易理论的发展综述 [J]. 世界经济，2014 (06): 138 - 160.

[116] 杨小凯，张永生．新兴古典发展经济学导论 [J]. 经济研究，1999 (07): 67 - 77.

[117] Kogut, Bruce. Designing Global Strategies: Comparative and Competitive Value - Added Chains [J]. Sloan Management Review. 1985 (26): 15.

[118] Gereffi, Gary; Korzeniewicz, Miguel. Commodity Chains and Global Capitalism [M]. 1994.

[119] Gereffi G. International Trade and Industrial Upgrading in the Apparel Commodity Chain [J]. 1999, 48 (1): 37 - 70.

[120] Gereffi G. Global Value Chains and International Competition [J]. Antitrust Bulletin, 2011, 56 (1): 37 - 56.

[121] 刘志彪．生产者服务业及其集聚：攀升全球价值链的关键要素与实现机制 [J]. 中国经济问题，2008 (01): 3 - 12.

[122] 苏东水．产业经济学 [M]. 高等教育出版社，2010.

[123] 王俊豪等．产业经济学 [M]. 高等教育出版社，2016.

[124] 波特，国家竞争优势 [M]. 李明轩，译．北京：华夏出版社，

2002：69－72.

［125］丁志国，赵宣凯，苏治．中国经济增长的核心动力——基于资源配置效率的产业升级方向与路径选择［J］．中国工业经济，2012（09）：18－30.

［126］李杰．产业结构演进的一般规律及国际经验比较［J］．经济问题，2009（06）：31－34.

［127］蔡海亚，徐盈之．贸易开放是否影响了中国产业结构升级？［J］．数量经济技术经济研究．2017（10）：3－22.

［128］刘燕妮，安立仁，金田林．经济结构失衡背景下的中国经济增长质量［J］．数量经济技术经济研究．2014（02）：20－35.

［129］田书华．中国区域经济的发展历程及发展趋势［R］．中国银河证券研究所．2011.

［130］黄晓玲．外贸、外资与工业化——理论分析与中国实证研究［J］．对外经济贸易大学出版社，2002：171－198.

［131］黄亮雄，安苑，刘淑琳．中国的产业结构调整：基于三个维度的测算［J］．中国工业经济，2013（10）：70－82.

［132］周茂，陆毅，符大海．贸易自由化与中国产业升级：事实与机制［J］．世界经济 2016（10）：78－102.

［133］章潇萌，杨宇菲．对外开放与我国产业结构转型的新路径［J］．管理世界，2016（03）：25－35.

［134］柳剑平，张兴泉．产业内贸易与产业结构的优化——基于中国制造业动态面板数据的研究［J］．世界地理研究，2011（03）：103－111.

［135］张云，王昕．ODI 对我国高端装备制造业自主创新能力的影响研究——以航空装备制造业为例［J］．工业技术经济，2013，43（12）：137－146.

［136］李方一，刘思佳，程莹，宋周莺．出口增加值对中国区域产业结构高度化的影响［J］．地理科学，2017，37（01）：37－45.

［137］袁航，朱承亮．国家高新区推动了中国产业结构转型升级吗［J］．中国工业经济，2018（08）：60－77.

［138］林春艳，孔凡超．中国产业结构高度化的空间关联效应分析——基于社会网络分析方法［J］．经济学家，2016（11）：45－53.

[139] 苏丹妮，邵朝对. 全球价值链参与、区域经济增长与空间溢出效应［J］. 国际贸易问题，2017（11）：48－59.

[140] 蓝庆新，陈超凡. 新型城镇化推动产业结构升级了吗？——基于中国省级面板数据的空间计量研究［J］. 财经研究，2013，39（12）：57－71.

[141] 干春晖，郑若谷，余典范. 中国产业结构变迁对经济增长和波动的影响［J］. 经济研究，2011，46（05）：4－16＋31.

[142] 苏红键，魏后凯. 密度效应、最优城市人口密度与集约型城镇化［J］. 中国工业经济，2013（10）：5－17.

[143] 吴福象，沈浩平. 新型城镇化、基础设施空间溢出与地区产业结构升级——基于长三角城市群16个核心城市的实证分析［J］. 财经科学，2013（07）：89－98.

[144] 岳书敬，刘朝明. 人力资本与区域全要素生产率分析［J］. 经济研究，2006（04）：90－96＋127.

[145] Reyes J. International Trade and Financial Integration: a Weighted Network Analysis [J]. Quantitative Finance, 2010, 10 (4): 389－399.

[146] Cassi L, Morrison A, Wal A L J T. The Evolution of Trade and Scientific Collaboration Networks in the Global Wine Sector: A Longitudinal Study Using Network Analysis [J]. Economic Geography, 2012, 88 (3): 311－334.

[147] 李敬，陈澍，万广华，付陈梅. 中国区域经济增长的空间关联及其解释——基于网络分析方法［J］. 经济研究，2014，49（11）：4－16.

[148] Freeman L C. Centrality in social networks conceptual clarification [J]. Social Networks, 1979, 1 (3): 215－239.

[149] 刘军. 社会网络模型研究论析［J］. 社会学研究，2004（01）：1－12.

[150] White H C, Boorman S A. Social Structure from Multiple Networks I: Blockmodels of Roles and Positions [J]. American Journal of Sociology, 1976, 81 (6): 730－779.

[151] Snyder D, Kick E L. Structural Position in the World System and Economic Growth, 1955－1970: A Multiple－Network Analysis of Transnational Interactions [J]. American Journal of Sociology, 1979, 84 (5): 1096－1126.

[152] Wasserman S, Faust K. Social Network Analysis: Methods and Applications [M]. Cambridge: Cambridge University Press, 1994: 89.

[153] 彭红枫，鲁维洁. 外商直接投资的动态挤入挤出效应——基于全国及地区差异的分析和检验 [J]. 世界经济研究，2011 (02): 59-64+88-89.

[154] 谭之博，赵岳. 外商直接投资的挤入挤出效应：金融发展的影响 [J]. 金融研究，2014 (09): 69-83.

[155] 蔡冬青，周经. 对外直接投资反向技术外溢的国际经验——基于母国吸收能力的考察 [J]. 财经科学，2014 (03): 121-130.

[156] 尹东东，张建清. 我国对外直接投资逆向技术溢出效应研究——基于吸收能力视角的实证分析 [J]. 国际贸易问题，2016 (01): 109-120.

[157] 李梅，柳士昌. 对外直接投资逆向技术溢出的地区差异和门槛效应——基于中国省际面板数据的门槛回归分析 [J]. 管理世界，2012 (01): 21-32+66.

[158] 唐贤兴. 对外开放与中国的国际化和制度创新 [J]. 毛泽东邓小平理论研究，2008 (09): 64-69+85.

[159] Ruttan V W, Hayami Y. Toward a Theory of Induced Institutional Innovation [J]. The Journal of development studies, 1984, 20 (4): 203-223.

[160] Lin D Y, Wei L J. The Robust Inference for the Cox Proportional Hazards Model [J]. Journal of the American statistical Association, 1989, 84 (408): 1074-1078.

[161] 肖林，周国平，郭爱军，罗海波，樊星，陆丽萍，邱鸣华. 中国（上海）自由贸易试验区改革开放成效与制度创新研究 [J]. 科学发展，2015 (01): 69-77.

[162] 周茂荣，张子杰. 对外开放度测度研究述评 [J]. 国际贸易问题，2009 (08): 121-128.

[163] Wacziarg R, Welch K H. Trade Liberalization and Growth: New Evidence [J]. The World Bank Economic Review, 2008, 22 (2): 187-231.

[164] Levinsohn J, Petrin A. Estimating production functions using inputs to control for unobservables [J]. The Review of Economic Studies, 2003, 70 (2): 317-341.

［165］ Olley G S, Pakes A. The Dynamics of Productivity in the Telecommunications Equipment Industry ［J］. Econometrica, 1996, 64 (6): 1263－1297.

［166］ 张天华，张少华．中国工业企业全要素生产率的稳健估计［J］．世界经济，2016（4）：44－69.

［167］ 鲁晓东，连玉君．中国工业企业全要素生产率估计：1999—2007［J］．经济学（季刊），2012（02）：541－558.

［168］ Cai, Hongbin and Qiao Liu. Competition and Corporate Tax Avoidance: Evidence from Chinese Industrial Firms. Economic Journal, 2009, 119 (537): 764－795.

［169］ 刘小玄，李双杰．制造业企业相对效率的度量和比较及其外生决定因素（2000—2004）［J］．经济学（季刊），2008（03）：843－868.

［170］ 陈强．计量经济学及 Stata 应用［M］．高等教育出版社，2015.

［171］ Hausman J A. Specification Tests in Econometrics ［J］. Econometrica: Journal of The Econometric Society, 1978: 1251－1271.

［172］ 刘梦，戴翔．中国制造业能否摘取全球价值链"高悬的果实"［J］．经济学家，2018（09）：51－58.

［173］ Hummels D, Ishii J, Yi K M. The Nature and Growth of Vertical Specialization in World Trade ［J］. Journal of International Economics, 2001 (1): 75－96.

［174］ 张杰，陈志远，刘元春．中国出口国内附加值的测算与变化机制［J］．经济研究，2013，48（10）：124－137.

［175］ H L Kee and H Tang. Domestic Value Added in Exports Theory and Firm Evidence from China ［J］. The American Economic Review. 2016, 106 (6): 1402－1436.

［176］ Ahn et al. The role of Intermediaries in Facilitating Trade ［J］. Journal of International Economics, 2011. 84 (1): 73－85.

［177］ Xue Bai, Kala Krishna, Hong Ma. How you Export Matters: Export Mode, Learning and Productivity in China ［J］. Journal of International Economics, 2017, 104.

［178］ 邵朝对，苏丹妮．全球价值链生产率效应的空间溢出［J］．中国工业经济，2017（04）：94－114.

［179］刘晓宁，刘磊．贸易自由化对出口产品质量的影响效应——基于中国微观制造业企业的实证研究［J］．国际贸易问题，2015（08）：14－23．

［180］Fan H，Li Y A，Yeaple S R. Trade Liberalization，Quality，and Export Prices［J］．The Review of Economics and Statistics，2015，97（5）：1033－1051．

［181］Amiti M，Khandelwal A. Import Competition and Quality Upgrading［J］．The Review of Economics and Statistics，2013，95（2）：476－490．

［182］张杰，陈志远，刘元春．中国出口国内附加值的测算与变化机制［J］．经济研究，2013，48（10）：124－137．

［183］苏理梅，彭冬冬，兰宜生．贸易自由化是如何影响我国出口产品质量的？——基于贸易政策不确定性下降的视角［J］．财经研究，2016，42（4）：61－70．

［184］李坤望，蒋为，宋立刚．中国出口产品品质变动之谜：基于市场进入的微观解释［J］．中国社会科学，2014（3）：80－103＋206．

［185］Fan H，Li Y A，Yeaple S R. Trade Liberalization，Quality，and Export Prices［J］．The Review of Economics and Statistics，2015，97（5）：1033－1051．

［186］张蕴如．我国的产业结构升级应由封闭式向开放式转型［J］．经济纵横，2001（6）：32－35．

［187］马述忠，张洪胜，王笑笑．融资约束与全球价值链地位提升——来自中国加工贸易企业的理论与证据［J］．中国社会科学，2017（01）：83－107＋206．

［188］Koopman R，Wang Z，Wei S J. Estimating Domestic Content in Exports when Processing Trade is Pervasive［J］．Journal of Development Economics，2012，99（1）：178－189．

［189］Upward R，Wang Z，Zheng J. Weighing China's export basket：The Domestic Content and Technology Intensity of Chinese Exports［J］．Journal of Comparative Economics，2013，41（02）：527－543．

［190］李昕，徐滇庆．中国外贸依存度和失衡度的重新估算——全球生产链中的增加值贸易［J］．中国社会科学，2013（01）：29－55＋205．

［191］唐东波．贸易政策与产业发展：基于全球价值链视角的分析

[J]. 管理世界, 2012 (12): 13 -22.

[192] 单豪杰. 中国资本存量K的再估算: 1952 ~2006年 [J]. 数量经济技术经济研究, 2008 (10): 17 -31.

[193] 韩军, 刘润娟, 张俊森. 对外开放对中国收入分配的影响——"南方谈话"和"入世"后效果的实证检验 [J]. 中国社会科学, 2015 (2): 24 -40 +202 -203.

[194] 盛斌, 毛其淋. 贸易自由化、企业成长和规模分布 [J]. 世界经济, 2015, 38 (02): 3 -30.

[195] Fernandes A M. Trade Policy, Trade Volumes and Plant - level Productivity in Colombian Manufacturing Industries [J]. Journal of International Economics, 2007 (01): 52 -71.

[196] 戴觅, 余淼杰, Madhura Maitra. 中国出口企业生产率之谜: 加工贸易的作用 [J]. 经济学 (季刊), 2014 (02): 675 -698.

[197] 戴翔. 中国制造业国际竞争力——基于贸易附加值的测算 [J]. 中国工业济, 2015 (01): 78 -88.

[198] 樊秀峰, 程文先. 中国制造业出口附加值估算与影响机制分析 [J]. 中国工业经济, 2015 (06): 81 -93.

[199] Pol Antras, Davin Chor. Organizing the Global Value Chain [J]. Journal of Econometrica Society. 2013, 81 (06): 2127 -2204.

[200] 陈飞翔, 俞兆云, 居励. 锁定效应与我国工业结构演变: 1992 ~2006 [J]. 经济学家, 2010 (05): 54 -62.

[201] 裴长洪. 全球治理视野的新一轮开放尺度: 自上海自贸区观察 [J]. 改革, 2013 (12): 30 -40.

[202] 刘甲炎, 范子英. 中国房产税试点的效果评估: 基于合成控制法的研究 [J]. 世界经济, 2013 (11): 117 -135.

[203] 苏治, 胡迪. 通货膨胀目标制是否有效? ——来自合成控制法的新证据 [J]. 经济研究, 2015, 50 (06): 74 -88.

[204] Krugman P R. Increasing Returns, Monopolistic Competition, and International Trade [J]. Journal of International Economics, 1979, 9 (4) 469 -479.

[205] 陈爱贞, 刘志彪. 自贸区: 中国开放型经济"第二季" [J].

学术月刊，2014，46（01）：20－28.

［206］Yao D，Whalley J. An Evaluation of the Impact of the China（Shanghai）Pilot Free Trade Zone（SPFTZ）［J］. Nber Working Papers，2015.

［207］袁波，王蕊，张雪妍．以自贸区战略促进中国产业发展［J］．国际经济合作，2014（05）：42－46.

［208］殷华，高维和．自由贸易试验区产生了“制度红利”效应吗？——来自上海自贸区的证据［J］．财经研究，2017，43（02）：48－59.

［209］叶文娅．自贸区投资开放促进中国产业升级的机制、路径与对策研究［J］．经贸实践，2016（16）：20－21.

［210］岳文，陈飞翔．积极加速我国自由贸易区的建设步伐［J］．经济学家，2014（01）：40－47.

［211］谭娜，周先波，林建浩．上海自贸区的经济增长效应研究——基于面板数据下的反事实分析方法［J］．国际贸易问题，2015（10）：14－24＋86.

［212］杨向东．中国（上海）自由贸易试验区的经济与政治效应关系初探——以国民待遇为视角［J］．上海财经大学学报，2014，16（06）：97－104.

［213］项后军，何康．自贸区的影响与资本流动——以上海为例的自然实验研究［J］．国际贸易问题，2016（08）：3－15.

［214］王利辉，刘志红．上海自贸区对地区经济的影响效应研究——基于“反事实”思维视角［J］．国际贸易问题，2017（02）：3－15.

［215］刘秉镰，吕程．自贸区对地区经济影响的差异性分析——基于合成控制法的比较研究［J］．国际贸易问题，2018（03）：51－66.

［216］Abadie，Alberto，and Javier Gardeazabal. The Economic Costs of Conflict：A Case Study of the Basque Country［J］. American Economic Review. 2003（1）：113－132.

［217］Alberto Abadie，Alexis Diamond，Jens Hainmueller. Synthetic Control Methods for Comparative Case Studies：Estimating the Effect of California Tobacco Control Program［J］. Journal of the American Statistical Association，2010（105）：493－505.

［218］吴敬琏．中国经济改革三十年历程的制度思考［J］．农村金融

研究，2008（11）：30－37.

［219］蔡伟宏，李惠娟．生产性服务出口技术复杂度与自主创新——基于跨国面板数据的实证分析［J］．经济问题探索，2016（07）：119－127.

［220］孙海波，焦翠红，林秀梅．人力资本集聚对产业结构升级影响的非线性特征——基于 PSTR 模型的实证研究［J］．经济科学，2017（02）：5－17.

［221］易先忠，高凌云．融入全球产品内分工为何不应脱离本土需求［J］．世界经济，2018（06）：53－76.

［222］王月琴，张鹏，胡华征．基于全球价值链的广东产业升级与产业转移的思考［J］．科技管理研究，2009，29（11）：172－176.

［223］邓忠奇，高廷帆，朱峰．地区差距与供给侧结构性改革——“三期叠加”下的内生增长［J］．经济研究，2020，55（10）：22－37.

［224］钟覃琳，陆正飞．资本市场开放能提高股价信息含量吗？——基于“沪港通”效应的实证检验［J］．管理世界，2018，34（01）：169－179.

［225］谢非，袁露航，傅炜．长三角区域何以实现高质量市场一体化？——基于对外开放、产业结构升级、金融发展视角［J］．改革，2021（06）：112－124.

［226］刘建江，易香园，王莹．新时代的产业转型升级：内涵、困难及推进思路［J］．湖南社会科学，2021（05）：67－76.